U0956454

投资日本

实务指南

GUIDE TO INVESTMENT IN JAPAN

日本投資実務ガイド

陈轶凡 黄绍军 聂明 何伟铭 主编

上海译文出版社

编委会

主编：陈铁凡、黄绍军、聂明、何伟铭

监制：姬军（世泽律师事务所主任）、今井和男（虎门中央法律事务所代表）

编委（排名不分先后）：伴仁、程宏、丁震宇、董辉、富永悠人、服部丰、丰田直、郭新、高渊秀郎、工藤园子、高桥文行、韩卫兵、何予平、韩冬梅、胡昊、佳永馨璃、井上庆太、连晏杰、刘坤、刘晨光、罗锐佳、山崎哲央、宋云、孙冉、翁维维、王林柱、肖宇生、西山宽、殷宏亮、袁凯、岩井智子、袁晓娟、叶维英、诸韬韬、周玉静、周昼、章坤良、张利宾

撰稿以及撰稿参与人员（原则按照章节顺序）

世泽律师事务所

执笔人员： 殷利华、黄海凡、葛伊婷、崔悦、诸韬韬、朱誉鸣

翻译人员： 葛伊婷、尹梦佳、刘梦璐、徐开元、袁丽晶、郭云翥、米泰、鲍文静、张超、黄海凡、朱誉鸣

执　　笔： 第1章 中国境外投资法律制度概要及实务；第2章1 对日投资登记实务；附录2 对日投资签证实务

翻　　译： 第2章2 公司管理制度概要及实务；第2章5 人事、劳务制度概要及实务；第3章 日本企业的收购

虎门中央法律事务所

执笔人员： 正田贤司（Shoda Kenji）、柴田征范（Shibata Masanori）、有贺隆之（Ariga Takayuki）、山崎哲央（Yamazaki Norio）、板垣几久雄（Itagaki Kikuo）、台庸子（Dai

Yoko)、浜本匠（Hamamoto Takumi）、平野贤（Hirano Ken）、佐藤亮（Sato Ryo）、佐藤有纪（Sato Yuki）、荒井隆男（Arai Takao）、初瀬贵（Hatsuse Takashi）、中村克利（Nakamura Katsutoshi）、高桥泰史（Takahashi Taiji）、林田健太郎（Hayashida Kentaro）、涂师纯子（Nushi Junko）、小仓慎一（Ogura Shinichi）、松浦贤辅（Matsuura Kensuke）、山本一生（Yamamoto Issei）、森谦司（Mori Kenji）、山根航太（Yamane Kota）、小川泰宽（Ogawa Yasuhiro）、横室直树（Yokomuro Naoki）、寺泽春香（Terasawa Haruka）、西河真也（Nishikawa Shinya）、船木久义（Funaki Hisayoshi）、山下大辉（Yamashita Daiki）、汤川信吾（Yukawa Shingo）、三崎一会（Misaki Ichie）、箭内隆道（Yanai Takamichi）

执　　笔：第2章2 公司管理制度概要及实务；第2章5 人事、劳务制度概要及实务；第3章 日本企业的收购

FAIR CONSULTING GROUP

执笔人员：粟村英资（Awamura Hideshi）

执　　笔：第2章4 税制概要及实务

特许业务法人三枝国际特许事务所

执笔人员：岩井智子

翻译人员：李菲菲

执笔及翻译：第2章6 商标、外观设计制度概要及实务

上海锐品投资管理咨询有限公司

执笔人员：黄绍军、刘坤

翻译人员：周佳怡、侯文娟、秦晓嵘

执　　笔：第5章 外商投资政策和产业指南

翻　　译：第4章 日本的房地产投资

聂明
执笔：第2章3 日本的银行制度概要及实务

井上庆太
执笔：第4章 日本的房地产投资

高桥文行
执笔：第5章 外商投资政策和产业指南

工藤园子
执笔：附录1 日本的日常商务礼仪文化
翻译人员：佳永馨璃

作者简介

岩井智子(Tomoko Iwai)

1992年毕业于同志社大学法学院法律学科。1997年进入三枝国际特许事务所，同年，经日本法务省批准，在日本律师联合会登记为专利商标代理人。2000年至2002年进入北京大学进修中文及法律，同时，在中国国际贸易促进委员会专利商标事务所(CCPIT)及中科专利商标代理有限公司进行实务进修。2005年至2011年在大阪大学研究生院高等司法研究科担任实务家教员。

井上庆太(Keita Inoue)

1984年毕业于同志社大学法学院。1984年加入综合建筑公司株式会社间组(Hazama Corporation)，进入房地产领域。1988年被认证为房地产交易专家，同年加入Meiji Corporation 并且在1994年成为该公司的董事长。1996年成为二级建筑师。现任东京不动产协会文京分会董事会成员、东京工商会文京分会顾问。

高桥文行(Fumiyuki Takahashi)

1994年获得日本东海大学电子工程专业硕士学位。2004年获得日本大学MBA(MOT)学位。2011年加入日本经济大学。现任日本经济大学大学院经营管理学科教授。2013年获静冈大学情报学博士学位。现在担任日本竞争情报学会秘书、创造学会任命理事。担任《Intelligence Management》杂志主编和多个国际会议组织委员。

工藤园子(Sonoko Kudo)

1972年毕业于日本国学院大学文学部。同年，成为中学国语科教师。1975年开始成为众议院议长船田中的秘书。1990年，担任国际花与绿博览会VIP的英语口译。2002年起经由(财)日本樱花会理事(公财)成为日本樱花会的女王委员。日本樱花学会评议员。上海理工大学日本文化交流中心初代名誉主任。茶道宗徧流老师。美国国家植物园授予樱花交流贡献感谢状。全美州协会(NCSS)授予国际亲善功劳奖。

世泽律师事务所

世泽律师事务所成立于2004年5月，是一家以涉外业务为主的律师事务所。自成立以来，世泽致力于为中外客户提供国际化与专业化的法律服务，并经数年的发展，成为了一家全方位、多领域的综合性律师事务所。世泽的业务领域包括公司与商务、兼并与收购、国际贸易与竞争、诉讼与仲裁、风险投资与私募股权投资、银行与信托、资本市场、知识产权以及房地产与建筑工程等。

世泽的服务建立在三大价值基础上：尊重、诚信和专业。从成立至今，世泽律师始终坚持为客户提供具有国际一流水准的法律服务。世泽律师以保证客户面对的困难简单化而非复杂化为已任。

此外，目前世泽在全球范围内共有6所办公室(包括北京、上海、广州、香港、东京和洛杉矶)，在中国政府鼓励“走出去”的背景下能更好地服务于广大中国投资者。其中，东京办公室是与日本虎门中央法律事务所开展的外国法共同事业。通过境内外办公室，世泽可为有意向对日投资的中国投资者提供全程的法律服务。2016年，世泽更以其丰富的实务经验和专业性被日本振兴贸易机构(JETRO)上海代表处选聘为对日投资的专家顾问。

虎门中央法律事务所

1992年，虎门中央法律事务所于东京设立。一直以来，事务所作为自己负责、自主判断的时代下最前沿的一家法律事务所，以企业法务、金融法务为中心开展业务。尤其在确定企业危机管理及企业合规方面，事务所一贯领先于企业周围环境的变化来制定、充实企业的制度。

事务所以“经济的法务合伙人”为理念，向顾问对象、委托人提供开展各类企业活动时所需的广泛的法律服务。日常业务中，事务所以“FOR THE CLIENTS”、“NEVER GIVE UP”和“FIGHT

FOR JUSTICE”为原则，致力于提供最好的法律服务。

2014年，事务所与世泽律师事务所共同开展日本第一个中国法相关的外国法共同事业（虎门中央法律事务所 世泽外国法事务律师事务所（外国法共同事业））。由此，事务所与世泽律师事务所成为一体，强化了在日提供中国法相关的法律服务体制。尤其近年来，由于中国企业、投资人对日投资的需求逐渐升高，事务所通过与世泽律师事务所协同合作，完善了在中日两国的全面应对体制。

FAIR CONSULTING GROUP

Fair Consulting集团公司成立于2004年，目前在东京、大阪、上海、苏州、香港、台北、越南（河内、胡志明）、新加坡、印度（古尔冈、金奈）、雅加达、曼谷、吉隆坡、马尼拉、墨西哥设有分支机构，并且持续积极开发其它国家与地区。

主要以会计和税务咨询、协助海外分支机构在当地的业务发展、跨境买卖并购、协助处理人事劳务问题等为服务内容，为日本企业拓展海外事业，以及外国企业进入日本市场提供咨询服务。

Fair Consulting的经营者们及咨询师们大都出身于大型会计事务所、国税局和大型证券交易所等，从专业角度剖析客户面临的种种问题，基于“公平”精神提供准确恰当的建议与支持。

分支机构以全部自主经营，有效利用各网点间的交流迅速提供服务为强项。各分支机构中毋庸置疑设有当地的会计和税务专家，由于日本的会计和税务专家以及日本员工的长期派驻，能够以日语、中文、英语、越南语、泰语、西班牙语等其他语言进行服务。

特许业务法人 三枝国际特许事务所

三枝国际特许事务所，于1946年由三枝八郎（1908—75）创立，地处大阪北浜地区。在日本国内及国外，于专利、实用新型、外观设计、商标等有关工业产权的广泛领域，凭借最新的知识和长期的经验提供服务，赢得了广大客户的信赖。

事务所于2005年新设了东京分所。2008年4月1日，事务所法人化，以“特许业务法人 三枝国际特许事务所”为商号开展业务。

事务所以经验丰富的8名合伙人辨理士(专利商标代理人)为核心，加上年轻辨理士及技术人员、办公人员，共拥有工作人员120多人。

主要业务：

● 发明、实用新型

精通有机化学、无机化学、金属材料、生物技术、医药品、食品、化妆品、各种农业机械、建筑、土木、电气、电子、半导体、通信、计算机、信息处理、数据信号处理、网络相关技术、软件等技术领域。

● 商标，外观设计，版权

从日本国内外的商标、外观设计的申请，到商标、外观设计的权利转让、使用许可谈判、起草合同书等业务，以及特定的反不正当竞争的行为、版权等相关业务。

● 法务咨询

针对发明等的日本国内外申请，权利化时产生的法律问题给予咨询。并且，关于日本国内外的权利许可合同以及权利的有效实施等，向客户提供法律服务。

上海锐品投资管理咨询有限公司

上海锐品投资管理咨询有限公司(RaPid)是一家在投资咨询领域颇有影响力的资深服务商，总部位于中国金融中心上海，主要服务于世界500强客户，为企业集团、跨国公司、金融投资机构等提供权威、全面、精准的战略并购和投资咨询服务。

上海锐品与众多日本的财务顾问公司、律师事务所和咨询机构保持战略合作，将日本最优质的项目资源和先进技术带给中国的企业，助力中国企业转型升级。

上海锐品业务涵盖中国企业并购日本企业以及中国企业在日本、东南亚投资支援等相关投资咨询业务。为客户提供专业的可行性境外市场研究和营销策略方案。协助客户在境外投资、境外市场进出、境外市场细分、产品定位、价格策略、营销推广、渠道组织和管理等方面做出更好的商业决策。

目 录

第3章 日本企业的收购

第4章 日本的房地产投资

第5章 外商投资政策和产业指南

附录

祝贺《投资日本实务指南》一书出版

在当今的中国，改革开放已然度过近40年的岁月，变化之显著令世人瞩目。遥想初始期的1980年，中国的GDP仅是日本的十分之一。36年弹指一挥间，中国GDP规模现已达日本的2.2倍，一跃成为占全球GDP总量13%的世界第二位经济大国。此间，日本通过提供总额达3.7万亿日元的ODA等方式，支持了中国的改革开放进程。如今，在经济长足发展的中国，有2.3万多家日资企业进驻，它们在为中国经济发展做出贡献的同时，还为当地创造出了1千多万个就业岗位。尤其值得欣喜的是，去年全年赴日中国游客达到了5百万人次，目前这一数字仍在屡创新高，同时中国游客的消费能力亦在日本受到普遍欢迎。

再来看看中国企业的对日投资状况。中国商务部公布的数据显示，截至2016年4月，在日设立的中国企业（或机构）已上升到1100多家，而且近年来一直保持着增加的态势。有分析预测，中国可望在不久的将来成为对外投资超过对内投资的对外纯投资国。目前，中国大陆的对日投资位居第七位，尽管对日投资仅占约6.4%份额，但较之前一年却快速增长了约22%，显而易见中国对日投资的热情和潜力极其巨大。

值此重要节点，聚焦中国资本对日投资的该书之出版可谓恰逢其时。令我钦佩的是，日中两国法律专家撰写组的朋友们不辞辛劳奉献真知灼见，以及长期为促进日中交流合作发展付诸不懈努力。

今天，身为世界第二、第三经济大国的中国和日本，正处于一个需要构筑符合崭新时代要求的合作关系之时期。在构筑新的日中关系方面，促进两国国民的相互理解和相互交流乃是不可或缺的。中国企业对日投资作为一种两国民间交流的新趋势，未来必定百尺竿头更进一步。

2017年我们将迎来日中邦交正常化45周年。藉此由衷地期待，两国官民并举的广泛领域之交流不断扩大，日中关系阔步向前，两国国民间的相互理解日益加深。

最后再一次热烈祝贺该书付梓发行。

横井裕

（现为日本国驻中华人民共和国特命全权大使）

序言1

这本书回答了这样一个问题：我们中国人，我们中国企业，应该怎样去日本去投资？为这本书写序，我需要回答的问题是：我们为什么要去日本投资？这里，我先从一些个人的感受谈起。

日本石川县金泽市有着日本三大名园之一的“兼六园”。之所以称之为“兼六园”，是因其兼备中国宋代诗人李格非在其著作《洛阳名园记》中提出的名园的六大特色：宏大、幽邃、人力、苍古、水泉、眺望。徜徉在兼六园中，一边欣赏景色，一边体会这“兼六”的特点，是别有一番情趣的。但是，这份情趣唯有使用汉字，深得汉字神韵的人方能心领神会。我很难想像一个美国人看着“幽邃”的英语翻译能够得到和中国人和日本人一样的体会。放眼世界，只有中国和日本的语言是使用汉字的。中国的许多周边国家受中国文化的影响，大都使用过汉字，但是之后为了抵抗中国文化的巨大影响，保存自己国家的文化特点，纷纷创造了自己的文字而放弃了汉字的使用。唯有与中国隔海相望的日本，在创造自己文字的同时，保留了大量的汉字。文字就如同一国文化的DNA，一国的文化、历史、传统主要是以文字为载体代代传承下来的。由于中日两国文化的DNA都是汉字，所以两国文化相通相融的程度是任何国家都无法比拟的。

两国文化不仅载体是相同的，其内容也是一致的。稻盛和夫先生是我最敬重的企业家(没有之一)。他的伟大不仅在于其一手创造了两家著名的上市公司——京瓷株式会社和KDDI株式会社，并于晚年临危受命，成功拯救了危在旦夕的日本航空，更在于他真正将修行的理念融入到工作、生活之中，真正做到了利他——利益员工、利益股东、利益合作伙伴从而利益社会。当我探究他为何能做到这些，探寻他的信仰、理念和人生哲学时，发现他最敬佩的人是日本明治维新的领导人、维新三杰之一的西乡隆盛。进一步研究西乡隆盛的人生信条，会发现他所秉承的“敬天爱人”的信念来自中国明代著名的思想家和哲学家王阳明所提倡的“知行合一”和“致良知”。这样的探究让我感叹中日两国的文化不仅是相通相融的，两国文化的根——所秉承的理念和思想也是一脉相承的。

但是，可以说是同文同种的两个国家和人民，在近代的百年里，发生了你死我活的战争。中日两国关系的发展，历史问题是无法回避的。如何面对？举一个我亲身经历为例。

在日本求学期间(1992-1997)，我曾经是日本扶轮社(Rotary Club)所创设的米山纪念奖学金的获得者。这个奖学金创设于1952年，时值二战后不久，日本民众深知其生存之道唯有和平。为了让亚洲乃至世界人民理解这一点，希望更多的留学生到日本留学，与追求和平的日本人相识，并构筑信赖关系，日本部分民众创设了该奖学金。所以这个奖学金面向全世界，但是只有一个国家的人民没有资格获得这个奖学金，那就是日本人。就是这个完全面向海外的奖学金，即使在2011年日本大地震大海啸后，国内重建急需资金的情况下，日本扶轮社的会员对于这个奖学金的捐款没有减少。从1952年开始至今，总共有19197名学生获得此项奖学金，其中最多的是中国留学生6378名，占全部获奖学生的33%。这是我们应该了解的日本民间追求和平、睦邻友好的一种态度。

由此，我不禁想起德国和法国。在几百年的历史里，法国巴黎曾被德国(普鲁士)占领过六次。但是，二战后德法化敌为友，以德法为核心组成欧洲经济共同体，进而成立欧盟。两国一起创造了历史上鲜有的经济繁荣。

至此，我想我已经不难解释我们为什么要去日本投资了。世界上没有任何一个国家像日本一样和我们有着如此相同的文化；也没有任何一个国家像日本一样与我们拥有如此相近的社会理念和价值观；更没有任何一个国家可以像日本一样，和我们同为亚洲国家，作为世界第二大经济体与世界第三大经济体的我们的合作，会产生巨大的经济效应和政治影响力，不仅造福亚洲，而且恩泽世界。

世泽律师事务所正是践行着这样的理念：通过与日本虎门中央法律事务所结成共同事业体，从我们能做的事情开始推进中日合作这一进程。本书正是此进程的结晶。希望你能拿着这本书踏上对日投资的征程。当你踏上日本国土时，你或许会发现，只要以诚相待，定是宾至如归，因为我们本来就是一样的人。

2016年7月22日
姬军

序言2

作为“经济的Legal Partner”，虎门中央法律事务所[1]秉持“For The Clients, Never Give Up, Fight For Justice”的经营理念，致力于为社会作出贡献，并即将迎来第25年个年头。2014年12月，虎中与世泽律师事务所[2]创立了共同事业。所谓“共同事业”，并非利益共同体，而是命运共同体。利益共同体利尽则散，但命运共同体则以信相守，心神融合。此次际会并非偶然，而是早已注定。在我们与世泽同仁第一次在上海见面时，我下意识脱口而出的词便是“似曾相识”，“谢谢！”。

为何会感到“似曾相识”？在一起工作后立刻就明白了：我们一直在考虑和追求的东西惊人的相似。我们律师工作的目的在于，无论多么艰难困苦也要百折不挠地奋斗到最后一刻(Never Give Up)，为客户赢取最大的满足，最后能够收获客户一声“谢谢”和其开心满意的笑容。“为了他人而活”才是最大的幸福。这也是“For The Clients”的诚意所在。

世泽和虎中的命运共同体通过工作成为了同心同德的存在。中日两国无论是在历史上还是在文化上本就最为相近，共有着继承自远祖的DNA。正如世泽与虎中的关系一样，中日两国的企业也是命运的共同体。因此可以说，中日企业间的投资交流必是大势所趋。

近年来，到日本来的中国游客数量明显增长，去年1974万访日游客中，最多的便是中国游客，达到了比前年翻番的500万人。今年同样也是如此，1月至6月的1171万访日游客中，推算来自中国的游客的数量最多，达到308万人。不亲自前来便难以领略的岛国日本的魅力得到了大量前来的中国游客的高度评价。中国游客的到来

1 在下文中简称为“虎中”。
2 在下文中简称为“世泽”。

不仅仅是对日本经济成长的贡献，通过这样的民间的交流，中日之间的理解也得到了急速深化。同时，中国企业对日投资也出现了实质增长，实在是令人欣喜。中国和日本，无论是在经济上还是在企业文化上，都最容易构建能够最大限度发挥协同效应的共存共荣关系。随着这种大趋势的跃动，中日的经济合作以及社会关系将会急速深化。我们热烈欢迎各位的到来，我们将倾尽全力予以支持。迎来这一天，我们发自内心地高兴，同时也感慨万千。我们确信，与各位的繁荣与发展紧密相连的这一大趋势将助力中日关系的良好发展，也将成为联结亚洲乃至世界和平与幸福的原动力。

本指南书(Guidebook)是为了使各位能够更顺利地与日本进行经济交流，将必要的日本法律作为共同事业而完成的倾心之作。与此同时，我们由衷地期盼各位能通过这座由世泽与虎中共同搭建的"信赖之桥"来到日本。我们愿意通过倾力相助以换取丰硕的成果和友谊，为此，我们将不断追求卓越。谢谢!

2016年7月22日

今井和男

第1章

中国境外投资法律制度概要及实务

1 中国境外投资法律制度概要

自1979年国家首次发文允许出国开办企业以来，中国境外投资经历了起步、限制调整和逐步放松三个阶段。当前，中国境外投资相关法律规制仍以部门法规为主，尚无由全国人民代表大会或其常务委员会发布的国家法律层面的规制。监督管理境外投资的部门主要为发展改革部门、商务部门和外汇管理部门，分别从境外投资项目、境外投资企业、资金收支方面对境外投资进行监督管理，并出台了一系列境外投资相关法规。

(1)境外投资的政策指引

首先，国家发展和改革委员会作为中国经济体制改革的宏观调控部门，研究并出台了境外投资的宏观政策指引。例如，就“十二五”期间的境外投资，国家发展改革部门曾出台《“十二五”利用外资和境外投资规划》（以下简称“《十二五境外投资规划》”），在总结了“十一五”期间境外投资的基本情况和“十二五”期间所面临的境外投资形势的基础上，指出“十二五”期间境外投资的指导思想和政策措施，在宏观上为企业境外投资提供了政策上的指引。另外，国家发展和改革委员会作为产业宏观调控部门，会同商务部、外交部公布了《对外投资国别产业导向目录》，为境内企业境外投资的国别及产业提供宏观上的指导。

其次，商务部作为国内外贸易和经济合作的主管部门，也从多方面对境外投资做出了政策指引。例如，商务部出台了国别(地区)指南，便于境内企业在境外投资的初步决策阶段了解投资目的地的政策等情况。

(2)境外投资的审批程序

为了监督中国企业境外投资，发展改革部门、商务部门、外汇管理部门分别从境外投资项目、境外投资企业、资金收支等方面对企业境外投资进行审批管理。2014年以来，境外投资的三大监管部门分别修订或出台了境外投资相关管理规定，调整了此前对境外投资的管理模式，更加强调企业自主权，强调减少行政机关的干预以便于企业境外投资，并强调行政机关的服务作用。目前，中国企业境外投资主要需经过以下审批程序。

① 发展改革部门的核准、备案等程序

发展改革部门核准、备案的主要法律依据为《境外投资项目核准和备案管理办法》（国家发展和改革委员会令第9号）。目前发展改革部门对境外投资项目采取备案为主、核准为辅并结合事前报告的管理方式，建立了以省级发展改革部门备案为主、以国家发展改革部门核准为辅，必要时国务院核准的多层次区别化监管体系。从最新立法趋势来看，发展改革部门未来可能进一步下放及放松对境外投资的监管。

② 商务部门的备案、核准等程序

商务部门备案、核准的主要法律依据为《境外投资管理办法》（商务部令2014年第3号）。商务部门目前对境外投资同样采取备案为主、核准为辅的管理方式，建立了由商务部负责中央企业境外投资备案及核准，由地方商务部门负责地方企业境外投资备案及核准的管理体系。需要注意的是，商务部门的备案及核准仅针对非金融企业，金融企业境外投资由其行业主管部门监管。从商务部门的以往立法来看，商务部门在中国企业境外投资中的作用正由监督管理逐步向监督服务过渡。

③ 外汇管理部门的登记程序

企业境外投资在依法取得发展改革部门和商务部门的备案或核准之后，在向境外实际投资之前需进行外汇登记手续。目前外汇管理部门监管境外投资的主要法律依据为《境内机构境外直接投资外汇管理规定》（汇发[2009]30号）以及《关于进一步简化和改进直接投资外汇管理政策的通知》（汇发[2015]13号）。2015年6月1日，国家外汇局全面下放外汇管理事项，境外投资的外汇登记及其他外汇管理事项均下放至指定银行，这样就大大减少了相关事项中企业需要提交的资料等。

④ 特殊主体的特殊审批程序

除前述发展改革部门、商务部门和外汇管理部门的相关程序以外，国有企业作为特殊投资主体，其境外投资还受国家对国有资产监督管理制度的限制，须依法取得国有资产监督管理部门的批准，并履行资产评估等必要手续。主要法律依据包括《中央企业境外投资监督管理暂行办法》(国务院国有资产监督管理委员会28号令)、《中央企业境外国有产权管理暂行办法》(国务院国有资产监督管理委员会令第27号)等。

另外，金融企业作为一类特殊主体，无需取得前述商务主管部门的核准或备案。金融企业进行境外投资，须取得金融主管部门，即中国银行业监督管理委员会、中国保险监督管理委员会、中国证券监督管理委员会的相关审批。金融企业境外投资涉及的法律依据主要包括《中国银监会中资商业银行行政许可事项实施办法》(中国银监会令2015年第2号)、《商业银行开办代客境外理财业务管理暂行办法》(银监发[2006]121号)、《中国银监会信托公司行政许可事项实施办法》(中国银监会令2015年第5号)、《信托公司受托境外理财业务管理暂行办法》(银监发[2007]27号)、《保险公司设立境外保险类机构管理办法》(中国保险监督管理委员会令2006年第7号)、《保险资金境外投资管理暂行办法》(中国保险监督管理委员会、中国人民银行、国家外汇管理局令[2007]第2号)、《保险资金境外投资管理暂行办法实施细则》(保监发[2012]93号)、《证券法》、《证监会关于公布证券公司在境外设立、收购、参股证券经营机构审批的行政许可事项的公告》等。

(3)境外投资的监管制度

除针对境外投资启动阶段的前述审批程序，为有效监管境外投资后的经营活动，相关监管部门还出台了一系列的监管规定。例如，《对外投资合作和对外贸易领域不良信用记录试行办法》(商合发〔2013〕248号)、《规范对外投资合作领域竞争行为的规定》、《商务部关于加强对外投资合作在外人员分类管理工作的通知》(商合函[2013]874号)、《境外中资企业(机构)员工管理指引》(商合发[2011]64号)、《对外投资合作环境保护指南》(商合函[2013]74号)、《境外中资企业机构和人员安全管理规定》(商合发

[2010]313号)等。通过这些规定，商务部门分别建立了境外投资的不良信用记录制度、竞争监管制度、人员信息监管制度、环境保护监管制度和安全监管制度。

(4)境外投资的保障制度

为保障企业境外投资的利益，中国政府从税收管理、融资支持、外汇管理支持、保险支持等方面为企业境外投资提供保障支持。具体涉及的法规主要包括中国政府对外签订的税收双边及多边协定、《关于对国家鼓励的境外投资重点项目给予信贷支持政策的通知》(发改外资[2004]2345号)、《跨境担保外汇管理规定》、《关于进一步简化和改进直接投资外汇管理政策的通知》(汇发[2015]13号)、《关于建立境外投资重点项目风险保障机制有关问题的通知》(发改外资[2005]113号)等。

2 境外投资的审批程序

■2.1 发展改革部门的核准、备案等程序

根据2014年5月8日生效、2014年12月27日修订的《境外投资项目核准和备案管理办法》（国家发展和改革委员会令第9号，以下简称“**9**号令”）及其相关补充规定（例如《国家发展改革委关于实施<境外投资项目核准和备案管理办法>有关事项的通知》（发改外资[2014]947号，以下简称“**947**号文”），发展改革部门对于境外投资项目采取备案为主、核准为辅的管理方式。

发展改革部门的核准和备案是就境外投资项目须最早办理的政府手续。企业对外签署具有最终法律约束效力的文件前，应当取得发展改革部门出具的核准文件或备案通知书；或可在签署的文件中明确文件生效条件为依法取得发展改革部门出具的核准文件或备案通知书。在企业取得核准和备案证明文件后，方可办理外汇、海关、出入境管理、税收等相关手续。对于未按规定权限和程序核准或者备案的项目，有关部门不得办理相关手续，金融机构不得发放贷款。

2.1.1 适用对象

根据9号令第2条规定，发展改革部门对境外投资的核准及备案程序适用于中国境内各类法人以新建、并购、参股、增资和注资等方式进行的境外投资项目，以及以提供融资或担保等方式通过其境外企业或机构实施的境外投资项目。9号令第31条进一步明确，投资主体在境外投资参股或设立股权投资基金同样适用发展改革部门的核准和备案程序。

就“境外投资项目”，9号令第3条将其定义为“通过投入货币、有价证券、实物、知识产权或技术、股权、债权等资产和权益或提供担保，获得境外所有权、经营管理权及其他相关权益的活动”。在香港、澳门进行的相关投资，尽管严格意义上不属于“境

外”投资，但根据9号令第32条，应参照适用发展改革部门的核准和备案程序。另外，境外投资项目前期工作周期长，所需前期费用规模较大的，也可仅就前期费用申请核准或备案。

根据上述规定，适用发展改革部门核准及备案的境外投资包括直接投资、间接投资及其前期费用。鉴于本书的出版目的，本节仅就直接投资相关的核准及备案程序进行说明。

2.1.2 核准

(1) 核准对象及权限

核准机关	核准项目范围	备注
国家发展和改革委员会（以下简称“国家发改革”）	涉及敏感国家和地区，即未建交和受国际制裁的国家，发生战争、内乱等国家和地区的境外投资项目；涉及敏感行业，即基础电信运营，跨境水资源开发利用，大规模土地开发，输电干线、电网，新闻传媒等行业的境外投资项目。	
国务院	涉及敏感国家和地区、敏感行业且中方投资额20亿美元及以上的项目。	国家发展改革委提出审核意见报国务院核准。

(2) 核准程序

① 企业提交资料

企业就境外投资项目申请核准，应编制并向发展改革部门提交项目申请报告，并添附相关附件（一式三份，并附电子版光盘）。地方企业直接向所在地的省级政府发展改革部门提交项目申请报告，由省级政府发展改革部门提出审核意见后报送国家发改委。中央管理企业由集团公司或总公司向国家发改委报送项目申请报告。项目申请报告及附件不齐全或内容不符合规定要求的，国家发改委在5个工作日内一次性告知申报单位予以补充或改正。

关于项目申请报告的具体内容，根据947号文公布的《境外投资项目申请报告示范大纲》以及9号令相关规定，应包含以下内容：

A. 项目名称。

B. 投资方情况，包括主要投资方基本情况、基本经营情况，其他投资方简要情况等。

C. 必要性分析，即项目对投资方的必要性和意义。

D. 项目背景及投资环境情况：

项目背景是指项目启动原因、考察及尽职调查情况、谈判情况、竞争投资者情况等；投资环境是指项目所在国家的相关法规情况、行业市场情况、当地政府意见等。

E. 项目内容：

《境外投资项目申请报告示范大纲》中分别规定了建设类项目和并购类项目需要说明的项目内容信息。其中建设类项目包括建设内容(如建设地点、建设规模等，涉及资源开发的应说明可开发资源量、品位、中方可获权益资源量及开发方案)、主要产品及目标市场、配套条件落实情况、财务效益指标；并购类项目包括被并购对象情况和收购方案。

F. 项目合作及资金情况。

G. 项目风险分析。

H. 其他事项，如需中国政府协助解决的问题、下一步工作计划。

I. 附件：

包括公司董事会决议或相关的出资决议；投资主体及外方资产、经营和资信情况的文件；银行出具的融资意向书；作为出资的资产权益相关的审计报告、资产评估报告及有权机构的确认函，或其他可证明有关资产权益价值的第三方文件；投标、并购或合资合作项目中与外方签署的意向书或框架协议等文件。

② 核准流程及时限

国家发改委在受理项目申请报告之日起3个工作日内征求有关部门意见，有关部门应当自收到征求意见函之日起7个工作日内出具书面意见；确有必要的情况下，国家发改委应在5个工作日内委托有资质的咨询机构进行评估。接受委托的咨询机构须在规定时限内提出评估报告，并对评估结论承担责任。评估时限原则上不超过40个工作日。

国家发改委自受理项目申请报告之日起20个工作日内完成核准或提出审核意见报国务院核准。如20个工作日内不能做出核准决定或提出审核意见的，可由国家发改委相关负责人批准延长10个工作日，并将延长期限的理由告知申报单位。

关于国务院核准的程序及时限，9号令中没有具体规定。

③ 核准条件

国家发改委核准境外投资项目的条件为：A、符合国家法律法规和产业政策、境外投资政策；B、符合互利共赢、共同发展的原则，不危害国家主权、安全和公共利益，不违反我国缔结或参加的国际条约；C、符合国家资本项目管理的相关规定；D、投资主体具备相应的投资实力。

④ 核准结果及其效力

国家发改委对核准的项目将向申报单位出具书面核准文件；对不予核准的项目，将以书面决定的方式通知申报单位并说明理由。国家发改委核发的核准文件中，建设类项目核准文件的有效期为2年，其他项目核准文件有效期为1年。在有效期内投资主体未能完成办理外汇、海关、出入境管理、税收等相关手续的，应在有效期届满前30个工作日内提出延长有效期的申请。

2.1.3 备案

(1)备案对象及权限

发展改革部门对于管理境外投资项目以外的项目采取核准方式，即不涉及敏感国家和地区、敏感行业的境外投资项目，无论投资金额大小均实行备案管理。

备案机关	备案项目范围
国家发改委	中央管理企业实施的境外投资项目。
	地方企业实施的中方投资额3亿美元及以上的境外投资项目。
省级政府投资主管部门	地方企业实施的中方投资额3亿美元以下境外投资项目。

(2)备案程序

① 企业提交资料

根据《国家发展和改革委员会办公厅关于启用全国境外投资项目备案管理网络系统的通知》(发改办外资[2014]1386号),自2014年6月22日起,企业就境外投资项目申请备案,应通过全国境外投资项目备案管理网络系统填报境外投资项目备案表,并上传有关附件,无需提交纸质文件。填报资料不符合要求的,备案系统会发送通知要求补齐更正。

另外,出于商业机密的考虑,允许企业不通过备案系统,以纸质文件办理项目备案手续。以纸质文件办理备案手续的,地方企业应填写、制作项目备案申请表及其附件(一式3份,并附电子版光盘),直接提交至所在地的省级政府发展改革部门,由省级政府发展改革部门报送国家发改委;中央管理企业应由集团公司或总公司向国家发改委提交。

关于备案申请表的内容,根据947号文中公布的《境外投资项目备案申报文件和申请表格式》,主要包括投资项目名称、投资主体情况、境外合作方基本情况、投资背景及目的、投资地点、投资领域、投资方式、投资内容、投资规模及资金来源、已开展的前期工作和下一步工作计划。应提交的附件包括公司董事会决议或相关的出资决议、投标、并购或合资合作项目中中外方签署的意向书或框架协议等文件,银行出具的含融资金额的意向书(涉及银行融资的)。

② 备案流程及时限

9号令规定了国家发改委的备案流程。国家发改委应在受理备案申请表之日起7个工作日内出具备案通知书或以书面决定的方式通知申报单位能否备案并说明理由。

关于省级政府投资主管部门的备案流程及时限，9号令没有规定。部分省级投资主管部门就此出台了具体的规定，如上海市发展和改革委员会于2014年12月26日公布并于2015年1月1日生效的《上海市境外投资项目备案管理办法》(沪府发[2014]81号之附件4)。企业需向省级投资主管部门申请办理备案的，可以在全国境外投资项目备案管理网络系统中确认当地投资主管部门的备案时限，或查询当地适用的相关法规。

③ 备案条件

发展改革部门审核境外投资项目备案申请时，主要从是否属于备案管理范围，是否符合相关法律法规、产业政策和境外投资政策，是否符合国家资本项目管理相关规定，是否危害国家主权、安全、公共利益，以及投资主体是否具备相应投资实力等方面进行审核。

④ 备案结果及其效力

国家发改委对予以备案的境外投资项目出具书面备案通知书；对不予备案的境外投资项目，将以书面决定的方式通知申报单位并说明理由。国家发改委核发的备案文件中，建设类项目备案文件的有效期为2年，其他项目备案文件有效期为1年。在有效期内投资主体未能完成外汇、海关、出入境管理、税收等相关手续办理的，应在有效期届满前30个工作日内就延长有效期提出申请。

2.1.4 已核准或备案的境外投资项目变更

对于已经核准或备案的境外投资项目，如出现下列情况之一的，应向发展改革部门申请变更，变更的程序与核准、备案程序相同：

① 项目规模和主要内容发生变化；

② 投资主体或股权结构发生变化；

③ 中方投资额超过原核准或备案的20%及以上。

2.1.5 罚则

企业因申请办理核准或备案但未依法取得核准文件或备案通知书而擅自实施的项目，以及未按照核准文件或备案通知书内容实施的项目，一经发现，发展改革部门将会同有关部门责令其中止该项目，并提请或者移交有关机关依法追究有关责任人的法律和行政责任。

2.1.6 项目信息报告制度

项目信息报告制度，是指企业在进行中方投资额3亿美元及以上的境外收购或竞标项目时，在对外开展实质性工作之前向国家发改委报送项目信息报告并取得确认的制度。通过项目信息报告制度，企业可以在境外投资项目尚存不确定因素之前就项目投资的可能性取得确认，避免前期过多准备投入后最终无法获得投资主管部门核准或备案的风险。

关于项目信息报告制度的具体内容，简要总结如下表：

适用对象	中方投资额3亿美元及以上的境外收购或竞标项目
报告部门	国家发展和改革委员会
报送文件	信息报告材料应包括信息报告报送函和项目信息报告（一式3份，并附电子版光盘）。 根据947号文中公布的《境外收购或竞标项目信息报告报送函和信息报告格式》，项目信息报告的内容包括：项目名称、投资主体、投资背景、收购或竞标目标、已开展的前期工作、收购或竞标方案、下一步工作时间表及附件（投资主体与外方签署的意向性协议文件、投资主体相关决策文件等）。
报送方式	地方企业通过所在地的省级政府发展改革部门向国家发改委报送项目信息报告。中央管理企业由集团公司或总公司向国家发改委报送项目信息报告。
办理时限	国家发改委收到项目信息报告后，7个工作日内出具确认函。

效力	投资主体凭确认函对外开展实质性工作，待项目中标或收购条件基本达成一致后，再向发展改革部门申请办理项目核准手续。
罚则	应报送项目信息报告但未获得信息报告确认函而对外开展实质性工作的，国家发改委将予以通报批评，责令其纠正。对于性质严重、给国家利益造成严重损害的，国家发改委将会同有关部门依法进行处罚，并提请或者移交有关机关依法追究有关责任人的法律和行政责任。
其他注意事项	如项目存在重大不利因素，国家发改委将在确认函中作出特别备注，进行风险提示。对于此类项目，国家发改委在项目核准或备案时将严格审查，投资主体和有关金融机构应慎重决策。

2.1.7 发展改革部门境外投资管理的新动向

2016年4月13日，根据《政府核准的投资项目目录》(2014年本)、《关于第二批取消152项中央指定地方实施行政审批事项的决定》(国发[2016]9号)、《关于一律不得将企业经营自主权事项作为企业投资项目核准前置条件的通知》(发改投资[2014]2999号)等，国家发改委发布了《关于就修订<境外投资项目核准和备案管理办法>向社会公开征求意见的公告》，对9号令进行了修订，并形成征求意见稿(以下简称“征求意见稿”)，向社会公开征求意见。征求意见期限截止至2016年5月13日。征求意见稿的修订内容中体现了发展改革部门调整境外投资管理方式的最新动向，具体包括：

① 取消国务院对境外投资项目的核准，“敏感国家和地区的境外投资项目”和“敏感行业的境外投资项目”，无论金额多少，一律由国家发改委核准；

② 修订项目信息报告制度，国家发改委不对项目信息报告进行审核，仅确认收悉；

③ 由国家发改委核准的境外投资项目，省级发展改革部门仅负责转送，不负责提出审核意见(该项修订内容为国发[2016]9号文中的明确要求)；

④ 取消了核准申请资料中的“银行出具的融资意向书”(该项

修订内容为发改投资[2014]2999号文中的明确要求）；

⑤ 规定企业在台湾地区实施的投资项目，参照9号令执行。发展改革部门在办理核准或备案手续时应征求同级台湾事务办公室的意见。

■2.2 商务部门的备案、核准等程序

根据2014年9月6日颁布、2014年10月6日生效的《境外投资管理办法》（商务部令2014年第3号，以下简称“**3**号令”），商务部门对境外投资实行“备案为主、核准为辅”的管理模式。作为中国主管国际经济合作的部门，商务部门所负责的对金融行业以外的境外投资的管理、监督，商务部门的备案、核准，是企业办理后续外汇购买、汇出手续的前提。

2.2.1 适用对象

3号令第2条规定，商务部门负责备案、核准的境外投资是指“在中华人民共和国境内依法设立的企业（以下简称“企业”）通过新设、并购及其他方式在境外拥有非金融企业或取得既有非金融企业所有权、控制权、经营管理权及其他权益的行为。”同时，3号令第36、37条规定，事业单位法人开展境外投资、企业在境外设立分支机构，以及企业赴香港、澳门、台湾地区投资，都参照3号令执行。

2.2.2 核准

（1）核准对象及权限

商务部门对涉及敏感国家和地区、敏感行业的境外投资进行核准管理。敏感国家和地区，是指与中国未建交的国家或受联合国制裁的国家。关于未与中国建交的国家清单，可以通过外交部网站进行查询确认，关于受联合国制裁的国家，可以通过联合国中文网站进行查询确认。商务部在必要时也可另行公布其他实行核准管理的国家和地区名单。截至本书写作之日，商务部尚未公布该名单。敏感的行业，是指涉及出口中国限制出口的产品和技术的行业或影响一个以上国家（地区）利益的行业。关于我国限制出口的产品和技

术，可参见我国《禁止出口货物目录》[1]和《中国禁止出口限制出口技术目录》(科技部、商务部令[2008]第12号)。

需要核准的境外投资，一律由商务部负责核准。

(2)核准程序

① 核准申请主体

单个企业开展境外投资的申请主体是该企业本身。

两个以上企业共同开展境外投资时，应当由其中较大的股东在征求其他投资方书面同意后申请核准。如果各方持股比例相等，应当共同协商后由一方办理备案或申请核准。如果投资方不属于同一行政区域，负责办理核准的商务部或省级商务主管部门应当将核准结果告知其他投资方所在地商务主管部门。

② 申请资料

企业申请境外投资核准的，中央企业应向商务部提出申请，地方企业应通过所在地省级商务主管部门向商务部提出申请。需提交的申请资料如下：

A. 申请书

申请书应当包括投资主体情况、境外企业名称、股权结构、投资金额、经营范围、经营期限、投资资金来源、投资具体内容等。

B. 《境外投资申请表》

《境外投资申请表》应通过"境外投资管理系统"按要求填写打印，并加盖印章。根据3号令中的附件《境外投资申请表》(样式)，申请表主要包括基本事由、境内投资主体、主管部门/集团总部、投资路径、最终目的地、境外企业名称、注册资本、股权结构、设立方式、经营范围、所属行业、投资规模、出资币种、中方投资构成、投资具体情况等内容。

1 截至本书写作之日，共公布了五批目录，分别为对外贸易经济合作部公告(2001)第19号；商务部、海关总署、林业局公告(2004)第40号；商务部、海关总署、国家环境保护总局公告(2005)第116号；商务部、海关总署公告(2006)第16号；商务部、海关总署公告(2008)第96号。

C. 境外投资相关合同或协议

D. 有关部门对境外投资所涉的属于中国限制出口的产品或技术准予出口的材料

E. 企业营业执照复印件

③ 核准流程及时限

关于商务部的核准流程及事项，总结如下表：

A. 中央企业

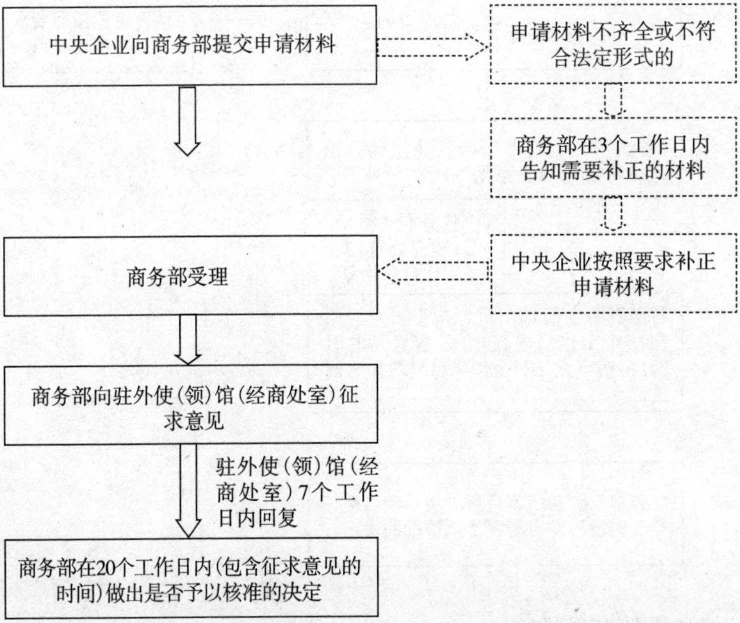

B. 地方企业

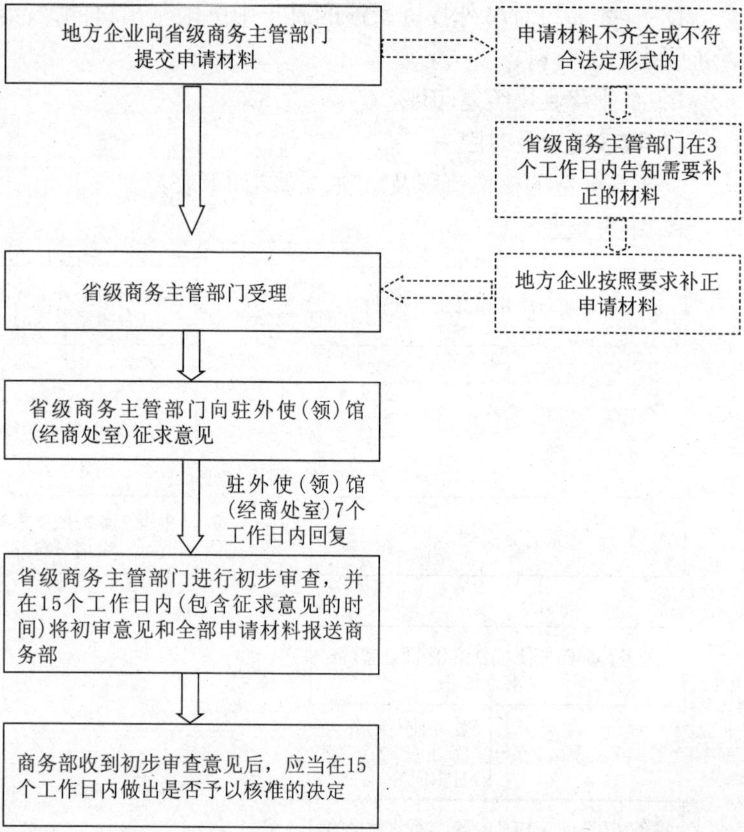

④ 核准条件

商务部门在决定是否核准境外投资申请时，须审查确认该境外投资行为是否有3号令第4条规定的禁止投资的情形，不存在以下情形的才能予以核准：

A. 危害中国国家主权、安全和社会公共利益，或违反中国法律法规；

B. 损害中国与有关国家(地区)关系；

C. 违反中国缔结或者参加的国际条约、协定；

D. 出口中国禁止出口的产品和技术。

需要注意的是，商务部在3号令中第21条规定了企业对其投资的境外企业的冠名应当符合境内外法律法规和政策规定。未按国家有关规定获得批准的企业，其境外企业名称不得使用“中国”、“中华”等字样。

⑤ 核准结果

商务部对于核准的可以开展境外投资的企业，将出具书面核准决定并颁发《企业境外投资证书》，证书中记载境外企业(最终目的地)、设立方式、投资主体、投资总额、中方境内现金出资实际币种和金额、中方投资构成、经营范围、申报文号、核准或备案文号、投资路径(仅限第一层级境外企业)等信息。企业取得《企业境外投资证书》后，应当在2年之内开展境外投资，逾期未开展境外投资的企业所获证书自动失效。

2.2.3 备案

(1)备案对象及权限

根据3号令规定，除依法予以核准的境外投资项目，其他境外投资项目均实施备案管理。其中，中央企业的境外投资项目报商务部备案，地方企业的境外投资项目报省级商务主管部门备案。

(2)备案程序

① 备案申请主体

备案申请主体同核准申请主体，即单个企业开展境外投资的申请主体是该企业本身。两个以上企业共同开展境外投资时，应当由其中较大的股东在征求其他投资方书面同意后申请备案，或协商一致后由一方备案。

② 申请资料

企业申请境外投资备案时，中央企业应向商务部提出申请，地方企业应向所在地省级商务主管部门提出申请。需提交的申请资料如下：

A. 《境外投资备案表》

《境外投资备案表》应通过“境外投资管理系统”按要求填写打印，并加盖印章。根据3号令中的附件《境外投资备案表》(样式），申请表主要包括基本事由、境内投资主体、主管部门/集团总部、投资路径、最终目的地、境外企业名称、股权结构、设立方式、经营范围、所属行业、注册资本、投资规模、出资币种、中方投资构成、投资具体情况等内容。

B. 企业营业执照复印件

③ 备案流程及备案条件

《境外投资备案表》填写如实、完整、符合法定形式，且企业在《境外投资备案表》中声明其境外投资无3号令第4条规定的禁止投资情形的，商务部或省级商务主管部门应自收到申请资料之日起3个工作日内予以备案并颁发《企业境外投资证书》。企业提交的备案资料不完整或有虚假情形的，商务部或省级商务主管部门将不予备案。

需要注意的是，企业对其投资的境外企业的冠名同样应当符合境内外法律法规和政策规定。

④ 备案结果

商务部或省级商务主管部门对境外投资予以备案的，将出具书面核准决定并颁发《企业境外投资证书》，证书的记载事项及效力同核准。具体请参考前述2.2.2中的“核准结果”部分。

2.2.4 境外投资的变更和终止

(1)变更

企业境外投资经备案或核准后，原《企业境外投资证书》说明的境外投资事项发生变更的，企业当按照上述备案或核准程序向原备案或核准的商务部或省级商务主管部门办理备案变更手续。

(2)终止

企业终止已备案或已核准的境外投资，应当在投资目的地依法办理注销等手续后，向原备案或核准的商务部或省级商务主管部门报告。原备案或核准的商务部或省级商务主管部门应根据报告出具注销确认函。

“终止”的情形包括原经备案或核准的境外企业不再存续，也包括企业不再拥有原经备案或核准的境外企业的股权等权益。

2.2.5 罚则

企业在备案、申请核准以及实施境外投资的各个环节中都应当遵守国家的法律法规，否则会受到相应的行政处罚并承担相应的后果，甚至被追究刑事责任。具体的罚则可参考下表：

企业不当行为	行政处罚	刑事责任	其他后果
企业以提供虚假材料等不正当手段办理备案并取得《企业境外投资证书》	商务部或省级商务主管部门：①撤销该企业境外投资备案；②给予警告；③依法公布行政处罚决定。	无。	企业三年内不得享受国家有关政策支持。
企业提供虚假材料申请核准	商务部：①给予警告；②依法公布行政处罚决定。	无。	企业在一年内不得再次申请该项核准；企业三年内不得享受国家有关政策支持。
企业以欺骗、贿赂等不正当手段获得境外投资核准	商务部①撤销该企业境外投资核准；②给予警告；③依法公布处罚决定。	构成犯罪的，依法追究刑事责任。	企业在三年内不得再次申请该项核准；企业三年内不得享受国家有关政策支持。
企业开展境外投资过程中出现3号令第4条所禁止的投资情形之一	承担相应的法律责任；企业三年内不得享受国家有关政策支持。		
企业伪造、涂改、出借或以任何其他形式转让《企业境外投资证书》	商务部或省级商务主管部门给予警告。	构成犯罪的，依法追究刑事责任。	企业三年内不得享受国家有关政策支持。

2.2.6 境外企业再投资的报告程序

企业投资的境外企业开展境外再投资，在完成境外法律手续后，应当向商务主管部门报告。涉及中央企业的，中央企业应通过“境外投资管理系统”填报相关信息，打印《境外中资企业再投资报告表》，并加盖印章后报商务部；涉及地方企业的，地方企业应通过“境外投资管理系统”填报相关信息，打印《境外中资企业再投资报告表》并加盖印章后报省级商务主管部门。

根据3号令中公布的《境外中资企业再投资报告表(样式)》，该报告表包括基本事由、境外中资企业名称及注册地、再投资境外企业(项目)名称及注册地、再投资规模、再投资简介、注册资本、股权结构、设立方式、经营范围、所述行业、多层级再投资报告说明等，并需将再投资主体取得的《企业境外投资证书》作为附件提交。

■2.3 外汇管理部门的登记程序

根据《外汇管理条例》第17条，境内机构、境内个人向境外直接投资，应当按照国务院外汇管理部门的规定办理登记。由于中国外汇管理部门对资金跨境流动进行监管，因此未办理外汇登记的境内主体将无法办理投资资金汇出业务且无法进行实质性境外投资活动。因此，境内主体进行境外投资，在取得国家发展改革部门及商务部门的核准或备案后，在投资资金汇出之前，应当按照国家外汇管理部门的规定办理外汇登记。

2.3.1 适用对象及权限

根据国家外汇管理局于2009年发布并于2009年8月1日生效的《境内机构境外直接投资外汇管理规定》(汇发[2009]30号，以下称“**30**号文”)，实行外汇登记管理的“境外直接投资”，是指境内机构经境外直接投资主管部门核准，通过设立(独资、合资、合作)、并购、参股等方式在境外设立或取得既有企业或项目所有权、控制权或经营管理权等权益的行为。在香港特别行政区、澳门特别行政区和台湾地区进行直接投资的，参照30号文，适用相关外汇登记。另外，根据13号文附件《直接投资外汇业务操作指引》中的第2.2项“境内机构境外直接投资外汇登记”的要求，境内机构设立境外分公司同样适用境外直接投资外汇登记制度。

30号文规定，由国家外汇管理局及其分支机构(下合称“外汇局”)负责境外投资外汇登记。但是， 根据2015年2月13日公布并于2015年6月1日生效的国家外汇管理局《关于进一步简化和改进直接投资外汇管理政策的通知》(汇发[2015]13号，以下简称“**13**号文”)，自2015年6月1日起外汇局不再办理境外投资的外汇登记，改由已经取得外汇局金融机构标识码且在所在地外汇局开通资本项目信息系统的银行直接通过外汇局资本项目信息系统办理，外汇局仅进行间接监管。

2.3.2 境外直接投资外汇登记

境外直接投资外汇登记，是境外直接投资的境内主体，在取得境外直接投资主管部门即发展改革部门和商务部门对境外投资的核准、备案文件之后，在指定银行申请并取得外汇登记证书的行为。境外直接投资外汇登记是投资主体对外汇出投资资金、以境内资产或权益向境外投资以及汇回资金的外汇凭证。

(1)登记主体

根据13号文的附件《直接投资外汇业务操作指引》中的第2.2项“境内机构境外直接投资外汇登记”的要求，境外直接投资外汇登记由境内投资主体办理；多个境内机构共同实施一项境外直接投资的，由约定的一个境内机构向其注册地银行申请办理，银行通过外汇局资本项目信息系统完成登记后，其他境内机构可分别向其注册地银行领取业务登记凭证。

(2)申请资料

企业办理境外直接投资外汇登记，应向指定银行提交以下资料：

A.《境外直接投资外汇登记业务申请表》

根据13号文的附件《直接投资外汇登记申请表》中的表5《境外直接投资外汇登记申请表》，办理境外直接投资外汇登记时主要需填写境外投资企业基本情况、股东基本情况、中方股东投资信息、外方股东投资信息等内容。

B. 营业执照或注册登记证明及组织机构代码证(多个境内机构共同实施一项境外直接投资的，应提交各境内机构的营业执照或注册登记证明及组织机构代码证，已经办理“三证合一”或“五证合一”的企业，只需提交营业执照）。

C. 非金融企业境外投资提供商务主管部门颁发的《企业境外投资证书》；金融机构境外投资提供相关金融主管部门对该项投资的批准文件或无异议函。关于该等证书或文件，请参考“2.2 商务部门的备案、核准等程序”以及“2.4 特殊投资主体的特别审批程序”中的“2.4.2 金融机构”。

D. 外国投资者以境外股权并购境内公司导致境内公司或其股东持有境外公司股权的，另需提供加注的外商投资企业批准证书和加注的外商投资企业营业执照。

(3)登记流程和时限

由于境外直接投资外汇登记的登记权限已经下放至银行，且外汇局并无登记流程、登记时限的具体规定，因此具体流程及时限需向办理登记的银行确认。

(4)登记条件及效力

根据13号文的附件《直接投资外汇业务操作指引》中的第2.2项“境内机构境外直接投资外汇登记”，银行按照商务主管部门颁发的《企业境外投资证书》中记载的投资总额，或金融机构提交的主管部门批准文件或无异议函，为企业办理境外直接投资外汇登记。涉及以境外资金或境外资产和权益出资的，银行应审核其境外资金留存或境外收益获取的合规性，对涉嫌违规的企业不予办理登记。

企业取得境外直接投资外汇登记后，可以凭借登记直接到银行办理后续资金购付汇手续。

2.3.3 境内机构境外直接投资前期费用登记

境内机构在就境外直接投资取得商务主管部门核准或备案之前，可能需向境外支付与境外直接投资有关的前期费用。例如按项目所在地法律规定或出让方要求需缴纳的保证金；境外项目招投标过程中需支付的投标保证金；境外直接投资前进行市场调查、租用办公场地和设备、聘用人员，以及聘请境外中介机构提供服务所需的费用等。对于这些前期费用，根据外汇局相关规定，企业可在注册地银行办理境外直接投资前期费用登记(以下简称“前期费用登记”)后直接到银行办理后续资金购付汇手续。

(1)登记权限

登记机关	登记对象
银行	前期费用累计汇出额不超过300万美元且不超过中方投资总额的15%。
注册地外汇局	前期费用累计汇出额超过300万美元或超过中方投资总额15%的。

(2)申请资料

企业申请办理前期费用登记的，应当向银行提交以下材料：

A. 《境外直接投资外汇登记业务申请表》；

B. 营业执照和组织机构代码证(已经办理“三证合一”或“五证合一”的企业，只需提交营业执照)。

需向外汇局申请登记的，应同时提交说明函。

(3)登记流程和时限

外汇局和银行并无关于前期费用登记流程、时限的具体规定，因此具体流程需向办理登记的外汇局或银行确认。

(4)登记条件及效力

银行在审核前期费用登记申请材料的真实性后予以登记，外汇局按照个案业务集体审议制度审核。企业取得境外直接投资外汇登记后，可以凭借登记直接到银行办理前期费用的购付汇手续。汇出的前期费用，可列入境外直接投资总额。

需要注意的是，境内投资者若在汇出前期费用之日起6个月内仍未设立境外投资项目，应向注册地外汇局报告其前期费用使用情况并将剩余资金退回。如确有客观原因，开户主体可提交说明函向原登记银行申请延期。经银行同意后，6个月期限可适当延长，但最长不得超过12个月。

2.3.4 境外直接投资外汇变更登记

境外直接投资外汇变更登记，是指境外投资发生规定的变更事项时，境内投资主体在银行办理的外汇登记变更手续。变更登记是境内投资主体办理后续因变更导致的相关资金汇回(例如减资、转股所得汇回)的凭证。

(1)适用情形

根据30号文，已登记境外企业发生名称、经营期限、合资合作伙伴及合资合作方式等基本信息变更，或发生增资、减资、股权转让或置换、合并或分立等情况的(包括因转股、减资等造成境内机构不再持有境外企业股权的情形)，应当进行外汇变更手续。

(2)变更登记主体

境外直接投资外汇变更登记的登记主体同境外直接投资外汇登记的登记主体。具体请参考2.3.1的(1)。需要注意的是，境内投资者收购其他境内投资者境外企业股权的，应由股权出让方办理变更登记。

(3)申请资料

企业办理境外直接投资外汇变更登记，应向指定银行提交以下资料:

A.《境外直接投资外汇登记业务申请表》。

B.非金融类境外投资提供商务主管部门对变更事项的批准或备案文件；金融类境外投资提供相关行业主管部门对变更事项的批准或备案文件。

C.如新增境内投资者，应提供该境内投资者的营业执照和组织机构代码证(已经办理“三证合一”或“五证合一”的企业，只需提交营业执照)。

(4)变更登记流程和时限

关于境外投资外汇变更登记的具体流程及时限，与办理境外投资外汇登记相同，需向办理登记的银行确认。需要注意的是，外国投资者以境外股权并购境内公司导致境内公司或其股东持有境外公司股权的，应在工商行政管理部门自颁发加注的营业执照之日起6个月内完成股权变更。如果境内外公司没有完成其股权变更手续，则境外投资外汇登记自动失效，银行应在资本项目信息系统中注销其登记。

(5)变更登记条件及效力

银行应在审核变更登记申请材料的真实性后予以办理变更登记。企业办理境外直接投资外汇变更登记后，可以直接到银行办理后续境外资产变现账户开立、汇回资金入账等手续。

2.3.5 境外直接投资收益汇回

请参考第4章“境外投资的保障制度”中“4.3 外汇管理支持”的相关说明。

2.3.6 境外直接投资外汇清算登记

境外直接投资外汇清算登记(以下简称“清算登记”)，是指境外投资中的境外企业因破产、解散、经营期满等原因清算的，境内投资主体向银行申请办理的登记。清算登记是境内投资主体办理因清算导致的后续境外资产变现账户开立、汇回资金入账手续的依据。境内投资主体或多个境内投资主体的其中之一，应就清算登记向银行提交以下资料：

A.《境外直接投资外汇登记业务申请表》；

B. 商务或行业主管部门对注销事项的批准或备案文件；

C. 清算审计报告或最近一期财务报表。

2.3.7 境外直接投资存量权益登记

根据13号文、原30号文中规定的境外直接投资外汇年检制度，改为存量权益登记制度。境内投资主体，或多个境内投资主体指定的其中一个境内投资主体，应于每年9月30日前，自行或委托会计师事务所、银行通过向外汇局资本项目信息系统报送《境外直接投资中方权益统计表》，并向外汇局报告其上年末境外直接投资存量权益数据。具体需报送的数据包括境外投资企业资产、境外投资企业负债、归属于境外投资企业全体股东的权益、境外投资企业少数股东权益、境外投资企业应付中方股利、境外投资企业盈利情况等。

对于企业报送的存量权益数据，外汇局将对其进行事后抽查。另外，境内投资主体在办理包括境外直接投资企业利润汇回等资本项目下的外汇业务前，外汇局将确认其存量权益登记情况。

2.4 特殊投资主体的特别审批程序

2.4.1 国有资本境外直接投资

涉及国有资本境外直接投资的，目前有国务院国有资产监督管理委员会(以下简称“国资委”)就其履行出资人职责的企业，即中央企业的境外投资出台的相关法规，包括《中央企业境外投资监督管理暂行办法》(国资委28号令，2012年5月1日实施)、《中央企业境外国有产权管理暂行办法》(国资委27号令，2011年7月1日实施)、《中央企业境外国有资产监督管理暂行办法》(国资委26号令，2011年7月1日实施)等。

另外，部分地方的国有资产管理部门就其履行出资人职责的企业的境外投资出台了相关管理规定，例如《山东省人民政府国有资产监督管理委员会关于完善省管企业省外境外投资管理有关问题的通知》(鲁国资规划[2010]7号)、河北省人民政府国有资产管理监督委员会出台的《省国资委监管企业境外投资监督管理暂行办法》(冀国资[2012]9号)、湖南省人民政府国有资产管理监督委员会出台的《省国资委监管企业境外投资监督管理暂行办法》(湘国资[2012]201号)、苏州市工业园区国有资产监督管理办公室出台的《苏州工业园区国有企业境外投资管理暂行办法》(苏园国资[2015]46号)等。

本节以下仅就中央企业境外直接投资的相关制度做简要介绍说明。

(1)非主业境外投资核准

中央企业原则上不得在境外从事非主业投资。有特殊原因确需投资的，应当向国资委报送以下资料并取得核准：

A. 申请核准非主业投资的请示；

B. 中央企业对非主业投资项目的有关决策文件；

C. 非主业投资项目可行性研究报告、尽职调查等相关文件；

D. 非主业投资项目风险评估、风险控制和风险防范报告；

E. 其他必要材料。

国资委将依据相关法律、法规和国有资产监管规定，主要从非主业投资项目实施的必要性、对企业发展战略和主业发展的影响程度、企业投资承受能力和风险控制能力等方面予以审核，并在20个工作日内出具书面意见。

⑵主业重点投资项目备案

对于属于中央企业主业范围以内的，根据中央企业内部的境外投资管理规定被确认为重点投资项目的境外投资，国资委以备案方式进行管理。中央企业应在每年向国资委报送的年度境外投资计划中记载当年度的重点投资项目的基本情况，具体包括项目背景、项目内容、股权结构、投资地点、投资额、融资方案、实施年限、风险分析及投资效益等；对于未列入年度境外投资计划的追加的主业重点投资项目，中央企业在履行内部决策程序后报国资委备案。对于年度境外投资计划中的主业重点投资项目，国资委如有异议应及时出具书面意见；对于追加的主业重点投资项目，国资委如有异议应在20个工作日内出具书面意见。

另外，重点投资项目的实施过程中，若出现项目内容发生实质改变、投资额重大调整和投资对象股权结构重大变化等重要情况时,中央企业应当及时报告国资委。

⑶离岸公司报告制度

中央企业如因重组、上市、转让或者经营管理需要设立特殊目的公司的，应当由中央企业决定或者批准，并以书面形式报告国资委。已无存续必要的特殊目的公司，应当依法及时予以注销。

⑷国有资产评估

根据《中央企业境外国有产权管理暂行办法》(国务院国有资产监督管理委员会令第27号)第9条，中央企业及其各级子企业的以下境外投资行为，应当依法履行国有资产评估手续，并办理评估备案或核准：

A. 中央企业及其各级子企业以其拥有的境内国有产权向境外企业注资；

B. 中央企业及其各级子企业以其拥有的境外国有产权向境内企业注资或转让。

2.4.2 金融机构

如前所述，对于非金融机构的境外投资，由商务部作为投资主管部门进行监督管理；对于金融企业的境外投资，则由金融企业的行业监督管理部门进行监督管理。中国目前对于金融行业实施分业监管，即由中国银行业监督管理委员会(以下简称“银监会”)、中国保险监督管理委员会(以下简称“保监会”)和中国证券监督管理委员会(以下简称“证监会”)分别负责银行业、保险业、证券业相关企业的监管。因此，银行业、保险业、证券业相关企业进行的境外投资，分别由银监会、保监会和证监会负责监督管理。

(1)银行

关于商业银行设立、参股、收购境外机构的规定，主要集中在《中国银监会中资商业银行行政许可事项实施办法》(2015修订)(中国银监会令2015年第2号，以下简称“2号令”)中。根据2号令，境外机构是指中资商业银行境外一级分行、全资附属或控股金融机构、代表机构以及境外一级分行、全资子公司跨国(境)设立的机构(2号令第35条第2款)。

商业银行境外投资应当符合2号令第35条第1款规定的条件，并向银行业监督管理机构申请并取得批准。根据2号令第36条规定，国有商业银行、邮政储蓄银行、股份制商业银行申请投资设立、参股、收购境外机构由银监会受理、审查并决定；城市商业银行申请投资设立、参股、收购境外机构由申请人所在地银监局受理、审查并决定。申请所需提交的资料根据申请事项有所不同，此处不予赘述。银监会或银监局自受理之日起6个月内作出批准或不批准的书面决定。

另外，境内商业银行还可开办代客境外理财业务。就此，银监会出台了《商业银行开办代客境外理财业务管理暂行办法》(银发[2006]121号，2006年4月17日实施)。根据该办法，商业银行开办代客境外理财业务，应当符合相关条件并通过向银监会申请取得批准。

(2)信托公司

关于信托公司投资设立、参股、收购境外机构的规定，主要集中在《中国银监会信托公司行政许可事项实施办法》(中国银监会令2015年第5号，以下简称“5号令”)中。根据5号令，境外机构必须是银监会认可的金融机构和信托业务经营机构。

信托公司境外投资应当符合5号令第16条规定的条件，并由所在地银监局受理、审查并决定。银监局自受理之日起6个月内作出批准或不批准的书面决定，并抄报银监会。信托公司获得银监局批准文件后应按照拟投资设立、参股、收购境外机构注册地国家或地区的相关法律法规办理相关法律手续，并在完成相关法律手续后15日内向银监局报告其投资设立、参股或收购的境外机构的名称、成立时间、注册地点、注册资本、注资币种等信息。

另外，信托公司可受托境外理财业务，即境内机构或居民个人将合法所得的资金委托给信托公司设立信托，信托公司以自己的名义按照信托文件约定的方式在境外进行规定的金融产品投资和资产管理的经营活动。信托公司受托境外理财业务，应符合《信托公司受托境外理财业务管理暂行办法》(银监发[2007]27号，2007年3月12日实施)规定的条件，并通过向银监会申请取得批准。

(3)保险公司

关于保险公司设立境外保险类机构，中国保险监督管理委员会发布了《保险公司设立境外保险类机构管理办法》(中国保险监督管理委员会令2006年第7号，2015年被中国保险监督管理委员会令2015年第3号修订，以下称“7号令”)。根据7号令，境外保险类机构，是指保险公司的境外分支机构、境外保险公司和保险中介机构(保险代理机构、保险经纪机构和保险公估机构)。

保险公司境外投资应当符合7号令规定的条件，并由中国保监会依法受理、审查并决定。申请所需提交的资料根据申请事项有所不同，此处不予赘述。中国保监会应当在受理申请之日起20日内作出批准或者不予批准的决定。决定不予批准的，应当书面通知申请人并说明理由。保险公司应当在境外保险类机构获得许可证或者收购交易完成后20日内，将境外保险类机构的许可证复印件、机构名称和住所、机构章程、机构的组织形式、业务范围、注册资本或者营运资金、其他股东或者合伙人的出资金额及出资比例、机构负责人姓名及联系方式等情况书面报告中国保监会。

另外，保险公司使用保险资金进行境外投资同样由保监会通过审批方式监督管理。为此，保监会、中国人民银行、国家外汇管理局联合出台了《保险资金境外投资管理暂行办法》(中国保险监督管理委员会、中国人民银行、国家外汇管理局令[2007]第2号，2007年6月28日起实施，以下简称“《暂行办法》”)，保监会还自行出台了《保险资金境外投资管理暂行办法实施细则》(保监发[2012]93号，2012年10月21日起实施，以下简称“《实施细则》”)。

根据《暂行办法》的相关规定，中国境内的保险公司使用保险资金境外投资，应当委托境内或者境外的受托人负责境外投资运作，并委托托管人负责资金托管监督。委托人、受托人和监管人均应符合《暂行办法》规定的条件，并取得保监会的批准。保险公司从事境外投资，只能在《实施细则》指定的国家和地区进行，此处不予赘述。从事境外投资的保险公司取得保监会批准后，还应在批准的投资比例内，向国家外汇局提出境外投资付汇额度申请。

(4)证券经营机构

关于证券公司在境外设立、收购或者参股证券经营机构，根据《证券法》第129条，应经国务院证券监督管理机构批准。就此，中国证券监督管理委员会(以下称“证监会”)出台了《证监会关于公布证券公司在境外设立、收购、参股证券经营机构审批的行政许可事项的公告》。根据公告，证券公司应提交以下申请资料，证监会应在受理之日起6个月内作出批准或者不予批准的书面决定：

A. 法定代表人签署的申请书；

B. 股东(大)会决议；

C. 境外机构的章程(草案)；

D. 可行性研究报告，内容至少包括：设立、收购或者参股境外证券经营机构的方案，申请人符合条件的说明，合法外汇资金来源的说明，设立、收购或者参股境外证券经营机构对申请人净资本等风险控制指标影响的说明，境外证券经营机构的名称、组织形式、管理架构、股权结构图、业务范围和业务发展规划，外派人员情况，申请人与境外证券经营机构之间防范风险传递和利益冲突的说明等；

E. 申请人与境外证券监管机构沟通情况的说明；

F. 中国证监会要求的其他材料。

另外，境内基金管理公司和证券公司等证券经营机构还可运用其在境内所募集的部分或者全部资金以资产组合方式进行境外证券投资管理，该投资行为由证监会通过审批方式监督管理。为此，证监会出台了《合格境内机构投资者境外证券投资管理试行办法》（中国证券监督管理委员会令第46号，2007年7月5日起实施，以下简称“46号令”）。

根据46号令的相关规定，申请境外证券投资的证券经营机构应符合有关条件，并取得证监会的批准，获得合格境内机构投资者资格。取得批准后，合格境内机构投资者应向中国证监会报送产品募集申请文件，取得批准。

2.4.3 其他投资主体

⑴社保基金境外投资

全国社保基金境外投资，由全国社会保障基金理事会(以下简称社保基金会)负责组织实施，财政部会同劳动和社会保障部、国家外汇管理局制定全国社保基金境外投资管理运作的有关政策，对全国社保基金境外投资运作情况进行监督。证监会、银监会按照各自职能对全国社保基金境外投资相关事宜进行监督。主要依据的法规为《全国社会保障基金境外投资管理暂行规定》(2006年5月1日起实施，以下简称《暂行规定》)。

社保基金境外投资，需委托符合《暂行规定》相关规定并取得保监会批准的受托人和托管人进行投资运作和资金托管。

⑵烟草行业境外投资

烟草行业企业兴办境外投资项目须按照国家规定的程序和内容，分项目建议书和可行性研究报告进行项目的前期准备工作。项目建议书和可行性研究报告均须经各有关省级烟草专卖局提出初审意见后报国家烟草专卖局批准。参考法规为《烟草行业企业境外投资项目管理办法》(1995年3月10日起实施)。

烟草行业企业进行境外投资，凡由国家烟草专卖局审批的项目，除有特殊情况外，要在收到符合要求的送审文件之日起60日内决定批准或不批准；数量超出限额及其他不由国家烟草专卖局审批的项目，国家烟草专卖局应在60日内报送国家有关主管部门审批。对在地方审批的限下项目，国家烟草专卖局如有异议应在收到抄送的审批文件之日起60日内提出。

3　境外投资的监管制度

■3.1　不良信用记录制度

为提示包含境外投资在内的对外贸易领域中的风险，商务部、外交部、公安部、住房城乡建设部、海关总署、税务总局、工商总局、质检总局、外汇局联合制定并公布了《对外投资合作和对外贸易领域不良信用记录试行办法》的通知(商合发[2013]248号，2013年8月5日生效，以下简称“**248**号文”)，建立了收集和发布对外贸易领域违法违规行为信息的不良信用记录制度。在该制度下，商务部会同各驻外使(领)馆、外汇局等相关部门收集并公布境外投资领域的违法违规行为。其中，涉及企业信用的违反法律法规、部门规章行为并已受相应行政处罚或者被司法机关查处的信息，有关部门应在职能范围内及时发布并对企业加强监管，各部门公布的不良信用信息应汇总至商务部由其统一公开。

根据248号文，境外投资中的下列行为，应当列入对外投资合作不良信用记录。被发布对象可以就此提出异议并要求复核。

(1)经核准开展境外投资业务企业的下列行为：

A. 不为境内派出人员办理合法出入境手续、健康体检、预防接种和工作许可；

B. 不尊重当地风俗习惯、宗教信仰和生活习惯，导致与当地民众发生冲突；

C. 不遵守当地生产、技术和卫生标准，导致安全事故；

D. 不遵守当地劳动法规导致重大劳资纠纷；

E. 破坏当地生态环境，威胁当地公共安全；

F. 违反对外投资有关外汇管理规定；

G. 未对派出人员进行安全文明守法培训，未针对当地安全风险采取有效安全防范措施；

H. 其他违反当地法律法规的行为。

(2)境外投资合资合作方的下列行为：

A. 通过欺骗手段与境内企业合资合作；

B. 采取不正当手段占有我境外企业资产或者造成境外企业损失；

C. 其他非法侵害我境外企业利益的行为。

■3.2 竞争监管

2013年3月18日，商务部印发《规范对外投资合作领域竞争行为的规定》(以下简称“对外投资竞争规定”)，于同年4月18日生效。根据该规定，商务部负责对对外投资合作领域不正当竞争行为进行监督管理，各省级商务主管部门负责对本行政区域内企业对外投资合作领域不正当竞争行为的监督管理。

3.2.1 对外投资合作领域不正当竞争行为

对外投资竞争规定中规定的对外投资合作领域不正当竞争行为主要包括如下：

A. 以商业贿赂争取市场交易机会；

B. 以排挤竞争对手为目的的不正当价格竞争；

C. 串通投标；

D. 诋毁竞争对手商誉；

E. 虚假宣传业绩；

F. 其他依法被认定为不正当竞争的行为。

3.2.2 调查程序

商务部门可以根据举报启动调查程序。举报有关企业存在不正当竞争行为的，举报人应以实名向商务部提出，举报内容必须详实、准确，同时提交相应证据。商务部在履行监督检查职能时，可以委托地方商务主管部门、驻外使领馆经商机构或其他有关单位，进行调查和认定，涉及单位和个人应当对调查给予配合、协助。商务主管部门在查处不正当竞争行为的过程中，发现有关行为涉嫌构成犯罪的，应当依法及时移送司法机关处理。

3.2.3 罚则

商务部门经调查确认存在不正当竞争行为的，应根据《境外投资管理办法》予以处罚。具体请参考2.2“商务部门的备案、核准等程序中的罚则”部分。同时，根据对外投资合作不良信用记录制度，构成不正当竞争的对外投资合作经营行为将被记录在案，并通报有关部门和机构。涉及企业3年内不得享受国家有关支持政策。

■3.3 人员信息监管

3.3.1 在外人员分类管理

根据《商务部关于加强对外投资合作在外人员分类管理工作的通知(2013)》的规定，商务部对于对外投资合作企业的派出人员(包括劳务人员、对外承包工程外派人员和对外投资外派人员)进行管理。境外投资涉及的主要是劳务人员与外派人员。

(1)劳务人员管理

境外投资设立的企业作为国外雇主通过与对外劳务合作企业签订《劳务合作合同》接受其派出劳务人员，属对外劳务合作。国内的境外投资主体应按照对外投资合作有关规定要求其境外企业承担相应的雇主责任。

(2)外派人员管理

外派人员是指国内的境外投资主体向其在境外投资的企业派出的人员。国内的投资主体只能向境外投资的企业外派已经与其签订《劳动合同》的自有员工，并为外派员工办理符合派驻地法律规定的工作手续；未取得对外承包工程或对外劳务合作经营资格，不得为境外投资项目招收和外派人员。

3.3.2 “对外投资合作在外人员信息管理系统”

根据《境外中资企业(机构)员工管理指引》(商合发[2011]64号)、《商务部关于加强对外投资合作在外人员分类管理工作的通知》、《商务部办公厅关于启用对外投资合作在外人员信息管理系统的通知》(商办合函[2013]253号)等相关规定，对对外投资合作在外人员信息，由商务部网站“中国对外投资和经济合作”子站

(http://fec.mofcom.gov.cn)中设置的“对外投资合作在外人员信息管理系统”进行管理。开展境外投资的境内企业应实时填报或更新企业在外人员信息(包括企业自有人员、外派人员和外籍雇员信息)，具体操作办法可通过从管理系统下载用户手册获取。各省商务主管部门应指派专人负责，监督执行；商务部将对信息填报工作进行指导和检查。对未及时填报和更新信息的企业，商务部将予以通报批评，各级商务主管部门应不予受理其相关资金支持申请。

■3.4 环境保护监管

2013年2月18日，商务部、环境保护部印发了《对外投资合作环境保护指南》(商合函[2013]74号)，从建立内部环境管理制度、员工环保培训、环境影响评价、生物多样性、社会影响评价、达标排放、环境监测要求、环境尽职调查、危险废物管理、环境事故预防与应急、生态恢复、清洁生产、绿色采购等方面对企业的环境保护行为提出了指导性的意见和建议。

■3.5 安全监管

商务部会同外交部、发改委、公安部、国资委、安全监管总局和全国工商联印发《境外中资企业机构和人员安全管理规定》(商合发[2010]313号，以下简称《安全管理规定》)以及系列通知，要求开展境外投资的境内企业加强对派驻境外企业的人员的安全教育培训，制订境外安全管理制度，建立境外安全突发事件应急处置机制等，在境外安全形势发生异常时及时向中国驻外使领馆报告；要求商务主管部门等部门对高风险国家和地区的境外投资从严管理，公安部门就高风险国家和地区履行对人员的提醒职责；要求使领馆在发生突发事件时提供必要的领事保护，与驻在国政府主管部门交涉等。

4 境外投资的保障制度

4.1 税收管理支持

为支持和服务企业境外投资，中国设置了境外投资的诸多保障制度，税收管理制度是其中重要组成部分。中国对于境外投资的税收管理，主要体现在税收抵免和境外所得申报及信息报告管理。

4.1.1 税收抵免

境外投资项下的税收抵免，是指为了避免双重征税，根据双边或多边的税收协定，中国政府在对中国企业来源于境外投资的所得征税时，允许企业以其抵免其已经在投资国缴纳的税收。1983年9月6日，中国政府与日本国政府签署了《中华人民共和国政府和日本国政府关于对所得避免双重征税和防止偷漏税的协定》(以下简称“中日税收协定”)、《中华人民共和国政府和日本国政府关于对所得避免双重征税和防止偷漏税的协定的议定书》和《中华人民共和国政府和日本国政府关于对所得避免双重征税和防止偷漏税的协定的换文》。中国企业赴日投资的，可以根据上述文件进行有效税务筹划，降低投资的税务成本。

简单而言，根据中日税收协定第二十三条第一款的规定，中国政府对中国居民就来源于日本所得向日本政府直接缴纳的所得税，给予直接抵免；对中国居民企业就日本居民公司支付之股息向日本政府间接缴纳(由日本居民公司直接缴纳)的所得税，在中国居民企业拥有日本居民公司股份不少于10%时，给予间接抵免。直接抵免和间接抵免的数额不应超过由中国税法设定的限额。

4.1.2 境外所得申报及信息报告

为了加强对境外投资所得的税收管理，国家税务总局发布的《中华人民共和国企业所得税年度纳税申报表(A类，2014年版)》(国家税务总局公告2014年第63号)中，明确要求企业在办理企业所得税年度纳税申报时，填写及申报《境外所得税收抵免明细表》、

《境外所得纳税调整后的所得明细表》、《境外分支机构弥补亏损明细表》、《跨年度结转抵免境外所得税明细表》等。

另外，国家税务总局于2014年6月30日公布并于2014年9月1日起实施的《国家税务总局关于居民企业报告境外投资和所得信息有关问题的公告》(国家税务总局公告2014年第38号)，要求境内企业报告境外投资和所得的相关信息，具体包括以下：

(1)居民企业参股外国企业信息报告表

居民企业成立或参股外国企业，或者处置已持有的外国企业股份或有表决权股份满足下列条件的，应当在办理企业所得税预缴申报时向主管税务机关填报《居民企业参股外国企业信息报告表》：①居民企业直接或间接持有外国企业股份或有表决权股份达到10%(含)以上；②居民企业在被投资外国企业中直接或间接持有的股份或有表决权股份自不足10%的状态改变为达到或超过10%的状态；③居民企业在被投资外国企业中直接或间接持有的股份或有表决权股份自达到或超过10%的状态改变为不足10%的状态。

(2)其他资料报送

涉及境内企业将利润留存于所得税且税率低于中国的情形时，境内企业应提交《受控外国企业信息报告表》。就境内企业从境外取得的权益性投资收益中境外缴纳部分可抵免的境外投资企业，以及所得税税率低于中国的境外投资企业，境内企业应提交该外国企业按照中国会计制度编报的年度独立财务报表。

4.2 融资支持

4.2.1 境外投资重点项目信贷支持等

2004年10月27日，国家发改委和中国进出口银行联合发布了《关于对国家鼓励的境外投资重点项目给予信贷支持政策的通知》(发改外资[2004]2345号)。根据该通知，中国进出口银行在每年的出口信贷计划中，专门安排一定规模的信贷资金(下称“境外投资专项贷款”)用于支持国家鼓励的境外投资重点项目，并给予中国进出口银行的出口信贷优惠利率。境外投资重点项目信贷支持的内容简要总结如下。

境外投资重点项目是指以下项目：

A. 能弥补国内资源相对不足的境外资源开发类项目；

B. 能带动国内技术、产品、设备等出口和劳务输出的境外生产型项目和基础设施项目；

C. 能利用国际先进技术、管理经验和专业人才的境外研发中心项目；

D. 能提高企业国际竞争力、加快开拓国际市场的境外企业收购和兼并项目。

境内投资主体按规定向发展改革部门上报项目申请报告时抄送中国进出口银行总行及相应的营业性分支机构，同时提出贷款申请。取得发展改革部门核准或备案，是取得相关贷款的前提条件。

2005年9月25日，国家发改委和国家开发银行发布了《关于进一步加强对境外投资重点项目融资支持有关问题的通知》（发改外资[2005]1838号），进一步规定国家开发银行根据其与国家发改委共同拟定的年度境外投资重点项目融资支持计划，为境外投资重点项目提供股本贷款。股本贷款视具体项目情况给予一定的利率优惠。

此外，国家开发银行对境外投资重点项目还提供如下支持和服务：为境外投资重点项目提供大额、稳定的中长期非股本贷款支持；加强与国际金融组织或跨国公司合作，组织国际银团贷款、境外贷款等，协助落实融资方案；提供基础设施、基础产业、支柱产业领域的行业分析、风险评估等服务；提供与项目相关的信用证及国际结算等方面的配套金融服务；提供汇率、利率风险管理等金融衍生工具服务等。

4.2.2 跨境担保

根据2014年5月19日国家外汇管理局发布的《跨境担保外汇管理规定》及《跨境担保外汇管理操作指引》（汇发[2014]29号，下称“**29**号文”），中国大幅放宽对跨境担保的管制。由此，境外投资的外国企业更容易通过内保外贷的方式获得境内投资主体及其他相关主体通过担保提供的融资支持。

具体而言，29号文实施之后，境内担保人可以自行签订内保外贷合同并办理内保外贷登记，担保人自行负责监督境外债务人。在发生履约之后，担保人可凭借登记文件直接办理担保项下履约购汇，并在履约后办理对外债权登记续。

■4.3 外汇管理支持

国家外汇管理局2015年2月13日公布并于2015年6月1日生效的《关于进一步简化和改进直接投资外汇管理政策的通知》(汇发[2015]13号，以下简称“**13**号文”)大大简化了境外直接投资项目下的外汇管理，更加便利境外投资项目下的利润汇回及境外资产变现账户的开立、入账和结汇。

4.3.1 境外直接投资企业利润汇回

境内企业可以在向注册地银行提交获得境外企业利润的相关真实性证明材料，银行审核该材料及境外直接投资存量权益登记情况并确认后，境内企业可将其所得的境外直接投资利润汇回境内(包括以人民币形式汇回)。汇回的利润可以保存在其经常项目的外汇账户或办理结汇。

4.3.2 境外资产变现账户的开立、入账和结汇

境外投资企业发生减资、转股、清算或债权投资回收等业务以及境内居民个人从特殊目的公司获得资本变动收入等需汇回资金的，银行可根据境内机构、境内个人的申请直接办理开户手续，并在确认可流入额度后予以办理入账和结汇。

■4.4 保险支持

企业境外投资项目普遍具有投资金额大，资金回收周期长、融资结构复杂等特点，并面临暴乱、战争、主权国家违约、汇兑限制等海外政治风险。因此，为支持中国企业境外投资，中国政府全资拥有的中国出口信用保险公司开办了海外投资保险。海外投资保险是一项不以盈利为目的的政策性保险，主要是针对中国企业境外投

资，为境外投资因征收、汇兑限制、战争和政府违约等事件造成的损失进行承保。

此外，2005年1月25日，国家发改委与中国出口信用保险公司联合发布了《关于建立境外投资重点项目风险保障机制有关问题的通知》(发改外资[2005]113号)，建立了境外投资重点项目风险保障机制。根据该通知规定，中国出口信用保险公司向国家鼓励的境外投资重点项目提供投资咨询、风险评估、风险控制及投资保险等政策性的风险保障服务。

第2章

对日投资所涉日本的制度概要及实务

1 对日投资登记实务

■1.1 对日投资的形态

根据外国法律成立的公司在日本被称为“外国公司”。例如，在中国成立的公司就属于日本法上的“外国公司”。当外国公司决定进入日本市场时，主要可以依据《外汇及外国贸易法》、《商法》、《税法》等日本法律选择设立派驻员事务所 、设立分支机构以及设立子公司(日本法人)这三种形态来开展商业活动。

1.1.1 三种形态的比较

三种形态各有利弊。例如，派驻员事务所最为灵活，不需要登记即可成立，也不需要在日本纳税，但却有无法在日本开展经营活动的缺点。因此，中国公司在进入日本市场前应根据自己的实际需求选择相应的形态。

下表是对三种形态的大致比较：

	派驻员事务所	分支机构	子公司
名称的限制	无限制	必须和外国总公司名称相同	无限制
法律地位	非法人	非独立法人	独立法人
开展经营活动	不能 注：派驻员事务所类似于外国企业在中国设立的办事处，无法开展经营活动。	能	
商业登记	原则上不需要 注：作为例外，外国的银行、保险公司、证券公司等金融机构的派驻员事务所需要事前向日本金融厅备案。	需要	

资本金	不需要		原则上没有限制。极端的情况下，资本金设定为1日元亦可。但是在实务中，资本金是信用的保证，设置1日元公司的情况并不常见。另外，还有一切其它因素制约着资本金的设定。例如，公司申请某些特定行业的经营许可时，往往需要达到日本政府规定的最低资本金的要求。又例如，公司法人代表申请“投资经营”签证时，日本入国管理局要求公司的最低注册资本为500万日元。
代表董事及董事	无需设置 注：只需要代表人。分支机构可以选任多名代表人，但至少有一人居住在日本。		需要设置 注：可以选任多名，但至少有一人居住在日本。
监事	无需设置		可以设置，非强制
银行账户的开设	不能 注：代表人可以开设个人账户，但在代表人的名字后记载派驻员事务所的名称。	可以	
会计处理	无需	可以和本国的母公司进行会计报表的合并处理。	按照日本法人的会计准则进行处理。
税务处理	无需	需要在日本进行税务申报。原则上只对在日本国内的所得利润进行征税。	对所有收入进行计税。
设立所需时间	无	通常为1-2个月	通常为1-2个月
设立手续费用	无	低	高
员工的雇佣	可以		

优点	✓设立和关闭都无需登记	✓不需要资本金 ✓设立费用低 ✓分支机构的亏损可以计入总公司；总公司和分支机构的共同费用可以计入分支机构的成本(减少分支机构在日本国内的应税收入)；具有跨境节税的功能 ✓向总公司进行的海外汇款原则上不征税	✓可以经营一些以一定金额的资本金为经营许可条件的业务 ✓在日本国内信用度高，容易从金融机构获得贷款 ✓子公司的负债原则上不需要母公司偿还 ✓代表董事、高级管理人员可以获得“投资经营”签证定居日本
缺点	✓无法在日本国内开展经营活动，只能从事市场调查、信息收集、广告宣传等准备性、辅助性的工作	✓登记设立时间长，需要准备登记设立所需的文件 ✓在日本国内信用度底，很难从金融机构获得贷款 ✓总公司需要承担分支机构的债务 ✓关闭手续时间长 ✓总公司的重要事项变更时，分支机构也需要在日本国内进行商业登记变更 ✓某些行业的经营许可以一定金额的资本金为要件，分支机构无法取得该类经营许可 ✓总公司的会计报告也需要在日本进行税务申报 ✓分支机构的法人税按照母公司的资本金计算，纳税额随着母公司资本金规模的增加而增加。	✓登记设立时间长，需要准备的文件多，手续费用高 ✓需要在日本进行独立计税，在没有税收筹划的情况下，无跨境节税的功能 ✓向海外母公司汇款时原则上(有双边免税协议的除外)要进行20%的源泉征收(作为母公司在日本国内的所得税)

1.1.2 子公司(日本法人)形态的比较

当外国公司选择在日本国内设立子公司(日本法人)来进行经营活动时，需要进一步根据自己的实际需求，在股份公司(日语为"株式会社")、合同公司、合资公司、合名公司的法人形态中选择恰当的形态。在实务中，合资公司、合名公司的数量非常少，因为合名公司的全体出资人以及合资公司的部分出资人需要对公司的债务承担连带无限责任(类似于中国法下的合伙企业与有限合伙企业)。在剩下的股份公司与合同公司中，股份公司这一形态因为具有信誉好的特点，为绝大多数公司所采用。

下表是对四种法人形态的大致比较：

	股份公司	合同公司	合资公司	合名公司
资本金	原则上没有限制。极端的情况下，资本金设定为1日元亦可。			
出资者名称	股东	社员		
必要的股东、社员人数	1人以上		2人以上	1人以上
出资者的责任	所有股东以出资金额为限的有限责任	所有社员以出资金额为限的有限责任	有限责任社员以出资金额为限的有限责任、无限责任社员承担无限责任	所有社员承担无限责任
出资份额的转让	原则上可以自由转让	要得到全部社员的同意	不执行业务的有限责任社员的出资份额转让要得到执行业务的社员的全体同意。其他的社员的出资份额的转让要得全部社员同意。	要得到全部社员的同意
设立手续	较为繁琐	较为简单		
设立手续费用	较高	较低		
最高意思决定机构	股东大会	社员总会		
经营的主体	代表董事	业务执行社员		

损益分配	根据出资比例进行分配	可不按出资比例进行分配
税务处理	对股份公司的利润以及股东的红利进行征税	对公司的利润以及社员的红利进行征税

■1.2 注册成立手续

1.2.1 对于外国投资的限制

自上世纪60年代经济腾飞以来，日本逐步放开对外国投资的限制。目前，日本对外国投资实施原则放开、例外禁止的方针，因此，大部分行业均允许外国资本自由进入，目前还没有明文规定绝对禁止外国资本进入的行业。

(1) 国民待遇是原则

一般情况下，在日本国内设立分支机构、子公司时，除需要通过日本法务省的登记之外，无需通过日本政府特别审批或另行登记，也不需要在工商会议所等机构办理特定的登记注册手续，只要是在经济统计中被列为国外投资企业的公司即可。另外，根据日本法律，在日本进行公司设立和并购的企业，原则上只需在进行该投资后的15天内向日本银行提交报告即可。

(2) 外资限制是例外

根据日本法律，在日本设立公司或进行并购的对象涉及下述行业的，需要在业务开始前3个月进行申报，日本政府可以视需要决定是否审查：

- 涉及妨碍“国家安全”、“公共秩序”及“公众安全”的行业

国家安全：武器、航空器、核能、宇宙开发、火药、可以转为军用的碳素纤维和钛合金、光化学镜头制造业等行业。

公共秩序：电力、煤气、热供应、通讯、广播、自来水、铁路及旅客运输等行业。

公众安全：生物制剂制造业及警备业等行业。

● 涉及妨碍日本国内经济正常运行的行业

农林水产业、石油业、皮革制品制造业、航空运输业、海运业等。

● 通过并购取得日本上市公司股份，出资比率达到10%以上的企业

● 通过并购取得日本非上市公司股份的企业

(3) 日本政府的事前审查

如上所述，在外资受到限制的行业，须在业务开始前3个月内提交申报。申报被受理后，由财务大臣及行业主管大臣召集相关人士参加的审议会，对申报项目进行评审。当政府认为无需实质审查的，在经过自受理之日起30天的不作为期间后，可以实施所申报的行业的经营事项，若政府认为申报的事项需要进行实质审查的，则有可能发生要求变更投资内容或否决项目的情况（因项目本身原因，对项目的评审可能会延长4–5个月）。

1.2.2 特殊行业的经营许可

在日本，存在一些需要经营许可的领域。在日本投资设立分支机构、子公司或并购日本公司后开展具体经营业务之前，应当确认该经营业务所涉及的行业是否需要取得日本主管机关的经营许可。该经营许可并非是对于外资的限制，无论是日本的内资公司还是外资公司，都需要办理。

下表是对主要经营许可业务的总结：

行业	经营许可的种类	业务窗口	许可权利人
不动产业	宅地建筑物交易行业许可	道都府县	国土交通大臣或道都府县知事
建筑业	建筑行业许可	地方整备局或道都府县	国土交通大臣或道都府县知事
旅游业	旅游业登记	观光局或道都府县	观光厅长官或道都府县知事
旅游代理业	旅游代理业登记	道都府县	道都府县知事
酒类销售	酒类销售许可	税务局	各税务局长官

香烟销售	香烟零售许可证	日本香烟产业株式会社	财务局长官
餐饮	餐饮业许可	保健所	道都府县知事（设有保健所的城市的市长）
旅馆住宿业	旅馆业营业许可	保健所	道都府县知事（设有保健所的城市的市长）
医药品销售	药店开设许可 店铺内兼营医药品销售许可	保健所	道都府县知事（设有保健所的城市的市长）
理发美容业	理发美容店铺开设备案	保健所	道都府县知事（设有保健所的城市的市长）
干洗行业	干洗店铺开设备案	保健所	道都府县知事（设有保健所的城市的市长）
看护行业	看护行业指定许可	道都府县	道都府县知事
产业废弃物处理行业	产业废弃物收集运输许可 产业废弃物处理许可	道都府县	道都府县知事
金融商品交易行业	金融商品交易行业登记	财务局	财务局长官
投资基金	适格机构投资人登记	财务局	财务局长官
二手商品回收、销售	古物商许可	警察署	公安委员会
出租车行业	一般乘用旅客运输许可	运输局	运输局长官
轻型卡车运输业	轻型汽车货物运输许可	运输局	运输局长官
卡车运输业	一般汽车货物运输许可	运输局	运输局长官
汽车拆解整备业	汽车拆解整备许可	运输局	运输局长官

仓库业	仓储业登记	运输局	国土交通大臣
人才派遣业	一般劳动者派遣事业许可 特定劳动者派遣事业许可	劳动局	厚生劳动大臣
职业介绍业	收费职业介绍许可	劳动局	厚生劳动大臣

1.2.3 分支机构的新设注册

根据日本的法律，外国公司的分支机构不享有独立的法人地位，须按照与该外国公司形态最接近的日本法人的注册条件进行注册。在实务中，大致的注册流程如下：

A. 选定分支机构的代表人

分支机构的代表人选定没有国籍的限制，可以选择外国公司所在国的人，可以选择日本公民，也可以选择第三国的公民。另外，也没有人数限制，也可以同时选定几名代表人。但是需要注意的是，代表人中至少应有一人居住在日本。由于分支机构不享有独立的法人地位，分支机构的代表人具有对外代表分支机构参与活动的所有权限，以其个人名义对外签订合同。

B. 制作分支机构的印章

根据日本的法律，分支机构必须以国外母公司的名称进行登记，不得另起名称。例如，分支机构在中国的总公司的名称为“中国对日投资有限公司”，则该分支机构应当以同样的名称在日本的法务局进行登记，而不是登记为“中国对日投资有限公司日本分公司”。但在实务中，一般会将名片会印成“中国对日投资有限公司日本分公司”，从而和中国母公司加以区分。

C. 选定分支机构的场所

由于分支机构不享有独立的法人地位，应由分支机构的代表人对外签订场地租赁合同。和中国一样，分支机构的登记采用属地管理模式，因此分支机构的注册需要向所在地的法务省相关部门申请。

D. 向日本银行进行事前报告

当分支机构的经营范围涉及需要向日本银行进行事前报告的行业时，应当事前向日本银行申报。

E. 向法务局申请注册登记并就分支机构的印章进行备案

在向法务局申请注册登记时，需要提交如下资料：

i. 证明总公司存在的文件(例如：经公证认证的营业执照、中国驻日本大使馆的《宣誓陈述书等》)

ii. 证明分支机构代表人资格的文件(例如：关于代表人选定的股东决议等)

iii. 总公司的章程和其他经营许可证明文件(及翻译)

F. 完成登记，领取注册事项证明(登记完成的证明书，上面记载有分支机构所在地、代表人名称等信息)和分支机构图章备案证明。

1.2.4 股份公司(子公司、日本法人)的新设注册

A. 事前向日本银行申报拟取得的股份(仅适用于需要事前申报的行业)

B. 名称预核准(在法务局调查是否存在相同或类似商号)

C. 对章程进行公证(需要前往日本的公证处履行相关公证)

D. 准备资本金的出资证明

i. 募集设立的情况下，需向银行申请资本金的保管和出具保管证明；

ii. 发起设立的情况下，把资本金汇入发起人或设立时的董事长账户。若与拥有日本国内银行账户的个人或法人共同出资成立公司时，将资本金汇入共同出资的日本个人或法人在日本国内的银行账户的证明可以代替银行出具的资本金保管证明(在日本，银行的手续费非常高，用资金汇入证明代替向银行申请资本金保管证明可以节省不少费用)。

E. 准备证明母公司存在的文件

i. 中国出资人经公证认证的营业执照、中国驻日本大使馆的《宣誓陈述书等》

ii. 日本出资人(如有)，在其所在地法务局取得注册登记证明，以及作为股东的个人/公司的图章证明

F. 董事长、董事和监事等高级管理人员的委任文件(例如母公司的相关股东决议等)

G. 向法务局申请注册成立股份公司(申请日即为成立日)

H. 向法务局备案公司图章

I. 领取注册事项证明(相当于国内的营业执照)和公司图章证明(公司图章证明是对已注册的公司图章予以证明的官方文件，并同时注册图章的有权使用者)

J. 以公司名义在银行开立账户

K. 向日本银行申报取得的股份(如需)

1.2.5 合同公司(子公司、日本法人)的新设注册

A. 事前向日本银行申报拟取得的股份(仅适用于需要事前申报的行业)

B. 名称预核准(在法务局调查是否存在相同或相似商号)

C. 取得股东(出资人)的证明书(在本国)

i. 中国出资人经公证认证的营业执照、中国驻日本大使馆的《宣誓陈述书等》；

ii. 日本出资人(如有)，在其所在地法务省取得注册登记证明，以及作为股东的个人/公司的图章证明。

D. 制定合同公司的章程

E. 准备资本金的出资证明

F. 向法务局提交设立合同公司的注册申请(申请日即为成立日)

G. 法务局登记备案公司图章

H. 领取注册事项证明(相当于国内的营业执照)及公司图章证明(公司图章证明是对已注册的公司图章予以证明的官方文件，并同时注册图章的有权使用者)

I. 以公司名义在银行开户

J. 向日本银行申报取得的股份(如需)

■1.3 法人章程记载事项

根据日本相关法律，公司章程的记载事项根据是否由法律明确规定，分为必要记载事项和任意记载事项。法律明文规定必须载明或选择列举的事项，为必要记载事项。法律未予明确规定，由章程制订人任意选择记载的事项，为任意记载事项。

	股份公司	合同公司
绝对记载事项	目的、商号、总公司所在地、发起人的姓名或名称和地址、公司设立时所出资的资产价值或其最低金额	目的、商号、总部所在地、出资人的姓名或名称和地址、表明全体出资人为有限责任出资人、出资人的出资目的
相对记载事项	实物出资人的姓名，出资目的财产及其价值以及相应所获得发行股份的种类和数量，打算在公司成立后受让的财产及其价格和转让人的姓名，应归属于公司承担的设立费用，关于设置董事会、监事、利润分配的方法等。	只要不违反公司法的规定，可以自由决定。

■1.4 公司注册事项证明及公司图章证明

注册事项证明相当于中国的工商营业执照，是分支机构和公司(日本法人)注册的证明文件。注册事项证明中的所有事项都经过日本法务省的审核，因此对外具有公信力。注册事项证明中包含了商号、所在地、公司设立日期、注册资本金、董事、监事等主要信息。

由于注册事项证明具有公信力，其作用也类似于中国的工商营业执照。在银行开户、公司场地租赁时，通常提交注册事项证明以证明公司具有合法的法人地位。此外，日本公司在和第一次进行交易的对方签订合同前，往往也会要求对方提供注册事项证明作为事前信用调查的一部分。在有需要时，分支机构和公司可以随时向法务省要求开具注册事项证明。

■1.5 注册完成后的申报或备案

设立分支机构、子公司的注册手续完成后，需要向日本当地的税务等行政机关进行必要的申报或备案。

1.5.1 税务设立申报

税务设立申报采用属地管理模式。文件形式及申报期限因其所属道都府县或市镇村而异，需通过税理士或当地税务局网站等加以确认。

1.5.2 劳动和社保相关申报

➢ 雇佣报告

当公司存在雇员时，应当立即向劳动基准监督署申报。如果不存在雇员，则无需申报。

➢ 劳动保险申报

当公司存在雇员时，应自录用之日起10天内向劳动基准监督署申报。

➢ 有关加班和假期工作的协定

预计需要雇员在法定工作时间外或在法定休息日工作时，应当事前向劳动基准监督署申报。

➢ 就业规则备案

雇员人数达到10名以上时，必须制定就业规则并向劳动基准监督署备案。

➢ 失业保险备案

当公司存在雇员时，应自录用之日起10天内向公共职业安定所申报。

➢ 健康保险、养老保险新增适用申报

当公司存在雇员时，应自录用之日起5天内向社会保险事务所申报。

➢ 健康保险、养老保险被保险人资格取得申报

当公司存在雇员时，应自录用之日起5天内向社会保险事务所申报。

■1.6 关闭、解散、清算

1.6.1 分支机构的注销

在日本注销分支机构，需要对所有代表人进行卸任登记。这是因为分支机构本身不具有独立地法人地位，所有的对外法律行为都由代表人全权代表。如果代表人的登记仍然存在，其仍然可以以自己的名义继续分支机构的业务，使分支机构“名亡实存”。

办理分支机构注销时要办理以下手续：

A. 外国总公司决定注销分支机构，撤销驻日的所有代表人(外国总公司的相关股东决议)

B. 通知债权人(在债权明确的情况下可以个别通知，当债权人不明确时可以通过公告通知的方式)

C. 提交税务注销的预备案

D. 提交由中国驻日大使馆领事等认证注销分支机构，撤销驻日所有代表人相关的宣誓陈述书

E. 向法务局申请撤销分支机构的所有代表人

F. 领取注销事项证明

G. 进行税务终结注销

1.6.2 子公司(日本法人)的解散、清算

解散、清算子公司时要办理以下手续(需要注意的是，如子公司资不抵债时，则必须办理由法院主持的特别清算手续)：

A. 股东大会等通过决议解散子公司并委任清算人

B. 向法务局申请解散并进行清算人备案

C. 提交税务注销的预备案(包括清算人备案)

D. 通知债权人(在债权明确的情况下可以个别通知，当债权人不明确时可以通过公告通知的方式)

E. 由清算人清查公司剩余资产

F. 股东决议通过清算人制定的清算报告(报告内容含资产负债表和剩余资产目录)，确定剩余资产分配方案

G. 向法务局申请注销登记

H. 进行税务终结注销

2 公司管理制度概要及实务

■2.1 股东的权利

2.1.1 概说

中国企业在日本新设公司或并购已有日本股份公司后，将成为该公司的股东。中国企业作为股东的权利集中体现在股份上。例如，可以通过行使在股东大会中的股份表决权，从而影响公司的经营决策。又比如，当公司产生税后利润时，中国企业作为股东享有按照股份分红的权利。因此，在对日投资的过程中，有必要掌握股份的相关知识，了解股东的相关权利。

2.1.2 股份的含义及种类

(1)含义

①总论

如下文所述，同一公司内可存在多种类的股份，但是这些股份按照均等的单位划分，以便于处理。股东不能将股份进行进一步划分，但允许共同持有股份。

②股东的权利及义务

A. 股东的权利

股东的权利分为自益权和共益权。自益权是指股东直接从股份公司取得经济利益的权利，比如盈余分配请求权、剩余财产分配请求权以及股份回购请求权等。共益权是指股东为了参与公司的经营或监督纠正董事等行为而享有的权利，比如股东大会的表决权、说明请求权、股东大会的提议权、召集权、向法院提起股东大会决议的无效诉讼的权利等。

B. 股东的义务

股东负有以其认购股份的认购价款为限的出资义务，该义务在其成为股东时已履行完毕，因此这也意味着其成为股东后将不再对公司承担义务。

C. 股东平等原则

公司虽可发行如下文所述的权利内容等所不同的股份(种类股份)，但应根据股东持有的股份内容及数量，平等对待持有同种类股份的股东。但是，在所有股份都被限制转让的股份公司(非公开公司的股份公司)，关于盈余的分配、剩余财产的分配以及股东大会决议权的相关事项，可以在章程中对每个股东做出不同的规定。

(2) 种类

在日本法下，公司股份的种类很多，区分得很细，这直接影响到股东的权利行使。因此，中国企业在购入日本公司的股份前，一定要仔细确认该股份的种类。

A. 优先股、劣后股

优先股是指优先于其他股份享有盈余分配权利的股份。劣后股是指劣后于其他股份享有盈余分配权利的股份。判断优先或劣后的标准为普通股。中国企业入股日本公司前，可以先与其他日本股东协商，将自己购入的股份设定为优先股，从而最大限度的降低投资风险，确保自己的投资收益。但需要注意的是，在实务中，优先股股东在享有优先盈余分配权利的同时，往往以放弃公司决策权为代价。因此，中国企业应综合考虑各项因素后慎重地决定是否将自己购入的股份设定为优先股。

B. 限制表决权的股份

股份公司可对在股东大会行使表决权的事项进行限制，对部分事项不具有表决权的股份称为表决权限制股份。对表决权不设定限制的股份称为普通表决权股份。

C. 转让限制股份

股份公司可依据章程对股份的转让设定限制，被设定限制转让的股份称为转让限制股份。

D. 附回购请求权的股份

股份公司可发行在股东向公司请求回购股份方面内容不同的股份。

E. 附回购条件的股份

股份公司可发行在公司可强制取得股份的条件方面内容不同的

股份。

2.1.3 股票、转账户头名册、股东名册

(1)股票

股票是指表示股份的有价证券。股份公司可在章程中规定发行股票凭证的相关事宜。但是，适用《公司债券、股份等流通相关法律》(转账制度)的公司股份(流通股，比如在金融商品交易所上市的股份等)不能发行股票。此外，即使在章程中规定了发行股票的相关事宜，也可废止该规定。

发行股票的公司，在转让或出质股份时，应交付股票。当事人之间以及公司以外的关系人之间，只有当交付股票时才产生转让或质押的效力，但在股东名册上记载记录方可对抗股份公司。

股票所记载的全部事项均为法定。股东可向公司提出不持有股票的申请(不持有股票制度)。此外，股东遗失股票时，为防止股票被善意取得，股东可办理股票遗失登记手续从而使得股票无效(股票失效制度)。

发行股票的公司，在发行股份之后，应立即发行股票。但在全部股份限制转让且发行股票的公司，在股东不要求发行股票等情况下，可以不发行股票。

(2)转账户头名册

流通股权利的归属根据转账机关以及户头管理机关制作的转账户头名册记载记录。

(3)股东名册

股东名册是指为了记载或记录股东以及其所持股份等相关事项，要求股份公司制作的账簿。在不发行股票的情况下，或不适用《公司债券、股份等流通相关的法律》的公司股份，根据当事人之间的意思表示转移此类股份，股东名册中关于股东名义的更换可以作为对抗其他第三人的要件。

2.1.4 股份的转让与设定担保

(1)股份的转让

转让发行股票公司的股份时，如不向受让人交付股票，则不发

生效力。转让流通股时，转让方即加入方（在转账机构开设户头的一方）申请转账后，只有受让人自己账户的持有股份项目中有增加记载或登记时，转让才发生效力。若转让的既不是发行有股票公司的股份，也不是流通股时，当事人达成合意后可发生效力。股东名册的名字更换可对抗公司和其他第三人。股份的转让人即使是无权利人，如受让人无恶意或重大过失，受让人可善意取得股份。

(2)股份的转让限制

虽然原则上股份可以自由转让，但就全部股份或作为种类股份的一部分股份，可在章程中规定转让股份需要得到股份公司的同意（转让限制股份）。关于转让限制的股份，未经公司同意，不得请求变更股东名册中的股东名义。该制度符合将股东限于可信赖之人的需求，因此被多数非上市公司采用。

(3)股份的担保设定

在股份上设定担保的方法有三种：略式股份质、登记股份质、转让担保。“质”是指设定质权的意思，设定质权是民法上所认可的担保方式。民法虽然没有规定转让担保，但是转让担保是判例中所承认的设定担保的方式。

略式股份质是指通过在股东名册上不记载或登记质权人的姓名及其住所来设定质权。该设定质权的方法可以用于在发行股票公司的股份以及流通股上。略式股份质的质权人享有对于股份的变现的优先受偿的权利（优先受偿权），享有在其具有质权的股份上设定质权的权利（转质权）以及能够取得股份剩余财产分配等的权利（物上代位权）。

登记股份质是指通过在股东名册上记载或登记了质权人的姓名及其住所来设定质权。在发行股票的公司以外的股份以及非流通股的股份，只能通过登记股份质的方法设定质权。登记股份质的质权人享有优先受偿权、转质权、物上代位权。

转让担保是指向转让担保权人转移股份，随着被担保的债权的偿还，已转移的股份重新返回给转让担保设定人的一种担保权。

2.1.5 自己股份以及母公司股份的取得

(1) 自己股份的取得

股份公司经与股东协商一致后，可取得自己已发行的股份(自己股份)。但该股份取得价款必须控制在股东盈余分配额范围之内，并且必须履行保证股东平等的手续。

除与股东协商一致取得的方式外，股份公司取得自己股份的情况下(比如通过请求股份收购、合并等方式)，应遵从与股东协商一致取得自己股份的其他规定。

股份公司可持续持有通过合法方式取得的自己股份。自己股份不享有共益权，不享有自益权中的剩余财产分配请求权。

股份公司可以注销自己的股份。股份的注销是指消减特定股份的股份公司行为。股份的注销在设置董事会的公司中需要董事会决议通过，除此以外的公司需要股东大会决议通过。

股份公司可以处分自己股份，处分方式通常需要办理与股份发行时募集股份同样的手续。

(2) 母公司股份的取得

子公司原则上不能取得母公司的股份。但在特殊情况下，允许子公司取得母公司的股份，例如事业转让、合并以及吸收分立等。

子公司所持有母公司的股份，不享有共益权，但享有自益权。

2.1.6 特别支配股东的股份等购买请求

股份公司的特别支配股东(持有股份公司总股东决议权90%以上的股东)可向其他股东(出售股东)请求将其拥有的股份全部出售给自己(股份等购买请求)，通过履行一定的手续可强制取得其申请的收购股份。在出现股份等收购请求的情况下，出售股东可向法院申请决定收购股份的收购价格。

2.1.7 股份的合并、股份的分立以及无偿分配、单位股制度

(1) 股份的合并

股份的合并是指数份股份合并并形成少数股份的公司行为。股份公司通过履行一定手续(股东大会的特别决议等)，可将股份合

并。

(2)股份的分立以及无偿分配

股份的分立是指股份公司将其已发行的股份按照同一种类的股份进行细分化的行为。股份公司向股东无偿交付不同种类股份的行为，并非股份的分立，而是股份的无偿分配。

股份的分立以及股份无偿分配、其生效日等事项，在设有董事会的公司需经董事会决议决定，除此以外的公司需经股东大会的普通决议决定。

(3)单位股制度

单位股是指，根据章程规定一定数量的股份作为一单位股份，一单位股份具有一个决议权，不满一单位的股份不具有决议权的制度。股份公司希望提高出资单位的情况下，虽然可以利用股份的合并制度，但股份合并会产生不满1股的情况(3股代表1股的情况下，持有1股以及2股的股东合并之后所持有股份并未满1股)，成为致使股价下跌的原因。为避免该情况发生，单位股制度可成为提高出资单位的方法。股份公司可在章程中规定，一定数量的股份代表一单位股。

■2.2 股东大会

2.2.1 概说

中国企业通过投资成为日本股份公司的股东后，很多股东权利，如行使提案权、表决权，需要通过在股东大会来实现。因此，中国企业有必要在投资前熟悉日本股份公司股东大会的相关事项。

2.2.2 股东大会的含义

股东大会是指股份公司股份的持有人即股东直接参与进行意思决定的机关。日常业务相关的意思决定、业务运营由股东大会选定的董事(董事会)实施。

但是，根据是否设置董事会，股东大会可决议的事项范围有所不同。

以下主要介绍一般的设置董事会和监事的公司，适当提及不设置董事会的公司。

2.2.3　股东大会的种类

股东大会的种类分为只有某一种类股的股东参加的种类股东大会以及全体股东参加的即通常的股东大会。

发行表决权行使事项和分红等与普通股内容不同的股(种类股)的公司，在可能会对种类股股东造成损害的情况下，需要召开种类股东大会，而其他未发行种类股的公司中不存在种类股东大会。

2.2.4　股东大会的召开频率

股东大会至少每年召开一次，该股东大会称为定期股东大会，应当在每一事业年度结束后的一定时期内召开(在日本，事业年度在3月底结束，一般在5-6月份召开定期股东大会)。此外，如认为有必要，可在任何时间召开，该股东大会称为临时股东大会。

定期股东大会中，除应向股东履行有关事业年度中的经营结果(资产负债表、损益表、股东资本等变动表)批准手续外，还应向股东进行事业报告。此外，董事和监事等高管任期届满时，应进行选任。

另外，临时股东大会和定期股东大会可表决的事项没有差别。

2.2.5　股东大会的决议

(1)表决权

原则上每股有1个表决权。

但作为种类股，可发行无表决权股和表决权限制股(仅对一定事项有表决权的股份)。

此外，某公司(A)持有其他公司(B)表决权四分之一以上的情况下，B所持A的股份的表决权不被认可。

(2)普通决议

股东大会中的议案，除特定事项外，拥有表决权过半的股东出席(法定人数)且出席的股东的表决权过半时，可决定是否通过议案，这被称为普通决议。另外，根据公司章程，规定不要求法定人数，单纯依据出席的股东的表决权过半数即可形成决议的公司不在少数。但是，即使在此情形下，高管的选任、解任等仍需要表决权三分之一以上的法定人数。

(3) 特别决议

对于公司章程变更、合并或分立等对股东地位影响较大的事项(法定事项)，拥有表决权过半的股东出席(法定人数)且出席的股东的表决权为三分之二以上的多数，可决定是否通过议案，这被称为特别决议。另外，虽然特别决议可放宽法定人数，但不满表决权三分之一的不能放宽。

此外，也可能加重条件。

(4) 特殊决议

对于比需要特别决议的事项对股东产生更大影响的事项(法定事项)，需要比特别决议更严格的条件。

(5) 全体同意

除了以上所述情况，如需要股东全体同意的事项极少，也是法定的。

(6) 决议的省略

对于股东大会决议事项，有表决权的股东全体通过书面等形式赞成时，视为形成股东大会决议，不需要另行制作股东大会决议。这不仅在普通决议事项中会发生，在特别决议事项和特殊决议事项中也可能发生。

2.2.6 股东大会决议事项

股东大会可决议该公司有关的一切事项。

但是，设置董事的公司，仅可对法律法规及公司章程规定的事项实施有法律效力的决议[1]。

---

1 相关公司中，对无法律效力的事项进行决议的，称为劝告性决议。虽然进行了劝告性决议，公司也不会立即受到该决议的法律约束，但这仍是体现股东意愿的有力的手段。

2.2.7 股东大会的召集程序、召开地

(1)召集权人

通常，股东大会基于董事会决议由代表董事召集。

此外，持有表决权百分之三以上的股东，向董事示明股东大会的目的事项及召集理由后，可要求召集股东大会。如果要求后董事未及时召集股东大会，或者自要求之日起8周以内未发出召开股东大会的通知时，该股东在取得日本法院的批准后，可自行召集股东大会。

另外，虽然极为少数，但存在日本法院命令董事召开股东大会的案例。

(2)召集方法

召集权人应当在两周前(全部股份转让限制时，基本为一周前)向股东发送召集通知。“两周前”是指召集日和召开日之间间隔14日以上。

相关通知通常以书面形式发送，但如果未设置董事会，也未规定书面决议的，书面形式以外的召集方式也有效。

另外，如果经可行使表决权的全体股东同意，也可缩短时间，省略召集程序。

2.2.8 股东提案权

(1)议题提案权

如上所述，股东大会的决议事项原则上由董事会决定。

与此相对，(若是公开公司，则6个月前开始)全体股东的表决权的百分之一以上，或者拥有300份以上表决权的股东，可在股东大会召开日的八周前向董事提出将特定事项作为股东大会的目的事项。

例如，在定期股东大会中提出，虽然尚未到改选期限，但要求提前选任高管等。如果提出的议题不是股东大会决议事项，公司无需就此进行讨论。另一方面，无论提出的要求是否合法，如无视此规定的，董事等将会受到行政罚款等制裁。

股东在一次大会上可提出的议题虽然没有数量限制，但根据其

提出的数量、内容、提案理由，有可能会被认定为滥用权利。

此外，不设置董事会的公司，股东提出议题不受表决权限制，亦不受时间限制，甚至在股东大会中，提案也不受限制。

(2)议案提案权

股东在股东大会中对于公司提出的议题(股东大会的目的事项)可提出议案。

例如，对于“选任三名董事一事”的议题，公司提议的候选人有A氏、B氏、C氏三名，股东可要求将D氏也作为候选人。

诸如此类，议案提案权以公司提案修正案的形式行使。

此外，股东可要求董事在股东大会召开日的八周前将其拟提案的议案重点内容通知股东。在设置董事会的公司(若是公开公司，则6个月前)中，提出该要求需要拥有全体股东表决权百分之一以上或300人以上的表决权。

2.2.9　股东大会后的程序

股东大会结束后，必须制作记载法律规定事项的会议记录。制作会议记录的制作人没有相关规定。

会议记录需要在总公司保管10年，在分公司保管5年，供利害关系人查阅、复印。

此外，对选任高管等需要登记的事项作出决议后，应当在两周内进行申请登记。

■2.3　公司的机构设计

2.3.1　概说

进行法人意思决定或从事法人运营的称为机构。股份公司中有股东大会、董事、董事会、会计参与、监事、监事会、审计人、提名委员会等(提名委员会、监查委员会及报酬委员会)、监查等委员会及执行役。所有的股份公司必须设置股东大会和董事，但除此以外的机构是非必需的。在公司法的一定制约下，股份公司可依据公司规模、资产状态、开放性等情况选择机构存在方式，这称为机构设计。对于机构设计，公司法在一定程度上认可公司章程的自治权，但同时为了保护股东和公司债权人等公司利害关系人的利益，也在一定程度上进行了制约。因此，公司的机构设计存在47种组合的可能性。中国企业在日本新设公司时，应当考虑自身的实际情况，有选择性的设立自己所需的公司机构，通过优化组合从而提高运营效率。

本节首先对各机构发挥何种作用进行简单概括。其次，本节就公司法的相关规定，在何种情形下必须设置何种机构或不得设置何种机构，进行了介绍。再次，本节对日本多数采用的公司机构设计进行说明，并分析各模式的利弊。

2.3.2　有关各机构

股东大会是指由股东直接参与，根据决议进行公司的基本意思决定的机构。

董事是指经由股东大会选任，在未设置董事会的公司中对股东大会决议事项以外的公司运营管理上的事项进行意思决定的机构。

董事会是指由3名以上董事构成，在决定业务执行的同时，对董事执行职务进行监督的机构。

会计参与是指与董事共同制作股份公司的会计文件等的机构，主要为了促进中小企业会计的合规化的机构。

监事是指监督公司运营、制作会计文件是否合法、合规的机构。设置监事会的公司中，相关的监督机关是监事会。监事会由3名以上监事构成，其中半数以上必须为公司外部监事。

审计人是指由会计专家从公司外部审查监督公司制作会计文件等是否合规的机构，非注册会计师或审计法人不得担任。

提名委员会等是指提名委员会、监查委员会及报酬委员会。提名委员会是指决定向股东大会提交的董事选任、解任相关议案内容的机构。监查委员会是监督公司业务执行的机构。与自行对公司业务财产进行调查的一般监事不同，监查委员会的职务是监察对内部统制系统的组成、运营是否合规，必要时对董事会设置的内部控制部门进行具体指示。报酬委员会是指决定董事、执行役及会计参与各自所获报酬内容的机构。

监查等委员会是指，除了监查委员会的权限以外，还拥有针对监查等委员以外的董事的选任、解任及报酬决定的意见陈述权的机构。

执行役是设置委员会公司所必需的机构，经董事会决议决定接受委托的公司业务执行并执行公司业务。

2.3.3 机构设计的组合

(1)可能的组合

如前所述，如何进行机构设计，公司虽然拥有选择权，但并非完全自由，公司法作了下列规定：

① 公开公司、设置监事会的公司、设置监查等委员会的公司以及设置提名委员会等的公司，必须设置董事会；

② 设置监查等委员会的公司以及设置提名委员会等的公司以外的设置董事会的公司，必须设置监事(但非公开公司设置会计参与的公司无义务设置监事)；

③ 设置监查等委员会的公司以及设置提名委员会等的公司以外的设置审计人的公司必须设置监事；

④ 设置监查等委员会的公司以及设置提名委员会等的公司，不得设置监事，但必须设置审计人；

⑤ 设置提名委员会等的公司，不得设置监查等委员会；

⑥ 大公司(不包括非公开公司、设置监查等委员会的公司以及设置提名委员会等的公司)，必须设置监事会以及审计人；

⑦ 非公开公司的大公司，必须设置审计人。

此外，大公司是指，资本金5亿日元以上或负债200亿日元以上的股份公司。公开公司是指公司章程未规定转让取得该公司发行的全部或部分股份，需要经过该公司批准的股份公司。

为使相关规则一目了然，将可能的机构组成图表化如下(因所有公司都必须设置股东大会，此处省略)：

	非公开公司	公开公司
非大公司	董事 董事、监事 董事、监事、审计人 董事会、会计参与 董事会、监事 董事会、监事会 董事会、监事、审计人 董事会、监事会、审计人 董事会、监查等委员会、审计人 董事会、提名委员会等、审计人	董事会、监事 董事会、监事会 董事会、监事、审计人 董事会、监事会、审计人 董事会、监查等委员会、审计人 董事会、提名委员会等、审计人
大公司	董事、监事、审计人 董事会、监事、审计人 董事会、监事会、审计人 董事会、监查等委员会、审计人 董事会、提名委员会等、审计人	董事会、监事会、审计人 董事会、监查等委员会、审计人 董事会、提名委员会等、审计人

上表中记载了24种模式。原先，无论在何种机构组成的模式下都有可能设置会计参与，因此如果是“董事会、会计参与”以外的组合，有设置会计参与的模式与未设置的模式各2种，则一共有47种模式。

(2)机构设计模式的利与弊

考虑到本书的读者可能多数会通过非大公司的形式投资日本，因此此处主要分析非大公司。

A. 非公开公司

日本的中小企业多数是非公开公司且非大公司，其数量过半。如果是非公开公司且非大公司的公司，对于机构设计没有规定严格的义务。因为对于家族经营这类规模较小的公司来说，规定设置审计人或提名委员会等的义务从成本面来看是不现实的，并且和大公司或公开公司相比，无论是股东还是利害关系人一般都较少，可以认为弊端较少。如果是非公开公司且非大公司，虽然有21种模式可供选择，但多数为“股东大会、董事”和“股东大会、董事会、监事”这2种模式。

“股东大会、董事”模式下只需董事1名，无需设置其他机构，因此其优点是少数人员即可经营公司。另一方面,由于没有监事，对外而言公司的信用未得到充分的担保。此外，因没有董事会，决定公司运营相关事项时需要股东大会的决议，股东数量过多或存在非经营者家族成员的股东等情况下，存在导致意思决定被拖延或经营方原计划业务运营受到反对从而导致运营困难的风险。

“股东大会、董事会、监事”模式可弥补上述“股东大会、董事”模式的缺点。这种模式的优点是，只要“股东大会、董事”模式中需要股东大会决议的事项不是公司法上规定的事项，即可由董事会决定。此外，还能够发挥董事之间的相互监督功能，并且由于监事对董事的业务执行进行监督，对外而言公司的信用性也得到担保。但是，此种模式下必须选任3人以上的董事，并且监事也需选任，选到合适的担任者比较困难，同时也会产生相应的报酬，因此对于小规模公司来说，有人选困难、对经营造成压力的缺点。

采用上述2种以外模式的中小企业较少。因为监事会、委员会、会计参与和审计人对于规模大的公司来说，在确保其合规化的管理监督体制方面是有效的，但对于中小企业来说，有监事就足够了，多数企业认为无需花费人力、财力成本来设置其他机构。此外，“股东大会、董事、监事”这种模式较少的原因是，只有1名董事的小规模公司，多数经营者想要寻求机动性，反而认为没有必要设置监事。

B. 公开公司

公开公司与非公开公司相比更容易调拨资金。因为转让自由的股份与未经公司批准就不得出手的股份相比更易于出手，因而投资人可轻松地购买股份。此外，发行募集股份时，不像非公开公司那样需要股东大会的特别决议(原则上需要拥有可行使表决权股东过半数出席，出席股东的表决权三分之二以上通过的决议)，原则上只需董事会的决议即可，这一点也有利于机动地调拨资金。

因此，在公开公司中，股东容易变动，由个别股东监督业务执行的可能性较低，因此为了监督业务执行必须设置董事会，为了监督董事会必须设置监事。从这一点来看，如果是“股东大会、董事会、监事会”模式，可以更严密地进行监督，确保公司适宜地完成业务，但是由于半数以上必须为公司外部监事，在选任时需要多加考虑。

设置审计人的优点是可以确保会计文件的正确性，并且能向金融机关等展示信用能力。此外，为了在日本上市，会计文件必须合法合规地制作。因此，若公司计划上市，设置审计人是有好处的。当然，其缺点是聘请审计人（注册会计师或审计法人）也会产生相应的费用。

“股东大会、董事会、监查等委员会、审计人”模式对于计划设置公司外部董事的公司来说是有好处的。也就是说，若是在设置监事会的公司中设置公司外部董事，最少需要公司外部董事1名和公司外部监事1名（合计2名），但若是设置监查等委员会的公司中，只需监查等委员中的2名为公司外部董事即可。

“董事会、提名委员会等、审计人”模式由于需委托外部机构决定报酬等，公司内部容易产生抵触情绪，仅有一小部分公司采用这种模式。

2.3.4 应当如何进行机构设计

投资日本应当选择何种机构设计，可以比较衡量上述各种组合模式的利与弊。也就是说，如果不希望不喜欢的股东介入，则应当选择非公开公司而不是公开公司；如果希望资金调拨具有灵活性，则应当选择公开公司；如果打算先从小规模的企业开始投资日本，则建议选择相对成本较低的“股东大会、董事会、监事”模式；如果重视提高企业的信用能力，想要完善业务监督体制的话，建议考虑设置监事会；倘若计划在不远的将来上市，则也可考虑设置审计人。

机构设计并非不可改变，经过一定程序后，也可变更。可先从易于构建的机构设计开始，根据公司成长的情况再予以改善完备。

■2.4 董事、董事会

2.4.1 概说

董事和董事会直接参与公司的日常经营和业务执行，是公司的核心管理人员。中国企业投资日本股份公司后，应当选任合适的人员担任董事。当该董事不称职时，可按照一定的程序解任该董事。

2.4.2 董事

(1) 职权

董事是指股份公司中必须设置的由1人或2人以上(设置董事会的公司中至少设置3人以上)组成的机构。

董事的职责包括为股份公司执行业务等。执行业务是指处理与公司相关的各类事务。

从本书的目的出发，下面就除设置监查等委员会以及设置提名委员会等以外的公司的董事进行讨论。

(2) 选任和结束

A. 选任

i. 选任方法

董事通过股东大会决议进行选任。该决议的要件原则上为普通决议，可行使表决权的股东中有代表过半数表决权的股东出席(法定人数要件)，出席股东中代表过半数表决权的股东通过(表决要件)。但公司法上，法定人数要件是允许可行使表决权股东中有代表三分之一以上表决权的股东出席即可。此外，表决要件是允许超过过半数以上才能通过的。如果需要变更决议要件的，需要在公司章程中进行规定。

选任2名以上董事的决议，通常对每一名被选任的董事都要进行表决。例如，董事候选人有A、B、C，对能否选任A进行表决后，再对能否选任B进行表决。在这种表决方式下，在对A、B、C每一个人进行的选任表决中，都能明显体现出多数派股东的意向。因此，公司法为保护少数派股东的利益，认可累积投票制。

所谓累积投票制，拿前面的例子来说，股东被赋予每股(规定单元股份数时为一单元)3票表决权，股东可将每票表决权分别投给A、B、C，也可将3票表决权合并投给B，得票数多者被选任为董事。根据累积投票制，即使是少数派股东，也可通过将自己的票集中到某一候选人，在选任董事时反映自己的意向。但是，通过在公司章程中进行规定可不适用累积投票制。实际上，在公司章程中规定排除累计投票制适用的情况也很多。

为保护少数派股东的利益，非公开公司中选任、免职高管时可发行种类股。就高管的选任、免职发行种类股的，董事的选任也无需由全部股东出席的股东大会决议，高管的选任、免职由仅持有种类股的股东出席的股东大会决议即可。

ii. 资格要件

公司法上规定了不能成为董事的要件。具体有：①法人；②成年被监护人、被保佐人[1]（包括外国法上与该二者同样对待的人）；③违反公司法、一般社团法人及一般财团法人相关的法律、金融商品交易法等的犯罪者以及违反其他法律法规被处以监禁以上刑罚者。选任有以上不合格事由的人作为董事的股东大会决议无效。

此外，非公开公司可通过在公司章程中进行限定，来保证只有股东才能成为董事。

iii. 任期

董事的任期，原则上至选任后两年内终止的会计年度中关于最后会计年度的定期股东大会结束时为止。非公开公司可通过在公司章程中进行规定，将任期最长延长至10年。

例如，在以2016年3月为会计年度末（决算期）的股份公司中（在日本，公司可任意规定会计年度末，但实务中以3月末为会计年度末的公司居多），同年6月召开的定期股东大会中选任的董事的任期至有关截止2018年3月的会计年度的定期股东大会（通常同年6月召开）结束时为止。

iv. 结束

董事任期期满后虽失去其地位，但不妨碍其再次担任董事。此外，董事自己决定辞任、董事死亡、受到启动破产程序的决定或开

1 被保佐人是指因精神上的障碍事理辨识能力显著不足的人或在家庭法院受到裁决的人。

始监护的决定也可成为任期结束的原因。

依据股东大会的普通决议，可随时免除董事的职务。免职时无需免职理由，但无正当事由免职的，董事可向公司提出损害赔偿请求。通常情况下，要求的赔偿金额多为剩余任期相应的报酬金额。

此外，对通过累积投票制选任的董事免职的决议必须通过特别决议（①可行使表决权的股东中有代表过半数表决权的股东出席（法定人数要件）、②出席股东中代表三分之二以上表决权三分之二的股东通过〔表决要件〕）。对依据种类股东大会选任的董事免职的决议必须通过种类股东大会的普通决议。

(3) 董事的权利与义务

A. 董事的报酬等

公司法上，董事与公司的关系参照民法上的委托合同，民法中规定委托合同的报酬原则上是无偿的，但多数情况下，公司会给予董事报酬。

董事报酬（不问名目如何，指报酬、奖金及其他作为执行职务的对价从股份公司领取的财产上的对价，以下简称“报酬等”）相关的以下事项应当通过公司章程规定或股东大会决议：

① 报酬等的金额是确定的，则为该金额；

② 报酬等的金额是不确定的，则为其具体计算方法；

③ 报酬等为非金钱的，则为其具体内容。

公司法对以上事项进行规制，是因为如果让董事自己决定报酬金额等的话，董事将会决定对自己有利的金额，这可能会危及到公司财产，甚至损害股东利益。因此，判例上，存在多名董事时，股东大会中即使不决定每一名董事的报酬，仅决定其总额，然后将具体的分配交由董事会决定也是有效的。此时，按照董事报酬等的最高限额及公司规定的支付标准，董事报酬等的支付方法、支付金额、支付日等全部交由董事会决定。

根据股东大会决议或公司章程，已决定董事的报酬等具体内容时，该报酬等的金额将成为公司与董事之间的合同内容。因此，判例上，之后即使股东大会做出新决议决定董事的报酬等为无偿的，只要董事不同意该决议，则依旧可向公司请求支付之前决定的报酬金额等。

另一方面，非基于股东大会决议或公司章程向董事支付的报酬等是无效的。此时，判例上，除非事后股东大会作出追认的决议，否则董事无法向公司请求支付报酬等。

B. 董事的义务

i. 忠实义务

董事基于与公司的委托合同，必须在履行职务时尽到善良管理人的注意义务。此外，公司法也对董事课以忠实义务。

由于负有此类义务，董事必须遵守法律法规、公司章程、股东大会的决议等，履行其职务，如果违反忠实义务(具体违反法律法规的情形等)给公司或第三人造成损害的，应当承担损害赔偿的责任。

ii. 竞业、利益相反交易的限制

公司法对忠实义务进行了具体化。发生以下交易时，董事必须在股东大会(设置董事会的公司为董事会)上披露该交易的重要事实并取得同意：

① 董事为自己或第三人欲实施属于股份公司事业种类的交易的(竞业交易)；

② 董事为自己或第三人欲与股份公司进行交易的(利益相反交易、直接交易)；

③ 股份公司保证董事的债务及与其他董事以外的人之间欲实施与股份公司和该董事之间的利益相反的交易的(利益相反交易、间接交易)。

董事违反上述规定进行交易给公司造成损害的，如前所述，对公司承担损害赔偿责任。

此外，此类交易未经股东大会决议实施的，关于其效力，会在“董事会”的部分叙述。

iii. 报告义务

董事若发现存在可能会对股份公司造成严重损害的事实的，应当立即报告股东大会(设置监事的公司为向监事报告)。

(4)代表董事

A. 职权

代表董事是代表股份公司的董事，拥有实施关于公司业务的一切裁判上或裁判外行为的权限。公司法上规定其人数为一人以上。

与股份公司交易时，确认公司方的代理人是否是代表董事或受到代表董事的委托处理该交易之人是很重要的。实务上，代表董事有多人时，根据公司内部规则其权限有可能受到限制（例如，代表董事为公司向他人借款的，借款额超过3亿日元时需要经过董事会同意等）。若交易相对方已知公司内部规则，则该情况下的交易无效。

此外，实务中经常会给董事赋予会长、社长、副社长、专务董事、常务董事的头衔。此类头衔公司法中没有规定，与其是否拥有代表权没有直接关系。

B. 选定和结束

i. 选定

在设置董事会的公司中，代表董事经董事会决议选定。

在未设置董事会的公司中，有在章程中规定代表董事姓名的方法，有在章程中规定通过董事互选选定代表董事的方法、有在章程中规定通过股东大会决议选定代表董事的方法，在未采取任何一种方法的情况下，则所有董事都拥有代表权。

ii. 资格

代表董事也是董事，因此需要具备前述董事中所述的资格要件。

作为代表董事的特有事项，之前在登记实务中，日本国内股份公司的代表董事必须有1人以上在日本拥有住所，否则其就任或连任登记将不被受理。但是，法务省民事局于2015年3月16日发出通知更改了上述做法，代表董事不再需要在日本拥有住所。

iii. 结束

代表董事也是董事，因此失去董事的地位也就失去代表董事的地位。

此外，代表董事需经选定权人即董事会的决议才能被解除职务。该情况下，被解除职务的代表董事成为没有代表权的董事。同样，代表董事也可主动提出仅辞去代表董事的地位，此时，辞任的代表董事成为没有代表权的董事。

2.4.3 董事会

(1)职权

董事会是由所有董事组成的，决定股份公司的业务执行、监督董事的业务执行、选定和解除代表董事的会议形式。

A. 决定业务执行

决定业务执行是指就公司相关的各类事务进行意思决定[1]。

董事会可将下列重要事项以外的事项交由个别董事来决定业务执行：①重要财产的处分和受让、②大额借款、③控制人及其他重要雇员的选任及免职、④分公司及其他重要组织的设立、变更及废止、⑤募集公司债券相关的重要事项、⑥内部控制系统的体制完善、⑦基于公司章程规定董事等的责任免除、⑧其他重要的业务执行的决定。

B. 未经董事会决议的行为效力

如前所述，重要事项必须经过董事会决议(决定)(前述关于董事利益相反交易的同意亦同)，此类交易等未经董事会决议而实施的，其效力如下：

i. 重要财产的处分[2]、大额借款

关于未经董事会决议的重要财产的处分，判例认为，原则上该行为有效，但交易相对方已知或应知未经董事会决议的无效。

---

1 设置董事会的公司中，基于董事会决定的事项，由代表董事或董事会选定的董事（业务执行董事）执行业务。

2 关于是否属于“重要财产的处分”，判例中将综合考虑该财产的价额、占该公司总资产的比例、该财产的持有目的、处分行为的形式以及公司中一贯的处理方式等情况后再进行判断。

ii. 竞业交易

未经董事会决议，董事实施的竞业交易有效。此时，公司通过向董事等提出损害赔偿请求来弥补损失。

iii. 利益相反交易

关于董事实施的未经董事会决议的相反交易，判例认为，只要公司无法主张、举证交易相对方对于未经董事会决议的事实是已知的或因显著过失(重大过失)而无法得知，则有效。

C. 监督董事的业务执行

为了使董事会对董事的监督权限具有实效性，公司法规定了代表董事及业务执行董事每三个月至少一次将各自的业务执行状况向董事会报告的义务。

此外，董事会对董事的监督，不仅是董事的业务执行的合法性，还涉及董事的业务执行的适当性。

(2)程序

只要公司章程或董事会规则中没有特别规定，每个董事都可召集董事会。董事会召集者必须于一周前(章程中规定低于该期限的以该期限为准)向各董事(设置监事会的公司还包括监事)发出通知。

关于董事会的表决方式，原则上要求可表决的董事的过半数出席(法定人数要件)，出席董事的过半数通过(表决要件)。公司法上允许在章程中规定比法定人数要件、表决要件比例都更高的出席人数和通过人数。董事会决议时，拥有特别利害关系的董事不得参加决议。例如，在同意董事与公司直接交易的董事会中，该董事不能参加决议。

(3)董事会与股东

A. 股东召集董事会

设置董事会的公司的股东在董事实施或认为董事有可能实施公司目的范围以外的行为及其他违反法律法规或公司章程的行为时，可召集董事会。但是，该设置董事会的公司同时也是设置监事的公司的，股东没有董事会的召集权限(由监事召集)。

B. 股东请求阅览董事会备忘录

设置董事会的公司必须自董事会之日起在总公司保存董事会会议记录十年。股东需要行使其权利时，在股份公司的工作时间内，可向公司请求阅览或复印会议记录等。但是，该公司为设置监事的公司时，必须取得法院的许可[1]。

■2.5 监事、监事会

2.5.1 概说

由于中国企业投资的日本公司孤悬海外，很多时候决策、经营大权都集中在派驻日本的1名董事身上，如果该董事恶意滥用其权利，很可能导致中国企业失去对该日本公司的控制权，甚至可能造成无法挽回的损失。因此，在派驻董事的同时，派遣监事或设立监事会便成为一道保险，可以帮助中国企业监督董事的业务执行情况，确保中国企业作为股东对于公司的控制权和相关利益。

2.5.2 监事制度

(1) 监事

监事是检查董事业务执行的机关。

监事与董事同为“高管”，与公司之间有“委托”的关系。

监事的职责是检查董事的业务执行，因此监事是独立于董事的机关。并且，监事是独任制机关，即使存在多个监事时，各自仍可以单独行使其权限。

设置监事的公司称为“监事设置公司”。

(2) 监事会

监事会是全体监事组成的机关。

设置监事会的公司称为“监事会设置公司”。监事会设置公司

1 设置董事会的公司的债权人需要追究高管等的责任时，经过法院的许可，可向该公司提出请求阅览、复印董事会会议记录等材料。

中，监事应有3人以上，其中半数以上须为外部监事。即使是设置监事会的公司，各监事仍为独任制机关，监事会有职责使各监事实施有组织的高效的检查。

(3) 监事设置公司

A. 所有股份公司均可以根据章程的规定任意设置监事、监事会，但监查等委员会设置公司及提名委员会等设置公司不设监事。

B. 有义务设置监事的公司

i. 董事会设置公司原则上须设监事，但监查等委员会设置公司及提名委员会等设置公司不设监事。这是因为在董事会设置公司中，由于业务执行由董事会决定，股东的权限受到制约，因此有必要设置监事代替股东成为董事业务执行的监查机关。但是，在非公开公司的董事会设置公司(会计审计人设置公司及监事设置公司除外)中，因有可能由股东进行业务监查，可将监事的权限限定于会计审计或因设会计参与而不设监事。

ii. 会计审计人设置公司须设监事，但监查等委员会设置公司及提名委员会等设置公司不设监事。这是因为，为使会计审计人发挥有效的会计审计功能，必须确保会计审计人对于董事的独立性，因此由监事进行业务监查是必不可少的(对会计审计人的选任、免职及报酬决定，监事有一定的权限)。

此外，因大公司[1]属会计审查人设置公司，故负有监事设置义务。

(4) 监事会设置公司

A. 监事会设置公司

在大型公开公司中，除监查等委员会设置公司及提名委员会等设置公司外，须设监事会。

监事会也可以根据章程的规定任意设置，但未设董事会的公

1 “大公司”是指满足以下任一要件的股份公司：最终事业年度相关资产负债表上，计入注册资本的金额达5亿日元以上或计入负债的金额合计达200亿日元以上。

司不可以设监事会。这是因为，由于未设董事会的公司经营组织简化，故而不适合由监事会进行有组织的监查。

B. 外部监事

i. 监事会设置公司中，监事应有3人以上，其中半数以上须为外部监事。

ii. 外部监事是指满足以下全部要件的人：①就任前10年间未曾担任过该公司或其子公司的董事、会计参与、执行董事、雇员；②就任前10年内任意时段曾担任过该公司或其子公司的监事的，就任该职务前10年间未曾担任过该公司或其子公司的董事、会计参与、执行董事、雇员；③非该公司的自然人母公司等[1]（法务省令第2条第4项27条）或母公司等的董事、监事、执行董事、雇员；④非该公司的姐妹法人的业务执行董事、执行董事、雇员；⑤非该公司的董事、重要雇员或自然人母公司等的配偶或二等亲内的亲属。

iii. 外部监事制度是为满足在监事中必须有能够不受业务执行负责人的影响发表客观意见之人的要求而产生的。外部监事被期待发挥独立于公司的人事关系、更为客观、更为第三人立场的监查、判断、敢于对业务执行负责人直言等作用。

C. 常勤监事

i. 在监事会设置公司中的监事会，须从监事中选定常勤监事。

ii. 常勤监事是指平时能够在所在工作地点（通常是本公司）的工作时间内从事监事职务的体制内的监事。

iii. 常勤监事与非常勤监事在法律上的职务权限没有任何区别，但在监事会设置公司中，可考虑常勤监事与非常勤监事的区别，以便确定各监事的职务分担。实务中，非常勤监事将日常监查业务在某种程度上委托于常勤监事的做法十分常见。

---

1 母公司等的定义是：①母公司，或②法务省令规定的股份公司的经营控制人（法人除外）。

2.5.3 监事、监事会的职权

(1) 业务监查权限与审计权限

A. 监事、监事会的职务、权限是监查董事(会计参与设置公司中，包括董事和会计参与)的业务执行。对董事职务的监查分为业务监查权限和审计权限。

B. 根据章程规定，非公开公司的股份公司(限制全股转让公司，监事会设置公司及会计监查人设置公司除外)可以将监事的监查范围限定为审计权限[1]。这是因为在非公开公司的股份公司中，股东可能持续性地监督董事的业务执行。此外，在设有仅享有审计权限的监事的公司中，股东的业务执行监查权限被强化。

(2) 业务监查权限

A. 业务监查是指对除审计以外的董事业务执行的全面监查。董事之间相互或者董事会对董事业务执行的监督，是对该业务执行的合法性及适当性的判断；与此相对地，监事的业务监查限于合法性监查。合法性监查是指对该业务执行是否违反法律、章程的监查。

B. 为实现适当的监查，监事被赋予以下权限：①对公司及子公司的业务、财务状况的调查权限，②对董事违法行为等的纠正权限，③对董事违法行为等的报告权限，④其他为确保监事独立性的权限等。

(3) 审计权限

A. 审计是指对董事的会计相关业务执行的监查。监事对各会计年度所涉决算文件(资产负债表、利润表、所有者权益变动表、附注)及其附属明细表进行审查并制作审计报告，由董事在股东大会上提交该报告。

B. 在审计人设置公司中，由作为会计专家的审计人进行审

---

1 设有仅享有监查审计权限监事的公司不包含“监事设置公司”。

计，监事对审计人的审计报告进行监查。

(4)监事的义务

A. 善管注意义务

因为公司和监事之间是委托关系，所以作为受托人的监事对公司负有善良管理人的注意义务。

注意义务的标准，是处于监事地位的人通常被要求的注意义务。

B. 与内部控制系统有关的监事义务

内部控制系统是指确保董事的业务执行合乎法律及章程规定的体制。

此内部控制系统的构造以负责业务执行的董事及董事会为主体，监事负有监督、验证内部控制系统的构造、运行状况的义务。

C. 股东大会上的说明义务

与董事一样，监事也负有出席股东大会、对股东的质询进行说明的义务。

2.5.4 监事的选任、卸任

(1)监事的资格

关于监事的资格，除有一些禁止兼任的规定外，还规定了一些不合格事由。并且，在公开公司中，不得限定监事必须从股东中产生。

A. 禁止兼任

监事不得兼任该公司或其子公司的董事、实际控制人及其他雇员、该等子公司的会计参与(会计参与为法人时，指执行该业务的公司职员)或执行董事。并且，监事不得兼任该公司或其母公司的会计参与。这是因为，监事是董事等的业务执行的监督机关，若无法确保监事对于董事的独立性，就无法进行适当的监查。而且，子公司的审计人不得担任母公司的监事，母公司的审计人也不得担任子公司的监事。

B. 监事的法定不合格事由有：①法人，②成年被监护人[1]或被保佐人或外国法上与此作同样对待的人，③犯有破坏公司法秩序罪的人（一定期间内不得担任监事），④犯有破坏公司法秩序罪以外的罪行的人（一定期间内不得担任监事）。此外，未成年人不作为不合格事由。

C. 章程规定的资格限制

在非公开公司的股份公司中，根据章程规定，可将监事的资格限定于股东。

但是，在公开公司中，即使章程有规定，也不得将监事的资格限定于股东。这是因为，在公开公司，因股东大多没有监查的能力和动机，一般会将企业的监查委托给具有专门知识的人。但在非公开公司中，从股东中选任监事并无大碍，实际上，经常可见公开公司的监事为股东的情形。

(2)监事的选任

A. 监事在股东大会上被选任

在非公开公司（提名委员会等设置公司除外）中，根据章程规定，可在种类股东大会上选任监事。

B. 股东大会的监事选任决议，须可行使表决权的股东过半数（章程规定1/3以上比例时，则为该比例以上）出席，以出席会议的股东所持表决权过半数通过决定（章程规定高于过半数的比例时，则为该比例以上）。

C. 董事向股东大会提交有关监事选任的议案时，必须取得监事（监事有2人以上时，为过半数，监事会设置公司为监事会）的同意。换言之，监事、监事会对监事的选任议案享有否决权，监事的地位被强化。

D. 在股东大会上，监事的选任若作为议题被提到议程上时，现任监事可在股东大会上就监事的选任表达意见。

---

1 成年被监护人是指因精神上的障碍欠缺事理辨识能力或在家庭法院受到裁决的人。

(3) 监事的任期

监事的任期原则上至选任后4年内结束的会计年度内最后的定期股东大会结束时止。

此任期根据章程的规定而设定，不可变更；以股东大会决议的形式作出，不可缩短、延长。这是为了保证监事的地位、确保其职务的独立性。

但是，对于非公开公司的股份公司，可以根据章程，将监事的任期延长为至10年内结束的会计年度内的最后的定期股东大会结束时止。

2.5.5 监事的薪酬

为确保监事获得适当的薪酬、保障其独立性，监事应获薪酬等根据章程或股东大会决议决定。并且，监事在股东大会中，可就薪酬等表达意见。

此外，监事有2人以上时，若章程或股东大会决议未就各监事所获薪酬等进行规定的，应在所规定的总额范围内经监事协商决定分配，不得将该分配全权委托于董事。

2.5.6 监事的责任

(1) 对公司的责任

监事怠于履行职责时，就由此产生的损害对公司承担连带赔偿责任。

(2) 对第三人的责任

A. 因恶意、重大过失造成的职务懈怠责任

监事在其业务执行中存在恶意、重大过失时，就由此对第三人产生的损害承担连带赔偿责任。

B. 审计报告虚假记载责任

就审计报告中应记载的重要事项作虚假记载或不作记载时，监事只要无法证明对该行为未怠于注意，就应对第三人承担连带损害赔偿责任。

2.5.7 监查委员会、监查等委员会

(1)监查委员会

A. 提名委员会等设置公司

在提名委员会等设置公司中，监查委员会与提名委员会、薪酬委员会均为必需机关。

监查委员会须由3名以上董事委员组成，过半数为外部董事。

在提名委员会等设置公司中，不得设监事。

B. 监查方法

监查委员会的监查方法与监事的监查方法大相径庭。

监事通常自主对公司的业务、财务等进行调查，与此不同，监查委员会通过董事会设置的内部控制部门，对内部控制系统的构成、运营是否适当进行监督，必要时通过指示内部控制部门来进行监查。

C. 权限

监查委员会有权监查执行董事(执行董事、董事、会计参与)的业务执行。

监查委员会与监事很大的一个区别在于，监查委员会不仅有权监查执行董事等的职务执行的合法性，亦有权监查其适当性。这是因为监查委员会的监查委员全部为董事，且各委员会有必要通过合作确保业务执行的适当性。

D. 监查委员的资格

如前所述，监查委员的过半数必须为外部董事，且全体均不得为该公司的执行董事、雇员或会计参与，也不得为子公司的业务执行董事、执行董事、雇员或会计参与。

(2)监查等委员会

A. 监查等委员会设置公司

根据章程规定，监查等委员会设置公司为设监查等委员会的股份公司。

监查等委员会设置公司是根据2014年修订的公司法，在大力鼓励尤其是在上市公司中设置外部董事的背景下创设的制度。

虽然无论公司规模及其是否为公开公司，均可设置监查等委员

会，但监查等委员会设置公司必须是董事会设置公司且为审计人设置公司。

监查等委员会设置公司与上述“(1)”的提名委员会等设置公司相比，其特征是：未设提名委员会与薪酬委员会，仅设有唯一的监查委员会。

B. 监查方法

监查等委员会监查董事及会计参与的业务执行，每一会计年度制作以业务监查及审计结果等为内容的审计报告。

C. 权限

i. 监查等委员会不仅享有提名等委员会设置公司中的监查委员会所享有的权限，还就监查等委员会以外的董事选任及薪酬等，享有在股东大会上的意见陈述权。

ii. 监查等委员会的监查等委员与监事设置公司的监事之间很大的一个区别是，监查等委员是非独任制的。因此，不是各监查等委员均可行使上述调查权限，而是仅限监查等委员会选定的监查等委员(但可选定多个享有调查权限的监查等委员)。并且，即使监查等委员会选定的监查等委员在行使其调查权限时，若存在监查等委员会的决议，也必须遵守该决议。

iii. 监查等委员会亦如监查委员会，全体成员均由董事构成。其监查范围不仅是职务执行的合法性，还涉及职务执行的适当性。

D. 资格

监查等委员会由董事组成。

■2.6 合规

2.6.1 概说

和中国不同的是，日本是极度重视企业合规和企业信誉的国度。如果企业做出一些虚假或不正当会计行为，或因违反法律、规则等而失去社会、客户、往来交易商等的信赖，从而导致销售额的大幅下滑，这些都会使企业陷入存续危机。因此，中国企业在投资日本公司后，应当十分注意合规方面的要求，维持企业良好的商誉。

2.6.2 合规的范围

合规的范围不限于法律上被禁止的行为，比如行贿受贿等等，有时也要求遵守法律以外的规则。例如，在日本政府2007年发布的《为防止企业受反社会势力侵害的指南》中将暴力集团、暴力集团关联企业等反社会势力从社会中排除，表明对企业来说，不向暴力集团等提供资金即是合规，当判明交易相对方是暴力集团等时，不与之签订合同或与之解除合同。

为使公司开展合法业务、不开展不适当的业务，公司法规定应完善一种被称为内部控制系统的机制。

2.6.3 内部控制系统

1. 公司法上的内部控制系统

公司法上要求的内部控制系统具体是指：

- 为确保董事的业务执行符合法律及章程的机制。

此外，为确保公司业务的适当性，还要求必须包含以下机制：

- 信息的保存、管理

——与董事业务执行相关信息的保存及管理有关的机制；

- 风险管理

——与损失风险管理有关的规程或机制；

- 确保业务执行的效率性

——为确保董事职务执行高效进行的机制；

- 雇员的业务执行符合法律等

——为确保雇员的业务执行符合法律及章程的机制；

- 确保企业集团业务的适当性

——为确保公司及其母公司、子公司所组成的企业集团的业务的适当性的机制；

- 确保监事监督的实效性(监事设置公司)

——在监事要求设置业务辅助人员的情形下，为使董事及雇员向监事报告该人员相关事项及其他与监事的报告相关的机制等。

(2)各机关的职责

大公司(注册资本5亿日元以上)中，董事会有义务就这些与内部控制系统完善的相关事项进行决议。

此外，董事会等公司的各机关职责的要点如下：

● 董事会

——就内部控制系统完善的相关事项进行决议，并在股东大会上报告；

● 董事

——接受董事会的决议，负责具体实施；

● 监事

——监察董事会的决议是否适当、董事是否对机制进行有效的完善，认为其无效时应在监察报告中明确指出。

(3)合规机制等的完善

A. 合规机制的完善

具体是指，以确保董事及职员遵守法律、规则及行业自主规制等为目的的合规机制的完善。举例来说，企业应进行如下努力：

①规定的完善

须完善的规定例如：

● 企业行动宪章
● 基于企业行动宪章的伦理规定
● 职务权限相关规定
● 惩戒规定

因为企业的品牌形象为企业集团所共有，并且会因集团公司的丑闻导致整个集团受到打击而出现信用下滑，所以企业行动宪章应作为集团全体的行动宪章被制定。

②合规指南的制定

合规指南是企业应当遵守的规则或方针，以及发生丑闻时的应对措施或改善对策等方面的处理方法、方针的汇总。

制定的合规指南应广泛告知高管和全体员工，在整个企业的协作努力下实施。

此外，制定的合规指南应根据法律的变更、社会情势、环境的变化，随时修改。

③组织机制的完善

设合规委员会，进行各部门的合规负责人的选定等。

合规委员会的职责是制定以合规经营为目的的活动策略，就违规事件进行调查、决定处理方法等。

此外，当设置合规委员会时，应明确合规相关最高责任人等的权限和职责。

例如，合规委员会委员长(最高负责人)由社长担任，承担合规相关经营责任和义务；合规委员会委员由各主管部门的部长担任，发挥推进合规的作用等。

④合规程序的制定

为彻底实现合规向集团企业、公司内部的渗透，应制定具体的合规程序并付诸实践，包括：

- 以遵守合规基本规定、企业伦理为目的的行动基准的制定等规则类的完善；
- 对董事、管理人员、员工等分别进行相应的培训等，对全体员工实施合规相关培训；
- 内部通报制度的设立；
- 针对违规行为的咨询窗口的设置

等等。

B. 风险管理机制

每个企业所面临的风险是不同的。例如，如果是贸易公司的话，存在贸易相关法规的遵守机制是否完善的风险；如果是制造商的话，存在获知缺陷产品信息时的对应机制(信息收集、内部报告机制及对消费者的告知等宣传、回收或维修机制等)是否完善的风险等等。

总之，为完善风险管理机制，有必要了解每个企业面临的风险，完善对其风险的规定和组织。

因此，在企业中，明确企业面临的风险后，为完善风险管理机制，应采取如下措施：

①规定的完善

风险管理基本方针的制定、各部门风险管理规定的制定、以大规模丑闻或事故等发生时的危机处理为目的的规定的完善。

②组织的完善

风险管理委员会的设置、事务局的设置与权限、职责的设定。

③培训的实施

对董事、管理人员、员工等分别实施相应的必要的培训。

④信息披露机制的完善

应立即向经营者报告重要信息的标准的制定、被报告的信息是否应当披露的披露标准的制定。

3 日本的银行概要及实务

■3.1 日本的银行种类

日本的银行大致可以分为"都市银行"、"地方银行"、"信托银行"、"外国银行"以及所谓的"新形态银行"等5种类型。由于各类银行的规模大小、业务范围以及经营特点等均有所不同，因此，在日本生活、工作或从事其他商务活动的外国人，可以根据自身的需求和实际情况来选择不同的银行开立账户，办理存款、汇款等相关业务。

3.1.1 都市银行

"都市银行"是指总行设在东京等大都市，并且在日本各地设立分支机构、在全国范围内提供各类金融服务的大型银行，其中最具代表性的是三菱东京日联银行（"三菱東京UFJ銀行"）、瑞穗银行（"みずほ銀行"）和三井住友银行（"三井住友銀行"）等3家超大型银行。"都市银行"一般都开展国际业务，在世界各地拥有分行或子行等海外营业网点以及代表处等分支机构，并且与众多的国外银行建立了代理行关系。

"都市银行"最大的特点就是能在日本全国范围内提供服务，尤其是上述几家超大型银行通过遍布于全国各地的分行、ATM以及海外分支机构等营业网络提供全方位的金融服务。因此，可以说，"都市银行"是在日本生活、工作或从事其他商务活动的外国人的首选。

3.1.2 地方银行

"地方银行"是指总行设在地方都会城市（如横滨、名古屋、福冈等）、主要在所在行政区域内开展业务的地方性银行。

与"都市银行"相比，"地方银行"不仅规模小、而且没有覆盖全日本的营业网点，但作为地方性银行，在与地方经济的密切联系以及域内营业网点和自助柜员机（ATM）的数量等方面具有很大的优势，能够更加贴近当地的居民和中小企业等本地消费群体。因此，对于居住在东京、大阪等大都市以外的地方小城市，并且生活、工作或商务活动主要局限在该行政区域内的外国人来说，可以考虑选择当地的“地方银行”开立账户和办理各项银行业务。

3.1.3 信托银行

“信托”，顾名思义就是将所持有的金钱、土地、房屋或其他财产等委托给自己信任的人(机构)进行管理和投资运作并获取收益的行为。

在日本，“信托银行”是指持有信托业务牌照的银行。除了办理金钱信托、有价证券信托、土地信托等信托业务外，“信托银行”还可以从事不动产买卖中介、证券代行业务、遗产继承相关业务等。此外，不动产咨询业务也是日本各家“信托银行”的强项。日本比较有名的“信托银行”有：三菱日联信托银行(“三菱UFJ信託銀行”)、瑞穗信托银行(“みずほ信託銀行”)、三井住友信托銀行(“三井住友信託銀行”)等。

需要注意的是，“信托银行”虽然也可以和“都市银行”、“地方银行”等一样办理存款、汇款等一般的银行业务，但由于“信托银行”的营业网点和自助柜员机(ATM)的数量相对较少，因此，除非有办理信托业务、不动产买卖中介及不动产咨询业务等需求以外，一般来说，外国人很少有在“信托银行”开立账户和办理存汇款业务的必要。

3.1.4 外国银行

简单来说，“外国银行”就是总行设在日本境外的银行(不包括在日本国内注册设立的外资法人银行)。例如：来自中国的中、农、工、建、交以及英国汇丰银行、法国巴黎银行等来自其他国家或地区的银行在日本境内开设的分行都属于“外国银行”。

中国的银行在日分支机构一览表

机构名称	地址	联系电话	营业时间/中文官方网站
中国银行			9:00 ~ 16:00（周一至周五，节假日除外） http://www.boc.cn/jp/
东京分行	東京都港区赤坂3–4–1	(03)3505–8818	
大阪分行	大阪市西区北堀江1–1–35	(06)6539–3666	
横滨分行	横浜市中区日本大通5–2	(045)663–2288	
名古屋分行	名古屋市中区丸之内3–23–20	(052)957–2388	
东京大手町分行	東京都千代田区大手町2–2–1	(03)3277–0288	
神户分行	神戸市中央区江戸町95番地	(078)–331–6011	
中国工商银行			9:00 ~ 15:00（周一至周五，节假日除外） *池袋出张所：周一至周五9:00 ~ 16:00； 周六 10:00 ~ 16:00（节假日除外）， http://www.icbc.co.jp
东京分行	東京都千代田区丸之内1–2–1	(03)5223–2088	
池袋支行	東京都豊島区西池袋1–18–6	(03)6864–5500	
大阪分行	大阪市中央区瓦町4–2–14	(06)7663–8800	
中国建设银行			9：00 ~ 15：00（周一至周五，节假日除外） http://jp.ccb.com/tokyo/cn/
东京分行	東京都千代田区大手町1–5–1	(03)5293–5218	
大阪分行	大阪市中央区南本町3–6–14	(06)6120–9080	
中国农业银行			9：00 ~ 15：00（周一至周五，节假日除外） http://www.jp.abchina.com
东京分行	東京都千代田区丸之内2–3–2	(03)6250–6911	
交通银行			9：00 ~ 16：00（周一至周五，节假日除外） http://www.bankcomm.jp/CN/
东京分行	东京都中央区日本桥1–3–5	(03)6822–9688	

对于在日本生活、工作或从事其他商务活动的外国人来说，选择来自母国的银行办理业务有很多便利的地方，尤其是初来乍到、不懂日语的外国人也不会有语言交流等方面的障碍和困扰。在日本的中国人可以轻松地通过客服电话或中文官网来咨询和了解中国银行东京分行等来自中国的银行分支机构所提供的服务内容、开户手续等。但另一方面，毕竟外国银行在日本的营业网点及自助柜员机(ATM)很少、机构规模和业务范围也有一定局限，因此，外国人一般都会选择在日本的“都市银行”或“地方银行”等开立账户和办理存汇款等业务。

此外，需要提醒的是，在外国银行(不包括在日本国内注册设立的外资法人银行)的存款不属于日本存款保险制度的适用对象。也就是说，万一外国银行倒闭关门，个人或机构存在外国银行的钱是不能够按照日本的存款保险制度得到赔付的。

3.1.5 新形态银行

所谓“新形态银行”，是指按照日本金融厅的银行分类、不属于“都市银行”或“地方银行”等传统形态的银行。最具代表性的是“网络银行(互联网专业银行)”，其次是主要以自助柜员机(ATM)结算为主的“Seven银行”（“セブン銀行”），以及主要与商业设施合作的“AEON银行”（“イオン銀行”）。

“新形态银行”主要以个人和中小企业等为服务对象，提供的服务内容也各有特色、不一而足。其中知名度较高的是“日本网络银行”（“ジャパンネット銀行”）、“住信SBI网络银行”（“住信SBIネット銀行”）、“乐天银行”（“楽天銀行”）等。

■3.2 日本的银行服务

如果单从服务内容或者业务种类上来看，日本的银行服务和我们国内的银行大同小异。对其还不太熟悉的人，可以通过以下几个方面来对日本的银行服务有一个比较全面的了解和认识。

3.2.1 银行提供服务的方式

和国内一样，日本的银行一般也是通过柜面窗口、自助柜员机

(ATM)以及网上银行三种方式来提供服务的。三种服务方式各有特色、业务内容及手续费也有所不同。

(1)柜面窗口

可以说，这是我们最熟悉也是最传统的一种银行服务方式。顾客可以在柜面窗口直接与银行职员面对面地办理业务，遇到不明白或想咨询的问题就可以当场提问和确认。一般来说，顾客只要带齐身份证件、印鉴、银行卡或存折等必需的证明资料(外国人所需携带的证明资料详见“**在日外国人的银行实务**”)，大部分银行业务都可以在柜面窗口办妥。

柜面窗口办理银行业务的缺点主要是等候时间较长、手续费较高。另外，对于外国人来说，语言交流也是问题。还有就是日本的银行柜面窗口营业时间一般都是从上午9点至下午3点，不仅服务时间短，周六、周日以及节假日一般也都不营业，这一点不如我们国内的银行方便。

(2)自助柜员机(ATM)

这也是我们已经非常熟悉和经常利用的一种银行服务方式。顾客不用在柜面窗口等候很长时间，就可以在ATM上自助办理存取款、转账汇款、存折记账补登等业务，而且由于省却了柜面窗口的人工费，有些银行ATM的手续费会比柜面窗口服务便宜一点。在日本，除了在银行的大堂内部或外部开放区域设置的ATM之外，在机场、车站、各种商业设施以及机关、学校和社区、街角等银行之外的地方也到处可以看到各家银行布设的ATM。最近几年，还可以看到许多便利店里也设置了能够24小时提供服务的ATM，但一般设置在便利店里的ATM只能存取款，不可以办理其他业务，也有一部分便利店里的ATM是其他公司设置的，因此手续费可能会比银行的ATM要贵一点。

日本的ATM性能很好，操作也十分便捷，而且除了日语之外还有英语甚至是中文的界面屏显，有银联标识的也越来越多，可以直接使用国内银行发行的银联卡提现。为了防止不法分子利用ATM进行犯罪，遵照国际基准的IC卡对策，除了实施系统的交易监测手段之外，日本各大银行宣布从2016年5月28日起降低ATM提现额度，包括银联卡在内的所有海外银行卡都只能一次提现5万日元。此外，海外银行卡在日本的ATM提现手续费一般单笔约110日元(指当地ATM机所属银行所收取的手续费，具体详情请向各家银行查询)。

(3) 网上银行

网上银行就是利用互联网来办理各种银行业务的一种新的银行服务方式。一般通过电脑或手机登陆银行网站，或者使用手机APP软件来完成各项银行交易。

除了不能够直接进行取款等现金交易外，网上银行最大的好处就是，可以不出家门，只要在有网络的世界任何一个角落都可以办理转账汇款、查询余额以及其他投资理财等交易。而且，网上银行比ATM的手续费更低，甚至还有许多免费的服务项目。

前面介绍过的“新形态银行”中最具代表性的就是“网络银行(互联网专业银行)”，所有业务都可以通过网上银行来办理。

3.2.2 银行提供服务的内容

一般来说，日本的银行主要有以下几项基本业务：

(1) 存款业务

日本的银行存款也分为个人存款和公司存款，主要种类有：活期存款(“普通預金”、“当座預金”)、通知存款(“通知預金”)、定期存款(“定期預金”)、外汇存款(“外貨預金”)、纳税准备存款(“納税準備預金”)及非居民日元存款(“非居住者円預金”)等。

需要说明的是，活期存款中的“普通預金”和“当座預金”都是活期，但主要区别是“当座預金”主要面向企业、个体工商户等商业用户，可以使用支票、汇票等，可进行信用透支，一般没有利息，并且“当座預金”在开户时需经过比较严格的审查。

(2) 融资业务

融资业务与存款业务一样，是银行最基础的功能和最基本的服务。日本的银行一般也是通过发放贷款、票据贴现等方式为个人或企业提供资金融通。

①贷款

A. 贷款种类

日本的银行贷款也可以按照对象、币种、用途、期限等来进行分类，主要有以下几种：

a. 按照贷款的对象分为**个人贷款**和**法人(企业、团体等)贷款**；

b. 按照贷款的币种分为**日元贷款**和**外汇贷款**；

c. 按照贷款的用途分为**财政资金贷款**、**事业资金贷款**和**非事业资金贷款**。

其中，财政资金贷款主要面向国家或地方政府的政府财政性贷款；事业资金贷款主要是面向企业的贷款，分为厂房设备等固定资产贷款和流动资金贷款等；非事业资金贷款主要是面向个人的贷款，包括个人住房贷款、教育资金贷款以及其他消费品购置贷款等。

d. 按照贷款的期限分为一年以下的**短期贷款**和一年以上的**长期贷款**。有时也将一年以上、三年以下的贷款称之为**中期贷款**。

B. 贷款形式

a. **票据贷款**(“手形貸付”)。借款人向银行开出以银行为收款人的商业本票来获取贷款的融资方式。

b. **契据贷款**(“証書貸付”)。借款人向银行出具记载了贷款条件(包括贷款金额、利率、还款方式等)的合同、借据等来获取贷款的融资方式。

c. **账户透支**(“当座貸越”)。借款人(企业工商户)与银行签订账户透支合同并设定授信额度，在约定的限额内可以自由地进行透支及还款的一种融资方式。

②票据贴现

一般而言，票据贴现是指在持票人(公司企业)有资金需求时，持未到期的商业汇票等到银行按一定贴现率申请提前兑现，以获取资金的一种融资方式。

日本的银行主要办理以下几种票据贴现业务：

A. 银行承兑汇票贴现(“銀行引受手形割引”)。

B. 商业汇票贴现(“商業手形割引”)。

C. 跟单汇票贴现(“荷付為替手形割引”)。

上述三种票据实际上都属于“商业汇票”，其中的银行承兑汇票由于是由银行承诺付款义务，其信用度要比一般的商业汇票高很多，因此，日本从行政监管的角度将银行承兑汇票与其它商业汇票区分开来。

③利息计算方法

日本的银行根据贷款种类的不同而采用不同的利息计算方法。

具体来说，主要有以下几种：

A. 按日计算（“日割計算”）

主要用于票据贷款、票据贴现以及一部分契据贷款的利息计算。

具体计算公式：利息额=融资金额×天数×年利率÷365

B. 月利计算（“月利計算”）

主要用于住房贷款等按月分期还款方式的一部分契据贷款的利息计算。

具体计算公式：利息额=融资金额（残存本金）×年利率÷12

C. 积数计算（“積数計算”）

主要用于账户透支的利息计算。

具体计算公式：利息计算期限中的透支利息=透支积数×年利率÷365

D. 加息计算（“アドオン計算”）

将所需资金加上利息额作为融资金额，再将融资金额除以还款月数，然后据此得出的金额每月还款。

具体计算公式：融资金额=所需资金×［1＋加息利率（年）×还款期限（年）］

每月还款额=融资金额÷还款月数

(3) 汇兑业务

汇兑业务也是银行最基本的服务内容之一。日本的银行一般将汇兑业务分为境内汇兑和境外汇兑两部分，并且分别在不同的柜面窗口办理。

①国内汇兑业务（“内国為替業務”）

主要是办理日本国内的各种转账（“振込”）、汇款（“送金”）

等。

按照规定，金额超过10万日元的转账、汇款应当到银行的柜面窗口办理，10万日元以下的可以使用ATM自助办理。

②外国汇兑业务（“外国為替業務”）

主要是办理外币兑换（“外貨両替”）、境外汇款（“海外送金”“外国送金”）以及与进出口（“輸出入”）相关的国际结算等业务。

■3.3 在日外国人的银行实务

日本的银行在为日本国民提供各类优质金融服务的同时，也会十分热情地接待来自世界各地的外国顾客。当然，日本人重视诚信，特别是与银行打交道时信用是第一位的，一般来说，只有通过了严格的信用审查，并且经过较长时间的交往（日本人称之为“付き合い”）后建立了相互信赖的关系，才能够从银行获得包括融资、担保、资金结算等在内的各类信用服务。

一般而言，在日本时间还不长的外国人，或者是知名度不高的外国公司一般很难从日本的银行得到贷款或者其它信用服务。因此，建议刚到日本投资经营的中国企业，一开始可以先在日本的银行开立账户、办理一部分存汇款等一般日常业务，而融资、担保等业务则可以去中国的银行在日本设立的分支机构申请办理。这里就外国人在日本的银行开立个人账户和办理基本业务的相关手续及流程作重点介绍。

3.3.1 外国人的银行开户手续

外国人在日本的银行开设个人账户时，最基本的条件是应当持有符合规定的签证以及明确在日居留时间，并且备齐能够确认本人身份的有效证件、现住所证明以及印鉴等必需的证明材料，然后由本人去银行柜面窗口办理。

(1)外国人开户所需材料

①确认本人身份的有效证件（“本人確認書類”）

有效期内的护照、外国人登录证明书（“外国人登録原票記載事項証明書”）、在留卡、特别永住者证明书、健康保险证、驾驶证等。

②本人现住所证明

有住所记载的外国人登录证明书、在留卡、特别永住者证明书以及水电煤账单和收据的原件等。

③本人印鉴

日本人习惯使用印鉴，各种手续都离不开印鉴，尤其是在日本的银行办理各种业务时，都必须按规定在相关单据、凭证或合同上盖上事先在银行预留的本人印鉴。因此，建议到日本后尽快去文具店等刻制一枚本人印鉴，形状和大小也最好符合日本人的习惯和要求。

④本人联系电话

有些日本的银行要求客户必须在开户时留下本人的联系电话，如果没有能够与本人取得联系的电话，则有可能不受理开户申请。

(2)外国人的开户限制

按规定，持90天以内短期逗留（“短期滞在”）签证的外国人不能在日本的银行开立账户。此外，根据日本外汇管理法规的有关规定，即使是持有90天以上长期逗留签证的外国人，如果在日本的逗留时间未满6个月，一般也不能在日本的银行开立账户。

尽管如此，各家银行或网点执行规定的宽松度有所不同，对于急需开立账户的外国人来说，可以多选择几家银行尝试一下。

(3)外国人的销户手续（“口座解約”）

外国人离开日本回国或者有其他事由需要解约关闭账户时，应当携带存折、银行卡、确认本人身份的有效证件以及在银行登记预留的印鉴，去开户行办理解约销户手续(许多银行规定也可以在开户行以外的本银行其他网点办理解约销户手续)。

需要注意的是，外国人回国离开日本时也可以不办理解约销户手续，但有些银行会收取账户维持手续费。此外，诸如手机费、水电煤等公用事业费自动转账的账户，在办理解约销户手续时需要确认是否会发生余额不足的问题。

3.3.2 外国人的银行实务

一般来说，外国人在日本的银行开立账户后，去银行办理最多的就是存取款和转账汇款这两项最基本的业务。

(1)存取款业务

存取款通常有两种方式：银行柜面窗口和ATM自助。

①银行柜面窗口存取款

去银行柜面窗口办理存取款时，需携带存折、银行卡、确认本人身份的有效证件(须印有本人照片)以及在银行登记预留的印鉴等。

A. 存款

去银行存款时，首先是按照银行大堂经理的引导，在大堂里设置的专用台上填写存款单(“入金伝票”)，然后从取号机上取号等候(人多时也可以视情况先取号、后填单)。被叫号后即去指定的窗口，把填写好的存款单、存折或银行卡、现金等交给窗口柜员。窗口柜员确认后一般会递给客户一张号码牌，并示意客户回到等候区的座椅上等候。等经办柜员处理完相关业务后，会呼唤号码牌上的号码或客户的名字以通知客户回到指定的窗口，取回存折、银行卡以及相关凭证等。

B. 取款

基本流程和存款相同，首先是填写取款单(“出金伝票”)并盖上本人在银行登记预留的印鉴，然后把填写好的取款单、存折、银行卡等交给窗口柜员。等经办柜员处理完相关业务后，取回现金、存折、银行卡以及相关凭证等。如果取款金额较大，银行会要求提供确认本人身份的有效证件等进行确认。

②ATM自助存取款

在日本的ATM自助办理存取款的操作方法基本上和我们国内一样。正如前面所介绍过的，日本的ATM性能很好，操作也十分简便，各家银行使用的ATM品牌机种可能不一样，但基本性能和操作方法都大同小异，只要按照ATM屏显指示的步骤进行操作即可。如果有语言选择功能的ATM，还可以选择中文显示，操作起来更加方便。

另外，日本现在贴有银联标识的ATM也越来越多，可以直接使用国内银行发行的银联卡提现。为了防止利用ATM进行犯罪，日本各大银行宣布从2016年5月28日起降低ATM的提现额度，包括银联卡在内的所有海外银行卡都只能一次最多提现5万日元。此外，海外银行卡在日本的ATM提现手续费一般单笔约110日元（指当地ATM机所属银行所收取的手续费，具体详情请向各家银行查询）。

(2)转帐汇款业务

①日本国内的转账业务

简而言之，银行转账（“銀行振込”）就是将存在某家银行账户里的钱划转到另外一家银行。在日本，诸如手机费、水电煤等公用事业费以及其他各种按月支付的费用等一般都可以通过自动转账的方式来完成。另外，银行柜面窗口、ATM以及网络银行也可以办理各种转账业务。

按照规定，金额超过10万日元的转账汇款应当到银行的柜面窗口办理，10万日元以下的可以利用ATM自助办理。此外，ATM自助办理转账的当日限额一般为50万—200万日元(各家银行规定的限额并不统一)，而银行柜面窗口则没有转账上限。在银行的柜面窗口办理转账业务时，需要填写相关的单据，并应携带存折、银行卡、确认本人身份的有效证件以及在银行预留的印鉴等。

在银行的营业时间内(一般为下午3点之前)办完的转账一般当天就能到账，但可能存在翌日才能到账的情况。

②境外汇款业务

现在从日本向境外汇款（“海外送金”）有很多方式，这里主要介绍银行柜面窗口办理境外汇款的一般手续和流程。

在银行柜面窗口办理境外汇款时，首先需要填写“境外汇款申请书”，并且必须使用罗马字正确填写以下基本内容：

A. 收款人/户名（“受取人・口座名義”）

B. 收款人所在国名/现住址（“受取人の国名・住所”）

C. 收款人的账号（“受取人の口座番号”）

D. 收款银行名称/分支行名称(Beneficiary Bank/Branch Name)

E. 收款银行地址(Beneficiary Bank’s Branch Address)

F. 收款银行的SWIFT编码（Beneficiary Bank's SWIFT Code）

在银行柜面窗口办理境外汇款时，还须携带存折、银行卡、确认本人身份的有效证件（须印有本人照片）以及在银行登记预留的印鉴等。

由于各家银行在办理境外汇款时收取的手续费标准有所不同，因此，可以通过银行官网及其他方式事先进行咨询确认。

4　税制概要与实务

■4.1　日本税制概要

4.1.1　税的种类

在日本，国家、都道府县和市区町村对于法人和个人的所得及其所有资产，消费活动等征收以下税金，需要分别缴纳。并且，各种税金必须根据国家、都道府县和市区町村制定的税率计算，计算过程复杂。

【表4.1.1 日本的主要税金】

		直接税	间接税
国税		所得税、法人税、继承税、赠与税等	消费税、酒税、烟草税、关税等
地方税	道府县税	道府县民税、事业税、机动车税等	地方消费税、道府县烟草税、高尔夫场地利用税等
	市町村税	市町村民税、固定资产税、轻型机动车税等	市町村烟草税、温泉税等

译注：都道府县相当于中国的省市自治区。市区町村为都道府县以下的地方行政单位。

4.1.2　申报及缴纳流程

在日本，法人税采用纳税人自行计算所得金额和应纳税额，并据此进行申报和缴纳的自行申报纳税制度。

但是，对于利息、股息、工资等一定所得，支付者在支付诸如此类所得款项时，采用预先扣除该所得款项所应承担的税额(所得税)向国家缴纳的源泉征收制度。并且，在国内不拥有永久性设施(Permanent Establishment，以下简称PE)的外国居住者(个人或法人)在日本境内从事生产经营活动获取所得的场合，对该外国居住者支付一定所得时同样适用源泉征收制度。

此外，对于个人的住民税、个人的事业税、固定资产税、不动产购置税、机动车税等诸如此类的税金，采用由税务机关决定应纳税额的赋税课征制度。

4.1.3 蓝色申报制度

为确保申报纳税制度的正常运行，日本还设置了督促纳税人持续设立健全会计账簿记账的蓝色申报制度。

制定该项制度的目的，是为鼓励从事经营的个人及法人设置健全账簿，正确记录交易。对于选择蓝色申报的纳税人，在履行一定的账簿文书设置及记账义务的同时，可以获得各类优惠。(有关蓝色申报请参考4.4.4)

■4.2 法人所得征税概要（法人税、法人住民税、法人事业税）

4.2.1 进入日本的企业组织形式和法人税征收的范围

凡在日本进行经济活动的法人，均须就其在该经济活动中的所得在日本纳税。

【表4.2.1 各类企业组织形式下的法人税征收范围】

企业组织形式	日本法人(*)		分公司(永久性设施)	常驻代表机构
	股份公司	有限责任公司		
征收法人税的所得范围	无论所得在何处发生，除不征税所得和免税所得外的所有所得	无论所得在何处发生，除不征税所得和免税所得外的所有所得	属于分公司的所得、其他一部分所得	无

(*)省略无限责任公司及合资公司。

一方面，对于外国法人在日设立的日本法人，原则上，将包括其在境外获取的所得在内的全部所得，纳入日本法人税的征收范围。若该部分所得已在境外纳税，将发生税收国与日本的双重征税。为避免诸如此类双重征税的情况，日本制定了相关的境外税额抵扣规定，在一定范围内将已经在境外缴纳的税额从日本税额中扣除。

另一方面，对于外国法人的日本分公司，采取仅将一定的所得作为征税对象的措施，避免发生在日本国内的跨国双重征税。而关于外国法人在日分公司的征税范围方面，日本分公司的应税所得，被界定为归属于该日本分公司的所得(将日本分公司作为与总公司分离的独立企业时获得的所得)及其他一部分所得。同时，在计算归属于日本分公司的所得时，将分公司与总公司间的内部交易等同于独立企业间根据价格进行的交易，确认内部交易损益。

外国法人在通过常驻代表机构等在日本进行活动的情况下，若该代表机构在从事广告、宣传、信息提供、市场调查、基础研究等用于辅助境外外国法人经营的活动时，未在日本直接获取所得，则将不对该代表机构的活动征收法人税。

【参考：中日不同之一】

外国企业不可以直接进入中国开分公司。

4.2.2 应税所得范围

对于在日本国内设立的法人的所得，无论所得在何处产生，其所有所得均被视作日本的征税对象。而对于在国外设立的法人，将根据其经营形态，即是否拥有永久性设施(PE)进行区分，并分别对相应部分的所得征收日本法人税。

【表4.2.2 外国法人在日本经营形态与应税所得的关系】

经营形态	应税所得范围
(1)在日本国内拥有永久性设施(PE)的外国法人	(a) 能归属PE的全部所得 (b) 不能归属PE的国内源泉所得 ①日本国内资产的运用及持有 ②日本国内资产的转让 ③提供技术劳务时的盈利 ④日本国内不动产的租赁费等 ⑤其他日本国内源泉所得 ⑥储蓄的利息等 ⑦股息 ⑧利息 ⑨使用费
(2)在日本国内不拥有永久性设施(PE)的外国法人	上述(b)①～⑨

此外，对于上表第(2)类法人，将无需为其所得缴纳地方税，即法人住民税和法人事业税。

此处的永久性设施(PE)，指的是出于界定外国法人等日本纳税范围的目的而使用的概念，特指公司及个人从事经营的一定场所。日本国内法律中，PE包括以下3类：

(1)分公司、办事处、事业所、事务所、工厂、仓储业仓库、采矿&采石场等获取天然资源的场所。但不包括专门用于资产购买及保管用途的场所；

(2)出于提供建设、架设、组装等建设施工等目的，使用时间超过1年的场所；

(3)对非居住者，拥有代其签订事业相关合同的权限的人员，始终行使该项权限的人员及代理保管库存商品进出库的人员，或是代为接收订单的代理人等(代理人等，不包括与非居住者独立行使该事业相关业务且采取通常形式方法的代理人等)。

在判断是否在日本国内拥有PE时，不是从形式上而是侧重从功能性的角度进行判定。例如，外国法人出于经营活动的目的使用宾馆的一间房间，则该房间将被认定为PE；若单纯用于产品储藏，则将不被认定为PE。

外国法人的常驻代表机构，如果只从事信息收集及基础研究等不在日本国内产生收益的事业活动，且实际不与日本国内的企业发生订立合同的业务及支付等营业行为时，将不被认定为PE。因此，常驻代表机构将不会被征收法人税等。但是，如果常驻代表机构实际上代为与客户订立合约、或发生商品等的交付行为，则该常驻代表机构将被认定为外国法人的PE并被征收法人税等。

在日本，通常会基于对外国法人的归属原则进行征税。归属原则，是指无论所得在何处发生，该PE所在的国家(此处为日本)，对归属于该PE的所得进行征税的方法。例如，国外投资所得的归属原则中，将PE视作独立于总公司之外的国内法人，由PE所在国进行征税。因此，在计算应税所得时，需要考虑PE与总公司之间进行的内部交易。另一方面，归属原则中，对于不归属于PE的所得，即使发生在PE所在国(日本)，也不会成为法人税的申报对象。

4.2.3　法人税应税所得的计算

应纳税所得额是对各会计年度所得征收法人税等的计税依据，在计算时，先按照公认的公正合理的会计处理准则计算出利润，再进行税务上必要的调整。原则上，为获得收入而产生的成本、费用的金额可从应税所得中扣除，但有些例外项目的扣除会受到限制。

【表4.2.3 从应税所得中扣除时受到限制的主要项目】

项目	限制扣除的内容
法人税等及罚款	原则上，法人税，法人居民税等对所得征收的税金不可作为费用进行税前扣除。税收滞纳金、过少申报加算税、未申报加算税等罚款也不可扣除。 另一方面，因法人的经营活动而附加产生的税金，例如固定资产税、都市规划税、不动产购置税、登记许可税、印花税、事业税等，可以从应税所得中扣除。
捐赠支出	捐赠支出、赞助支出、慰问金及其他以任何名称名义由法人赠与或无常提供的金钱及其他资产或经济利益，均作为捐赠支出处理，在从应税所得中扣除时会受到一定限制。 例如，将物品无偿或以低于现价的价格转让给某人时，与本来应收取的货款的差额部分，以及无利息贷款中本来应收的利息部分会被认定为捐赠支出，其部分金额不可从应税所得中扣除。 但是，属于广告宣传、样品费、业务招待费或福利费的不属于捐赠支出。
业务招待费	业务招待费、交际应酬费、保密费等法人用于对其客户、供应商及其他与经营有关的人员进行应酬、招待、慰劳、互赠礼品等的支出称为业务招待费。虽然陪客户吃喝等是进行经营活动不可或缺的一部分，但如果允许将这些费用全额扣除，就等同于允许操控法人税额，所以对此设置了一定的限制。
各种准备金的累计额	在税务上，对可以从应税所得中扣除的费用遵循权责发生制，即费用的支出是确认实际发生的。由于准备金包含对未确认费用的假设计算，因此对可以从应税所得中扣除的金额设置了一定限度。
资产折旧及递延资产的摊销费	资产折旧范围、计提年限、折旧率等在税法中已有规定，以按照税法规定计算出的折旧费为限，允许从应税所得中扣除。

资产的公允价值损失	原则上，法人拥有的资产的公允价值损失不可从应税所得中扣除。但是，满足资产的公允价值显著下降，没有恢复可能等税法规定的一定条件时，允许从应税所得中扣除资产的公允价值损失。
董事工资、董事退休工资	董事工资和董事退休工资容易被用来恣意操控应税所得，因此在从应税所得中扣除时，设置了一定的严格条件。
隐匿用途支出	公司指出中，没有适当的原因，却未在公司账簿文件中记录对方的姓名/名称、住址/所在地、支出是由的款项称为隐匿用途支出。 例如，为了在承包公共工程时获得便利而进行的金钱授受、为了谈成生意而给的好处费等，由于不便公开收款方的姓名、名称，因而没有在账簿文件中写明的支出项目。 隐匿用途支出不但不允许从应税所得中扣除，而且要额外征收该隐匿用途支出的金额乘以40%的法人税。此外公司即便亏损，也必须缴纳法人税的追加应纳税额。

对于外国法人PE，在计算应纳税的来源于日本国内的所得时，还应扣除的成本、费用的发生场所不受限制。但是，计算来源于国内的所得时，如果要分摊国外发生的成本、费用，必须编制相应的明细。并且，必须按照税法的规定，更加合理地分摊。

4.2.4 税率

对于法人在活动中产生的所得，需要征收的税金大致分为缴纳给国家的国税和缴纳给地方自治体的地方税。

【国税】	法人税	对法人的所得征税
	地方法人税	以法人税额为基准计算
	地方法人特别税	以法人税额为基准计算
【地方税】	都道府县民税	经营规模（均摊比例）、以法人税额为基准计算
	区市町村民税	
	事业税	对法人的所得征税 （含外形标准税）

各会计年度所得所对应的法人税、法人居民税以及法人事业税的税率（法人所得所对应的税收负担及均摊比例）情况如下所示。且

不同时期适应的税率不同，请特别留意。另外，有关地方税会因为经营规模和所在地方自治体税率的不同而存在一定差异。

【表4.2.4 (1) 法人所得所对应的税费】

适用于2016年4月1日至2017年3月31日之间开始的会计年度

应税所得金额的区分	400万日元以下	400万日元以上 800万日元以下	800万日元以上
法人税	15.00%	15.00%	23.40%
地方法人税	0.66%	0.66%	1.03%
法人住民税			
(1)都道府县民税	0.48%	0.48%	0.75%
(2)区市町村民	1.46%	1.46%	2.27%
事业税	3.40%	5.10%	6.70%
地方法人特别税	1.47%	2.20%	2.89%
综合税率	22.46%	24.90%	37.04%

(注)法人居民税及法人事业税，表示的满足下列条件的法人在东京都需要缴纳的税率：

- 资本金1亿日元以下，不适用于资本金5亿日元以上大型法人的全资子公司；
- 年度法人税额度1000万日元以下，年度应税所得金额2500万日元以下；
- 在2个以下的都道府县设立办事处及经营场所。

【表4.2.4 (2) 实际税率(标准税率基础)】

会计年度开始日	中小法人(*1)			中小法人(*1)以外的法人(*3)
	应税所得金额			
	400万日元以下	400万日元以上800万日元以下	800万日元以上	
2016年4月1日～2017年3月31日	21.42%	23.20%	33.80%	29.97%
2017年4月1日～2018年3月31日	25.99%(*2)	27.57%(*2)	33.80%	29.97%
2018年4月1日～	25.99%(*2)	27.57%(*2)	33.59%	29.94%

(*1) 中小法人以【表4.2.4(1)】中的法人为前提。

(*2) 因中小法人的特别减税措施已明确无延长可能，特以2017年3月31日该措施取消为前提列出参考税率。

(*3) 有关中小法人以外的法人实际税率，就资本金超过1亿日元，在3个以上都道府县设有事务所的法人而言，使用标准税率计算法人税。

4.2.5 法人住民税的均摊比例

法人住民税是由以所得算出的法人税额乘以住民税税率得出的“法人税部分”，和根据法人资本金金额等固定划分的“均摊部分”组成。

【表4.2.5 法人住民税均摊额度】

资本金等金额		员工人数	均摊额
50亿日元以上	-	50人以上	380万日元
50亿日元以上	-	50人以下	121万日元
10亿日元以上	50亿日元以下	50人以上	229万日元
10亿日元以上	50亿日元以下	50人以下	95万日元
1亿日元以上	10亿日元以下	50人以上	53万日元
1亿日元以上	10亿日元以下	50人以下	29万日元
1千万日元以上	1亿日元以下	50人以上	20万日元
1千万日元以上	1亿日元以下	50人以下	18万日元
-	1千万日元以下	50人以上	14万日元
-	1千万日元以下	50人以下	7万日元

4.2.6 事业税的外形标准征税

事业税的外形标准征税对象是资本金超过1亿日元的法人，对于法人事业税中相当于四分之一的部分，由根据所得标准征税调整为根据外形标准(经营规模)征税。

具体来说，法人事业税整体的四分之三，是基于所得进行征税(称为“所得比例”)的，剩下的四分之一则根据法人的“外形”进行征收，其中包括了根据法人所产生的附加价值进行征税(称为“附加价值比例”)的部分和根据资本金等的数额进行征税(称为

“资本比例”）的部分。此外，所得比例中的一部分，将作为地方法人特别税(国税)征收。

对于适用于外形标准(经营规模)征税的法人，其法人事业税及地方法人特别税的现行税率如下所示。

【表4.2.6 外形标准征税的税率】

适用于2016年4月1日至2017年3月31日之间开始的会计年度

		（例）东京都	标准税率
年度应税所得比例	400万日元以下	0.395%	0.3%
	400万日元以上 800万日元以下	0.635%	0.5%
	800万日元以上	0.88%	0.7%
附加价值比例		1.26%	1.2%
资本比例		0.525%	0.5%
地方法人特别税(国税)		通过标准税率计算得出的所得比例的414.2%	

(*) 地方自治体有权在一定范围内基于标准税率来调整税率。因此，在不同的纳税地，实际适用的税率可能存在一些差异。

附加价值比例及资本比例的征税标准分别如下所示。

(1)附加价值比例的征税标准(附加价值额)

附加价值额=收入分配额(薪酬支付额(*1)、净支付利息(*2)、净支付租金(*3))＋单年度损益(*4)

(*1) 工资、奖金、津贴、退职金等的总额

(*2) 从所支付的利息中扣除利息收入后的金额

(*3) 从所支付的土地、房屋相关租金中扣除租金收入后的金额

(*4) 数值为负时，须从收入分配额中扣除的亏损金额

(2)资本比例的征税标准(资本金等的金额)

征税的标准，是法人税法中规定的资本金等的金额(合并纳税时，征收对象为合并个别资本金等的金额)。

4.2.7 亏损的处理

在计算各会计年度的应税所得时，从收入额中扣除经费等后，

有时会出现应税所得为负，即赤字的情况。该赤字额称为亏损。亏损可自其发生年度的次年起逐年延续弥补9年(2017年4月1日以后开始的会计年度中发生的亏损可向后结转10年)。

这一亏损弥补制度仅适用于在亏损发生的会计年度内提交蓝色申报表，且在那以后连续提交确定申报表的情况。但是，如果法人的资本金超过100百万日元，或者是资本金在500百万日元以上的所谓大型法人(包括外国法人)的全资子公司，允许从所得中扣除的亏损金额的上限是该会计年度所得金额的80%。

此外，对于提交蓝色申报表的中小法人等一部分法人，可将亏损转入发生亏损的会计年度开始之日前1年以内开始的会计年度(即前一会计年度)，并退还进行这一结转的会计年度的全部或部分法人税额。

上述法人的资本金超过100百万日元，或者是资本金在500百万日元以上的大型法人的全资子公司，可从所得中扣除的亏损金额的限额为：2017年3月31日之前开始的会计年度为65%，2017年4月1日以后开始的会计年度下调到50%。但是，对于未上市的法人等或正在重建的法人等，一定期间内的扣除限度为100%。

【参考：中日不同之二】

中国年度亏损可逐年延续弥补，但最长不得超过5年。

4.2.8 国际贸易中涉及的主要法人税制

(1)外国税额扣除

日本法人，无论其源泉所得发生在国内还是发生在国外，都有纳税义务，由于国外源泉所得基于外国法令(以下称“外国所得税”)被作为征税对象，有关该所得部分变成被日本和该国双重征税。为调整诸如此类的双重征税，外国所得税的一定金额可以从日本法人税中扣除。

(2)外国子公司股息豁免征收制度

为了避免跨国双重征税，对于日本国内法人的外国子公司中满足一定条件的子公司所派发的股息，适用把一定金额从征税对象中排除的外国子公司股息豁免征收制度。

(3)转移价格税制

为了防止法人通过篡改价格，与母公司或子公司等特殊关联者(称为海外关联者)之间以不同于正常价格(独立企业之间交易价格)的价格进行交易，从而将利润转移到国外，若发现由于对价与独立企业间价格不同，导致应税所得减少的情况，将把独立企业间间隔视作该交易的价格，进行税额计算。

(4)国外子公司合算税制(防避税港税制)

为了防止国内法人通过位于避税地区(避税港)中的某些外国子公司留存所得，从而逃避税收，将把该外国子公司所留存的所得中，归属于国内法人的相应部分金额合算为国内法人的应税所得，对其进行征税。

(5)资本弱化规则

法人从特定国外大股东处筹集的借款，若超出自有资本的3倍(或者是可以取代这一数据的合理比例)，则对于该超出部分金额所对应的借款利息，不得在应税所得计算中予以扣除。

(6)收入剥离规则

法人在向国外母公司等关联公司支付利息等时，利息费用中超出调整后应纳税所得额50%部分，不得予以抵扣。但若支付给关联公司的利息费用等金额不足1千日元，且为该法人的利息费用总额的50%以下时，不适用本规则。

若本规则与上述资本弱化规则同时适用时，优先采用不可扣除额中较大的一方。

4.2.9 关联公司的留存收益征税

关联公司是指由3名以下公司股东和与该股东有特殊关系的个人及法人拥有超过50%的公司表决权的公司。“与股东有特殊关系的个人及法人”包括股东持股超过已发行股份总数的50%的其他子公司、股东的配偶等近亲等。

关联公司的股东实质上等同于经营者，出于“股息不会被列入费用，希望减少接受分红的个人的应税所得”等意愿，实际上即使有利润也不支付股息的情况较多。于是，在公司获得的利润中，没有用来支付股息，而是留存在公司内的金额超过一定数额时，对超过部分(这称为应税留存收益)适用特殊税率，在通常的法人税之外另行征税。

成为留存收益征税对象的法人是作为关联公司的日本法人中，被认为母公司的控制力更强的一部分法人(这称为特定关联公司)，是否属于特定关联公司，要根据税法规定的条件判断。成为征税对象的留存收益通过从各会计年度的留存收益金额中扣除留存收益额来进行计算。留存收益征税的特殊税率如下。

【表4.2.9 留存收益的税率(2016年4月)】

应税留存收益额（年额）	特殊税率
30百万日元以下	10%
30百万日元以上，100百万日元以下	15%
100百万日元以上	20%

4.2.10 向本国汇款

日本法人向母公司(本国)汇款，根据其内容，一般按支付成本、费用，分配利润，或者贷款(或偿还贷款)等处理。成本、费用中的一部分会在计算支付方日本法人的所得时扣除。对于作为母公司所得处理的一部分支付额(例如利息、股息、使用费的支付等)，在支付时有的需要进行源泉扣缴(参见4.4.2)。

【表4.2.10 对向本国汇款的主要项目所征的税】

向本国汇款交易	征税
支付成本及费用	日本法人可从应税所得中扣除。母公司等收取的所得会在本国被征税。
支付借款利息	日本法人可从应税所得中扣除(有一定限制。参见4.2.8(5)、(6))。 对母公司而言，除日本法人在支付利息时进行源泉扣缴外，在本国也应就利息所得纳税。但是，需要考虑可否适用税收协定及其他适用的协定内容。
支付使用费	日本法人可从应税所得中扣除。 对母公司而言，除日本法人在支付使用费时进行源泉扣缴外，在本国也应就使用费所得纳税。但是，需要考虑可否适用税收协定及其他适用的协定内容。

支付股息	日本法人以纳税后的未分配利润作为资本金。对母公司而言，除日本法人在支付股息时进行源泉扣缴外，在本国也应就股息所得纳税。但是，需要考虑可否适用税收协定及其他适用的协定内容。

对于外国法人的分公司等PE向总公司(本国)汇款的情况，也将分公司等PE视为独立于总公司的企业，确认内部交易损益。

■4.3 税收协定

为了避免在日本缴纳的所得税发生跨国双重征税及逃税(即漏税)，日本与多个国家签订了税收协定。

原则上，税收协定中的规定，其优先级别高于国内法律。在对作为协定对象国居住者的个人及法人进行征税时，将遵照税收协定，对国内法律所规定的征税收入，进行各类所得源泉地(作为征税依据的所得发生地相关定义规定)的修正。此外，即使作为协定对象国居住者的个人及法人获得了日本国内的源泉所得，对于满足税收协定所规定的要件的部分所得，可能会适用低税率或者免税。

【参考】国外汇款时各国国内法对于源泉税的规定和税收协定的规定

	中国	日本	税收协定
股息	10%	20.42%(*)	10%
贷款利息	10%	20.42%	10%
使用费	10%	20.42%	10%

(*)上市股份公司等为15.315%

由此可见，从中国向日本投资时，如果适当运用税收协定，各种回收时的源泉税率会变得比较有利，这必须通过合理的手续来实现。

■4.4 申报和缴纳

4.4.1 设立公司时的税务手续

基于日本法律，若要设立新的日本法人或分公司及其他特定情况时，在设立或设置完成后的一定期限内，须向所辖税务署及法人所属的都道府县及市区町村，提交设立相关的税务登记资料。

此外，在外国法人并未在日本设立分公司的情况下，只要在日本国内产生了被认定为法人税征收范围的所得，同样需要提交税务登记资料。

4.4.2 确定申报和缴纳

法人必须在各会计年度结束之日的次日起2个月内，就其所得应缴的法人税等，向主管税务署提交税务申报表并纳税，该确定申报表中记载的所得金额和税额等，必须根据由股东大会决议确定的决算报表进行计算，但有时由于财务审计人员的审计尚未结束，或股东大会尚未结束或其他不得已的原因，未能完成决算，可能无法在期限内提交确定申报表。这种情况下，可向税务署署长申请延长申报表的提交期限。

此外，计算出的税额必须在同一期限内缴纳。如上所述，如果有正当理由，可延长申报表的提交期限，但不会延长纳税期限。因此，如果在提交申报表的延长期限内纳税，则作滞纳处理，会被征收利息税和滞纳金(税前扣除)，这一点需要注意。在计算应缴纳的确定税额时，如果有预缴的中期缴纳税款(参见4.4.3)，则予以扣除。

【参考：中日不同之三】

在中国，所有企业的会计年度末统一为12月底，第二年的5月底之前必须向税务机关提交税务申报表。

4.4.3 中期申报和缴纳

会计年度超过6个月的法人，必须就该会计年度开始之日起6个月间的法人税等，在最初的6个月经过之日起2个月内提交中期申报表，并进行中期缴纳。但是，根据规定的算式计算出的税额在一定金额以下的情况除外。

【参考：中日不同之四】

在中国，每季度需要以未税务调整的数字进行申报及缴纳。

4.4.4 蓝色申报

法人的税务申报表有白色申报表和蓝色申报表之分。法人经主管税务署批准，可提交蓝色申报表。提交蓝色申报表的法人，可享受亏损弥补、折旧特例等多种税务上的优待。法人要想让税务署批准提交蓝色申报表，必须在该事业年度开始之日的前一天之前向税务署提交符合一定格式的申请书。新设立的法人或者在日本设立新分公司的外国法人要想自其设立(设置)之日的会计年度开始适用蓝色申报，必须在其设立(设置)以后3个月之日和设立(设置)后最初的会计年度结束之日中较早之日的前一天前提交申请书。自适用蓝色申报的年度起，需要用复式记账法记录交易，并编制总分类账、明细分类账、销售明细账、采购明细账等账簿和资产负债表、利润表等报表。此外，编制的账簿及请款单、合同书、发票等凭证原则上需要保存7年。

【参考：中日不同之五】

中国没有蓝色申报制度，但各地的地方税务局有税务信用等级制度。

4.4.5 解散及清算所需的税务手续

设立法人后，有可能因业绩不振等原因，不得不决定停止营业或撤出日本市场，进行法人清算。从法人解散到清算终止为止有各种税务上的手续，并分别设有期限。从法人解散到清算终止最快也要近3个月，如果拥有的资产中包含不动产等，则需要较长时间处理，可能需要几年才能完成清算手续。因此，在解散及清算法人时，需要事前制定详细的时间表。

法人的解散及清算所需的税务手续大致如下。

(1)提交法人解散登记申请书

公司解散后，应立即按规定的格式向主管税务署及都道府县及市区町村提出申请。

(2)解散会计年度的确定申报

将自解散日所在的会计年度的开始日起到解散日为止的期间视为1个会计年度，就该期间的法人税等，在解散日的次日起2个月内提交解散确定申报表，并在同一期间内纳税。

(3)清算中的各会计年度的确定申报

将自解散日的次日起以1年划分的期间视为1个会计年度，在各会计年度的结束之日的次日起2个月内，就清算会计年度的法人税等提交确定申报表并纳税。

(4)残余财产确定日所在会计年度的确定申报

办理清算手续的过程中确定残余财产后，对残余财产确定日所在的会计年度，自残余财产确定日起1个月内(如果这期间要进行残余财产的最后分配，则在进行分配之日的前一天之前)提交"残余财产确定会计年度的确定申报表"并纳税。

此外，对于上述(2)和(3)所述的申报表，可适用所谓的"确定申报表的提交期限延长1个月"的特例，但不适用于残余财产确定会计年度的确定申报表。

(5)提交清算终止登记申请书

解散公司的清算终止登记结束后，应立即按规定的格式向主管税务署、都道府县及市区町村报告。

■4.5　源泉所得税的概要

日本的所得税以所谓的"申报纳税制度"为原则，即由纳税人自行计算该纳税年度的所得金额和对应的税额，自主申报并缴纳。同时，对特定所得，还采用在支付该所得时由支付方代扣代缴所得税的源泉扣缴制度。这种源泉扣缴的税，一般被称为"源泉所得税"。

源泉所得税不论个人还是法人，在属于征税范围的一定的所得支付时征收。征收源泉所得税的所得，须根据所得的种类和该所得的领收人的类别进行规定。

【参考：中日不同之六】

中国的企业所得税法中，对于国内交易征收的企业所得税没有源泉征收制度。

4.5.1 针对居住者(个人及法人)的源泉扣缴

在国内对居住者进行的一定的支付属于源泉扣缴的对象。比较有代表性的例子是发给个人的工资、奖金、贷款或存款的利息、股息、使用费等。适用的税率因所得的种类而异。

4.5.2 针对非居住者(个人及法人)的源泉扣缴

对非居住者或外国法人的一定的支付，支付在国内进行，或尽管在国外支付，但支付方在国内有住址或办事处时，需要进行源泉扣缴。其中，对于根据非居住者及外国法人的类别规定的一定的所得，如果取得所得的非居住者或外国法人在国内有永久设施，则在一定条件下可免除源泉扣缴，条件是向支付方提供由税务署出具的证明，证明该所得归属于该永久设施，且与营业所得加在一起作为申报征税对象。

属于源泉扣缴对象的主要支付项目如下：

【表4.5.2 属于针对非居住者的源泉扣缴对象的主要支付项目和适用税率(2016年4月)】

支付项目	适用税率
利息	15.315%
股息	20.42%
贷款利息	20.42%
使用费	20.42%
基于匿名合作协议的利益分配	20.42%

4.5.3 源泉扣缴与缴纳手续

在实施了需要进行源泉扣缴的支付后，支付方需要在发生支付月份的次月10日之前，前往税务署缴纳源泉扣缴的税金。但如果支付方在日本拥有住所或事业所，且该支付的对象是国外非居住者或外国法人，则该种情况下的源泉所得税缴纳，截止到发生支付月份的次月最后一天。

对于支付给居住者的工资薪金等的源泉所得税，根据指定的选择，仅对于支付人员不足10名的小规模经营者，特别许可每年2次(7月10日之前和1月20日之前)分别支付6个月的源泉所得税。

■4.6 消费税概要

消费税是一种类似于中国的增值税的税种。

消费税是一种追求广泛公平税务负担的间接税，不同于对特定物品及劳务征税的个别间接税(酒税、烟税等)。消费税的征收对象要素为“国内”、“经营者”、“通过经营获得相应收入”，包括资产的转让、出租及提供劳务以及进口外国货物。对于金融交易、资本交易、医疗、福利、教育领域的特定交易将不征税。对出口交易及国际通信、国际运输等归为出口大类的交易，免除消费税(免税)。

消费税是在生产及流通的各个环节，在商品及产品的每一次销售中被累计加入到销售价格中，最终承担税费的是消费者。

4.6.1 税率

消费税的税率统一为8%(缴纳给国家的约为6.3%，地方消费税为1.7%，合计为8%)。自2017年4月1日起，消费税税率将提升至10%(包括2.2%的地方消费税)。

【参考：中日不同之七】

在中国，应税行业不同，税率也不同，例如销售货物17%，部分现代服务业为6%，交通运输业为11%。

4.6.2 纳税义务人

原则上，国内交易的纳税义务人为个人经营者和法人。进口交易下的纳税义务人，是从保税地区接收外国货物的个人或法人。

上述人员中，在基准期限(征税期限的上上个会计年度)及特定期限内，若消费税的应税销售额超过10百万日元，则成为纳税义务人，需要承担缴纳消费税的义务。但对于资本金10百万日元以上的新设法人，即使没有基准期限，也将被认定为纳税义务人。

4.6.3 免税经营者制度

对于在基准期限内应税销售额不足10百万日元的经营者，只要满足特定条件，就可以免除其在该征税期限内的纳税义务。但是，可以通过向主管税务署长提交不免除纳税义务相关报告，而成为纳税义务人。对于新设立的法人等没有基准期限的法人，在会计年度开始时的资本金10百万日元以上及其他特定情况下，将无法在该会计年度适用免税制度。

4.6.4 应纳税额的计算

消费税的应纳税额，是用各征税期限销售额相对应的税额减去进货(指从其他企业获取的资产转让、借入及劳务提供)。所包含的税额及从保税地区接收货物的相关税额的合计额后的金额。但抵扣的金额会受到合计销售额所对应的应税销售额比例的限制。

4.6.5 中小经营者的特例

为减轻中小经营者的经营负担，消费税的征收还设置了简易的税收制度。不需要计算实际进货所包含的税额，而是将销售额所对应的税额乘上一定的估算进货率后，将其视作进项税额。

具体来说，经营者征税期限所涉及的基准期限的应税销售额为50百万日元以下的情况，可以通过向税务署长提出申请，从而通过将征税标准所对应的消费税乘上该行业特定的比例后，将该金额视作消费税进项税额进行抵扣。

4.6.6 申报及缴纳

从事国内交易的经营者(不包括消费税免税经营者)及从事进口交易的业者，都必须根据各自行业规定的手续及方法，对征税标准所对应的消费税进行申报及缴纳。

若经营者(不包括免税经营者)征税标准所对应的消费税额少于经规定方法计算后的进项消费税额中可抵扣的部分时，则将发生抵扣后仍有多余进项消费税额的情况。该多余部分的进项消费税额，将通过申报方式退税。

而对外国法人等国外经营者跨国从事的特定电商交易，自2015

年10月1日起，接受劳务的国内经营者或提供劳务的国外经营者自身，需要承担申报及纳税义务。

■4.7 个人税制概要

在税务上，所有个人不论任何国籍，只通过居住者和非居住者进行区分。以个人为对象的所得税，分为申报所得税和源泉所得税。申报所得税的征税范围是个人的年度所得。

4.7.1 居住概念和应税所得

(1)居住者

指在日本拥有住所或在日本国内拥有居所达到1年以上的居住人员。对于居住者，无论所得源泉地在何处，都将对其在全世界的所得征税。

“住所”指的是生活的据点，“居所”指的是在较长一段时间持续居住的场所，未达到生活据点的程度。

居住者中有一部分，是没有日本国籍，且在过去10年中在日本国内拥有住所或居所不满5年的，这类人被称作“非永久居住者”。非永久居住者的征税范围基本参照居住者的征税范围，但在国外源泉所得方面，仅对在日本国内收取的工资薪金和汇往日本的钱款进行征税。

(2)非居住者

除居住者以外的所有人均为非居住者。对于非居住者，日本所得税的征收范围仅为日本国内的源泉所得。大多数情况下，非居住者只需要支付源泉扣缴税。

4.7.2 申报所得税

(1)居住者需缴纳的申报所得税

所得被区分为不同种类，对不同种类的所得分别采用规定的方法计算所得金额。从合计所得金额中减去各类所得扣除项，再将扣除后的应税所得金额乘上下列的累进税率，即可得出应纳税额。若存在已对所得征收的源泉扣缴税额，则将其扣除。

(2)非居住者需缴纳的申报所得税

对于非居住者，将根据其状态，分为三大类：①在国内拥有事务所等的非居住者，②在国内连续进行建设、组装达1年以上的非居住者或通过特定代理人经营事业的非居住者，③其他非居住者。

通过这样的状态区分，可以分别指定各类所得的范围，并进行应税所得计算。对非居住者的征税方法，也将从2017年起对所得税进行变更。对非居住者征收的申报所得税，原则上参照居住者的计算标准(存在一定限制，有的适用所得扣除项，不适用外国税额扣除等)。由于存在在日本提供劳务却在国外收取相应工资薪金的情况，对于在日本未被列为源泉扣缴对象的非居住者，该部分对象必须对其收入等总额的20.42%税额进行申报及缴纳(分离征税)。

(3)税率(综合征税)

对于居住者及非居住者的综合征税，个人的申报所得税税率如下所示：

【表4.7.2 (1)　个人所得税的税率】

应税所得金额的区分		税率
-	195万日元以下	5%
195万日元以上	330万日元以下	10%
330万日元以上	695万日元以下	20%
695万日元以上	900万日元以下	23%
900万日元以上	1800万日元以下	33%
1800万日元以上	4000万日元以下	40%
4000万日元以上	-	45%

工资薪金所得是基于从收入金额中扣除下列工资薪金所得扣除额后得出的金额，计算应纳税额。

【表4.7.2 (2)　工资薪金所得扣除额速算表】

工资薪金收入		工资薪金所得扣除额
-	162.5万日元以下	65万日元
162.5万日元以上	180万日元以下	(工资薪金收入金额)×40%

180万日元以上	360万日元以下	(工资薪金收入金额)×30% +18万日元
360万日元以上	660万日元以下	(工资薪金收入金额)×20% +54万日元
660万日元以上	1000万日元以下	(工资薪金收入金额)×10% +120万日元
1000万日元以上	1500万日元以下	(工资薪金收入金额)×5% +170万日元
1500万日元以上	-	245万日元

4.7.3 源泉所得税

居住者及非居住者的源泉所得税征收方法，如前文4.5.1及4.5.2所述。

4.7.4 申报及缴纳

除了纳税手续中只包含源泉扣缴的居住者，所有居住者都必须根据当年的所得，在第二年的2月16日到3月15日之间，提交确定申报书并纳税。但对于合计所得金额不高于各项扣除合计额的对象，从单一支付方收取已经经过源泉扣缴(年末调整)的工资薪金且该年度工资薪金收入不足2000万日元的对象，以及其他所得20万日元以下的对象，原则上不需要进行申报。

非居住者的申报缴纳，原则上参照居住者的标准。此外，对于未指定纳税管理人并未向税务署长报告的情况下出国的非居住者，在出国前必须提交确定申报书并缴纳税费。

4.7.5 复兴特别所得税

对于个人及法人，在2013年1月1日到2037年12月31日期间，在其源泉所得税和申报所得税金额基础之上征收2.1%的复兴特别所得税。例如，支付给外国法人的利息相关源泉所得税，其税率在国内法律中规定为20%，再加收复兴特别所得税(20%×2.1%)，则合计进行20.42%的源泉扣缴。

此外，若税收协定中规定，国内法律中所定的源泉所得税税率可获减免，甚至免除，则不再征收复兴特别所得税。

4.7.6 个人住民税及个人事业税

个人住民税，是以个人所得为征税对象的都道府县民税和区市町村民税的总称，在每年的1月1日，对当前在日本拥有住所的个人征收。个人住民税由所得比例和平均比例(定额)等构成。所得比例基于上一年度的所得征收，除了特殊情况，该部分税额的计算方法参照所得税的计算规定。个人住民税的申报，必须在3月15日之前完成，若已经提交了所得税的确定申报书，就无需重复进行个人住民税申报。个人住民税(所得比例)的标准税率如下所示。

【表4.7.6 个人住民税(所得比例)的标准税率】

都道府县民税	统一为　4%
区市町村民税	统一为　6%

另外，征收平均比例部分。平均比例的标准税率为：都道府县民税1000日元，区市町村民税3000日元。自2014年度到2023年度的10年间，分别调整为1500日元和3500日元。不同地方自治体可能采用不同于标准税率的税率。

从事地方税法中所规定的特定经营活动的个人，必须缴纳事业税。除了特别规定的内容外，事业税应税所得的计算，原则上遵照所得税的计算规定实施。个人必须在3月15日之前完成申报，并根据都道府县发出的纳税通知书，在8月和11月纳税。根据行业种类的不同，个人事业税的税率为3%～5%。

■4.8 其他主要税金

可能存在对所得、资产的取得及持有、消费等征收其他各类税金的情况。许多经营者在资产持有方面需要缴纳同样的税种，即固定资产税(折旧资产税)和都市规划税。固定资产税(折旧资产税)是在每年的1月1日，对于土地、建筑物及经营用折旧资产的当前所有者征收的税率为1.4%的税种。都市规划税作为固定资产税的附加税，是对位于城市规划区域内的土地、建筑物征收税率为0.3%的税种。此外，在东京、大阪等大型城市的经营者，如果建筑的使用面积超过1000m²或员工人数超过100人，需要缴纳事业所税。税率为每1m²使用面积600日元，即员工工资薪金总额的0.25%。

在注册不动产、公司或获取特定营业许可等情况下，可能会征收登记许可税。还有将特定许可文件作为征税对象的印花税。除了上述几种税种外，还有赠与税、继承税等各种名目的税种。

5 人事、劳务制度概要及实务

■5.1 法律制度概要

(1) 日本宪法中劳动权利的定位

日本宪法明文规定，国民享有“劳动的权利”。宪法规定应通过法律明确工资、作息时间等劳动条件。另外，宪法还保障劳动者的团结权、集体谈判权等其他集体行动的权利，劳动者组成工会、进行争议活动也得到了宪法上的保障。这些权利被称为劳动基本权。日本的劳动关系法律制度也基于这些基本人权而制定，正如下文的说明，其存在许多认定合同违法以及用人单位行为无效的规定。

从法理解释的角度看，日本宪法所规定的基本人权也适用于劳资关系中，比如根据思想及信仰自由的原则，在职场中根据劳动者支持的政党以及信仰宗教的不同而对劳动者进行区别对待的行为，是不被允许的。其他与劳动者隐私相关的个人的被尊重以及幸福追求权、离职后竞业禁止情况下的职业选择自由也均被认定为人权。因此，用人单位对于劳动者的指令以及合同上所规定的义务，均不能侵犯这类人权。作为基本的出发点，在用人单位的指令以及合同的义务规定与劳动者基本人权相抵触的情况下，只要其目的具有合理性，并且其实现方式为必要最小限度的措施，则用人单位的行为即被认定为合法有效。

(2) 法律的配备状况

按照上述宪法的规定，可以将日本的劳动法体系分为以下几类：①根据“劳动的权利”之规定而制定的以职业安定等为目的的劳动市场相关法律(职业安定法、雇用保险法、高龄者雇用安定法等)、②与宪法保障其组成的工会相关的集体劳资关系相关法律(工会法等)、③根据劳动条件由法律进行规定而制定的规制企业与员工个别关系的法律(劳动基准法、劳动合同法等)。另外，处理劳动纠纷的相关法律(劳动审判法等)也可以说是一种类型。

此处就近期日本频繁进行新的制定和修改的③中的个别劳资关系法，说明其主要的法律概要。

① 劳动基准法

此法规定了劳动条件的最低标准，并为确保履行还规定了罚则。对签订劳动合同时应当明示劳动条件一事、以及劳动时间、休息、休假、带薪年休假、工资(包含法定工作时间之外劳动的额外工资)等进行了规定。确定未满足此法定标准之劳动条件的劳动合同，其相关部分无效。

并且，该法还规定了监督机关。监督机关(劳动标准监督官等行政机关、行政官员)具有以下权限：以劳动者向其提出不给付工资以及解雇等咨询为契机前往工作场所进行调查(不提前通知直接前往现场)以及向相关方进行询问，认定违反法律时要求雇主等进行改善，甚至进行行政处分。但是，上述监督机关的权限归根结底指向以劳动基准法为首的相关法律的遵守，并非处于经常干预企业对员工的法律行为的立场(比如解雇员工时无需提前向监督机关进行登记或取得其许可)。

② 劳动合同法

此法规定劳动合同应由劳动者与用人单位始终基于平等立场上的协商进行签订，同时规定了劳动合同的基本事项。

另外，在日本的审判实务中，出于保护劳动者的观点，员工的解雇也并不仅以满足了合同以及就业规则所规定的要件而被立即认定为有效，而是根据企业方具有合理理由时应当进行的最终手段这一价值观，在每个具体的案例中判断其有效性。劳动合同法将此类裁判所的判断集锦在立法中进行明文规定，规定“如果解雇缺乏合理的理由，且根据社会一般观念无法认定其适当性，则属于权利的滥用，应为无效。”

③ 劳动安全卫生法

与劳动基准法所对应，该法以确保工作场所劳动者的安全与健康，同时促进形成舒适的工作环境为目的，规定用人单位选任安全管理员让其管理安全相关的技术事项、建立选任企业医生进行劳动者的健康管理等为内容的安全卫生管理体制，以及采取防止劳动者危险以及健康障碍的措施。劳动基准法将“确保最低标准”作为立法目的。与此相对，本法并非仅仅保障最低标准，而是为了进一步实现适当水平的工作环境。

④ 在雇用领域确保男女机会均等以及待遇均等相关的法律(男女雇用机会均等法)

遵照保障法律下的平等的宪法理念，此法追求确保雇用领域的男女机会以及待遇均等，同时推进保障女性劳动者怀孕中以及生育后的健康的措施为目的。

用人单位在劳动者的招聘、录用、分配、升职、降职、教育培训、福利、职种以及雇用形态的变更、离职的补偿、退休、解雇、劳动合同的更新等方面，不得以性别为理由实行差别对待。比如，禁止在招聘、录用时对所招聘或录用男女的人数设定限制(男性5名、女性1名等)，禁止使用含有表现男性或女性用语的职种名称(比如“营业man”中就含有表现男性“man”的用语，作为职种应使用“营业职位”的名称)。另外，禁止用人单位以结婚、怀孕、生育等为由对女性劳动者进行不利对待(禁止将这些规定为离职理由，以结婚为由进行解雇，以怀孕、生育以及相伴的停工与未加班等为由进行解雇等不利对待)。

另外还规定作为用人单位的职责，应当在工作场所中采取防止性骚扰的措施等。

⑤ 短时间劳动者雇用管理的改善等相关法律(计时工劳动法)

该法以改善计时工劳动者(短时间劳动者)的雇用管理为目的，规定用人单位应努力保证其与普通劳动者(正规员工)的待遇均衡。作为个别的措施，该法规定了劳动条件相关文书的交付、制定及变更就业规则中计时工相关规定时对于过半数计时工代表的意见听取、考虑到与普通劳动者的均衡后的工资确定、向普通劳动者进行转换的推进措施等。

⑥ 育儿停工休假、护理停工休假等进行育儿或家人护理的劳动者福利相关法律(育儿护理休假法)

正如其名称一样，规定了由于育儿或者护理而可以停工或者取得休假的法律。具体来说，关于停工，“育儿停工”原则上由养育不满一周岁子女的男女劳动者享受，“护理停工”由护理家人的男女劳动者享受。另外，关于休假，照看子女休假(对负伤或患病子女进行照看或者为预防疾病而进行必要照看的休假)可由养育小学入学前子女的劳动者，护理休假可由对处于需要护理状态的家人进行护理的劳动者，原则上一年享受5天以内的休假。另外，这些休假需要在年度带薪休假之外另行给与。

⑦ 最低工资法

根据此法，国家规定劳动者工资的最低限度，用人单位应当支付最低工资额以上金额的工资。最低工资是以每小时的工资额进行规定的，判断自己的工资是否高于最低工资额，应将工资额换算成每小时的金额后与最低工资进行比较。

⑧ 确保劳务派遣业的合理运营以及配备派遣劳动者的就业条件相关的法律(劳务派遣法)

劳务派遣的定义为：“将自己雇用的劳动者，在该雇用关系之下，让其接受他人的命令指挥并为他人提供劳动”，业务模式为“派遣单位”与“派遣劳动者”之间签订雇用合同，“派遣单位”与“接受派遣单位”之间签订派遣协议，在此基础上劳动者听从接受派遣单位指令为其提供劳动。

在日本，历史上这种形式的劳务提供曾因人身买卖，劳动者劳务环境的恶劣等成为问题，并在很长时间内被法律禁止。1986年实施劳务派遣法之后，上述业务形态被认为合法。在实行之初，劳务派遣是作为临时从外部借用劳动者的手段而设计的制度，可以进行派遣业务的行业限定为13种业务，并且派遣期限也基本上规定为1年，之后根据社会的需要多次进行法律修改，经过2015年的修改，原则上来说目前派遣的行业实现了自由化，派遣期间的上限也调整为3年。另外，从保障派遣劳动者的雇用稳定以及改善待遇的观点来看，派遣单位以及接受派遣单位承担着各种义务。

■5.2 招聘、录用

5.2.1 序言

劳动者与用人单位之间的劳动关系，通过劳动合同的签订而成立。劳动关系成立的一般流程是：用人单位招募劳动者(招聘)，应聘的劳动者经过用人单位安排的笔试或面试等选拔过程而获得录用。

用人单位在劳动者的录用上享有自由，但并非意味着无限制的录用自由，法律对此也进行了一定的制约。此外，用人单位在正式录用劳动者之前，多会发出内定或内内定。此时，预定录用的内定者的法律地位就成为一个问题。

本节重点讨论用人单位的录用自由及其限制、内定·内内定的法律性质。

5.2.2 录用自由

日本宪法保障经营自由(宪法第22条第1款)及财产权(宪法第29条)，作为经济活动自由的一环，用人单位享有录用自由。

录用自由可以整理为四个部分的内容：①招募方式的自由，②选择的自由，③调查的自由，④合同签订的自由。

(1)招募方式的自由

用人单位可自由决定通过何种方式招募劳动者。因此，企业招募人才并非必须通过公开招募的方式进行，也允许通过关系录用劳动者，比如以与该企业具有某种关联的人的介绍为条件。

在公开招募中，有通过国家运营的公共职业安定所招募(称为"Hello Work")、民间企业运营的职业介绍所招募以及在广告上登载招聘信息的方式。

(2)选择的自由

用人单位可自由决定以何种标准录用何人。因此，企业可自由制定录用标准，也不要求其将其公布。

关于选择的自由，用人单位是否可以以劳动者的思想、信仰为由拒绝录用，存在一定争议。日本最高法院1973年的判决认为，即使以企业享有广泛的经济活动自由为由而拒绝录用有特定思想、信仰的人，也不意味着当然违法。

(3)调查的自由

用人单位在判断是否录用应聘者时，需要获取应聘者相关的信息。作为上述选择自由的派生物，企业享有要求应聘者就一定的事项进行申报、接受调查的自由。

但是，用人单位在进行此类调查时，必须考虑应聘者的隐私，根据调查方法或调查事项的不同，有时也会被认定为用人单位的不法行为责任。例如，在未经应聘者同意进行HIV检查或B型肝炎病毒检查的案例中，被认定为用人单位应承担不法行为责任。

(4)合同签订的自由

不得强制用人单位与特定劳动者签订劳动合同。用人单位歧视性拒绝录用可能构成违法，此时虽可以基于不法行为请求损害赔偿，但不能完全强制要求签订劳动合同本身。

此外，用人单位可以自由决定录用的劳动者人数，不能被强制要求雇用一定数量以上的劳动者。

5.2.3 对录用自由的限制

原则上应保障用人单位享有如上所述的广泛的录用自由，但并非无限制的保障，如下所述，其受法律上的限制。

(1)以性别为由的录用歧视的禁止

首先，旨在雇用领域中消除性别歧视的《男女雇用机会均等法》，禁止以性别为由的招募、录用歧视。具体来说，在招募、录用中，禁止任何排除男性或女性，或以不同的条件或标准录用男性或女性等。

其次，该法还禁止，在招募、录用时，通过附加身高、体重、体格条件等实质上被认定为相当于性别歧视的方式，进行招募、录用。

(2)以残疾人为由的录用歧视的禁止

《残疾人雇用促进法》禁止以残障为由的招募、录用歧视，同时，对用人单位课以雇用一定比例以上残疾人的义务。通过此残疾人雇用率制度，可以说在一定限度内限制了用人单位在劳动者录用上的选择自由。

(3) 以工会人员为由的录用歧视的禁止

《工会法》禁止以劳动者不加入工会或已加入工会的从工会中退出为雇用条件。

5.2.4 内定

(1) 在日本，应届毕业生的录用一般经过如下流程：用人单位招募劳动者，劳动者应聘，劳动者接受录用考试(笔试、面试)后向考试合格者发送录用内定通知，劳动者提交以在该企业就职为主旨的宣誓书，体检，在入社仪式上接受任命书。

但是，有时企业会以经营状况恶化等为由，取消已发出的录用内定。这种录用内定被取消的情况下，内定者可以寻求何种法律救济成为问题。

(2) 内定录用的法律性质

内定录用被取消时，内定者可以寻求怎样的法律救济，是根据对内定录用的法律性质的理解的不同而改变。

如果认为内定录用只不过是劳动合同签订的过程，或者是内定者从学校毕业后签订劳动合同的一种预约，则内定不约束内定者或用人单位的任何一方，结果只能以侵害对正式录用的期待权为由请求损害赔偿。

另一方面，如果认为劳动合同本身以内定录用而成立，则内定录用的取消相当于已成立的劳动合同的解约(解雇)，因此，内定者可以主张解雇的无效，并请求法院确认劳动合同项下的地位。

1979年最高法院的判决认为，因内定录用的实际情况多种多样，必须根据具体事实关系判断内定录用的法律性质；且在该案例中，劳动者的应聘是对劳动合同的要约，用人单位对此发出的内定通知构成对合同要约的承诺，依据内定录用通知，附始期且保留解约权的劳动合同成立。

此外，该案判决还认为，仅限在保留解约权的行使即内定的取消为客观上合理，且在社会一般观念上能够被认为适当时，才被承认。根据此类判例的观点，若参照社会一般观念内定的取消被视为不适当，则解约权的行使无效，内定者作为劳动者的地位得到承认。

另外，上述判例中，因被认定不存在可以使解约权的行使合法的社会一般观念上的适当事由，内定取消被认定为无效。另一方面，合法取消内定的具体案例有：内定者因患病或受伤而不能正常工作的情形，或已明确内定者内定时申报的学历等重要内容造假的情形，还有因不景气致用人单位不得不大幅变更录用人数的情形。

5.2.5 内内定

上述内定录用通知发出前，用人单位有时将录用决定口头告知求职者，这种方式被称为“内内定”，以区别于上述正式的内定录用。

内定与内内定的区别在于，根据其通知，以是否不需要其他签订劳动合同的行为而预先确定劳动合同关系的成立为基准进行判断。此类案例中，虽然需要根据具体的事实关系进行研究，但日本的实际情况是，一个求职者收到多个企业的内内定，其后选定一家公司就职。因此，无论是企业方还是求职者，一般均不能说根据内内定劳动合同已成立。

■5.3 雇用合同

5.3.1 雇用合同的订立

(1)雇用合同和法律规定

正如前节所述，用人单位的通过招聘活动确定录用内定人选后与求职者正式订立雇用合同。

虽然雇用合同的内容和手续理应遵循法律，但是在规定雇用合同定义的民法中，雇用合同的相关规定只有9个条文，并没有明确规定雇用合同的内容或手续。这是因为民法是以用人单位和劳动者是相对等的人格为前提的，认为双方应根据自由的意志来达成协议。

但是，实际上用人单位和劳动者的关系并非一定对等。因此，从需要强化劳动者权利的想法出发，为了保护劳动者，区别于雇用合同而制定了“劳动合同”这一概念，并进行适用于该劳动合同的各种立法(劳动基准法、劳动合同法等)。

因此，订立雇用合同(劳动合同)时，应当考虑劳动基准法和劳动合同法等特别法的规定，并注意采用不违反这些特别法的内容和手续(以下将雇用合同和劳动合同视为实质相同并统一记载为“雇用合同”)。

(2)雇用合同的成立要件

法律上没有特别规定雇用合同成立的要件。

因此，只要用人单位和劳动者就劳动者被用人单位雇用进行劳动、用人单位对此支付工资一事达成协议，即使没有制作“雇用合同书”等书面文件，雇用合同也成立。

但是，因为劳动合同法规定“劳动者和用人单位就劳动合同的内容应尽可能通过书面确定”(劳动合同法第4条第2款)，订立雇用合同时还是希望将劳动条件记载于书面上由用人单位和劳动者进行确认。

(3)雇用合同的效力要件

雇用合同并非只要用人单位和劳动者互相达成协议而不管任何内容都产生效力。正如前述，订立雇用合同时应当遵守劳动基准法和劳动合同法等特别法的规定。

首先，劳动基准法制定了劳动条件相关规定来保护劳动者。因此，即使用人单位和劳动者之间就低于劳动基准法规定标准的劳动条件达成协议的，该协议也无效，该无效的部分适用劳动基准法规定的标准(劳动基准法第13条)。

其次，正如后述，持续雇用10人以上劳动者的用人单位必须制定就业规则，有就业规则的，低于就业规则规定标准的劳动条件被认定为无效，该无效部分适用就业规则规定的标准(劳动合同法第12条)。

另外，劳动基准法规定的劳动条件和就业规则规定的劳动条件存在不一样的情况，并且存在就业规则之外根据经营场所的不同而规定不同劳动条件的劳动协约的情况，此情况下的优先适用顺序如下(劳动基准法第13条、第92条第1款)。

劳动基准法等法律法规＞劳动协约＞就业规则＞雇用合同(劳动合同)

但是，雇用合同中就有利于就业规则的劳动条件达成协议时，只要该雇用合同的内容没有违反法规或劳动协约，优先适用雇用合同所规定的劳动条件(劳动合同法第7条但书)。

(4)劳动条件的明示义务

用人单位在与劳动者订立雇用合同时，对于留意前述各点所制定的劳动条件、法律所规定的下述工资、劳动时间及其他劳动条件，用人单位有义务向劳动者进行明示(劳动基准法第15条第1款、劳动基准法施行规则第5条第1款。但是用人单位就⑦～⑭相关没有做出规定时除外)：

① 劳动合同期限的相关事项

② 更新固定期限劳动合同时的标准相关事项

③ 工作场所及应从事的业务相关事项

④ 开始和结束工作的时间、是否有超过计划劳动时间的劳动、休息时间、休息日、休假及将劳动者分成两组以上从事业务时的换班相关事项

⑤ 工资(离职补贴及⑧的工资除外)的确定、计算及支付方法、工资的截止及支付时期及加薪相关事项

⑥ 离职相关事项(包括解雇事由)

⑦ 适用离职补贴的劳动者的范围、离职补贴的确定、计算及支付方法及离职补贴的支付时期相关事项

⑧ 临时支付的工资(离职补贴除外)、奖金及劳动基准法施行规则第8条各项规定的工资及最低工资相关事项

⑨ 应让劳动者负担的餐费、工作用品等其他相关事项

⑩ 安全及卫生相关事项

⑪ 职业培训相关事项

⑫ 工伤补偿及工作外伤病补贴相关事项

⑬ 嘉奖及惩罚相关事项

⑭ 停职相关事项

另外，上述①到⑭中，关于①到⑥有通过书面文件进行明示的义务(劳动基准法施行规则第5条第2款第3项)。

若用人单位向劳动者明示的劳动条件与事实不符的，劳动者可要求立即解除雇用合同(劳动基准法第15条第2款)。另外，因工作改变住所的劳动者从合同解除日起14日内回家的，用人单位有义务承担必要的旅费(同条第3款)。

5.3.2 雇用合同的种类

(1)期限的确定方式所带来的区别

雇用合同根据其合同期限如何规定分为“无固定期限雇用合同”和“固定期限雇用合同”两种。

所谓“正式员工”多指“无固定期限雇用合同”，而“固定期限雇用合同”不同的公司会将其称为“合同工”、“临时工”、“特约员工”等。

对于设置期限的雇用合同，法律上规定了上限，原则上不可规定超过3年的期限(劳动基准法第14条第1款)。但是与拥有高度专业知识等的劳动者从事需要该高度专业知识的业务或与60岁以上的劳动者订立雇用合同时，合同期限的上限为5年(同款第1项第2项)。

与此相对，设置期限的雇用合同，法律上未限制其下限。但是，用人单位有以下注意义务，即“应当注意避免通过规定超过必要限度的较短期限来重复更新劳动合同”(劳动合同法第17条第2款)。即使违反此注意义务，雇用期限和雇用合同本身也并非立即无效，当期限届满而停止雇用时，其有效性的判断可能会朝着认定无效的方向进行。

(2)规定的劳动时间等所带来的区别

劳动条件比正规的劳动者(全日制)所规定的劳动时间或天数少的劳动者称为“非全日制劳动者”。不同的公司有时也会将其称为“兼职”(也包含全天工作的劳动者)或“临时工”等。

与非全日制劳动者之间的雇用合同除须遵守劳动基准法等法律以外，也适用短时间劳动者的雇用管理改善等相关法律(非全日制工劳动法)，其中部分内容加强了对用人单位的规定。

比如，用人单位的劳动条件明示义务中，对非全日制劳动者就“是否有加薪”、“是否有离职补贴”、“是否有奖金”、“咨询窗口”也有通过书面文件进行明示的义务(非全日制工劳动法第6条第1款、该施行规则第2条第1款)，另外，用人单位雇用非全日制劳动者时，有义务尽快说明雇用管理的改善措施内容(非全日制工劳动法第14条)等。

(3)试用期

用人单位在订立无固定期限雇用合同时，多采用将一定的期间(一般多规定1个月到6个月)规定为“试用期间”，并在此期间内评判员工是否合适，最终决定是否进行正式录用的制度。

此试用期中雇用合同的法律性质被认为是保留解除条件的雇用合同。设置试用期制度时，在后述的就业规则中有必要规定试用期的期限与可否延长及其事由、公司的解雇权等。

■5.4 就业规则

5.4.1 就业规则的意义

就业规则是用人单位就劳动条件和工作场所纪律等事项制定的规则的总称。

为了雇用较多的劳动者以进行有效的业务经营，需要统一规定劳动条件和工作场所纪律。因此，日本企业通常以就业规则的形式对此进行规定。不同的公司有时也会使用工厂规则或员工规则的名称。

作为日本劳动法的一个特征，就业规则在劳动关系上承担着重大的职能。

5.4.2 就业规则的手续

(1)制定义务和必要的记载事项

劳动基准法规定，持续雇用10人以上劳动者的用人单位有义务就一定事项制定就业规则。该人数并非以企业为单位，而是以经营场所为单位进行计算，兼职劳动者或临时工等非正式员工也计算入内。

就业规则中应记载的事项包括必须记载的绝对记载事项(开始和结束工作的时间、休息时间、假日、休假、交替制工作中的换班、工资的确定、计算、支付方法、工资的截止、支付时期、升职、离职<包括解雇事由>等事项)以及实行该制度时有必要记载的相对记载事项(离职补贴、临时工资等、最低工资、餐费、工作用品等需要劳动者承担的事项、安全、卫生、职业培训、工伤补偿、工作以外伤病补助、嘉奖、惩罚、其他适用于该经营场所所有劳动者的相关事项)。

如上所述，法律要求就业规则应记载几乎所有的劳动条件，因此在日本看就业规则即可大致了解所有的工作场所规则。

(2)征求意见、备案、周知

在制定或变更就业规则时，用人单位需征求经营场所过半数劳动者组成的工会的意见，没有工会的用人单位需征求过半数员工代表的意见。此处只须听取其意见即可，不要求与其协商或取得同意。

其次，用人单位应将记载了制定或变更就业规则时所征求的过半数代表意见的书面材料以附件形式向行政部门进行备案(所属辖区的劳动基准监督署长)。并且，用人单位应当将就业规则持续张贴于各工作场所的显见位置，或长期置备、或以书面交付、或安装电子设备等公开的方法让劳动者周知。

5.4.3 就业规则的法律效力

(1)与法律法规、劳动协约的关系

就业规则不得违反法律法规或该经营场所适用的劳动协约，行政部门可命令变更与其相抵触的就业规则。

此处的“法律法规”并非仅指法律、命令，也包括地方公共团体规定的条例、规则等，但只限于其中的强行法规。另外，“劳动协约”指劳动协约中劳动条件等其他劳动者待遇相关标准的部分。

(2)与劳动合同的关系

就业规则在与个别劳动关系中有被认为具有所谓的最低基准效力。该效力是指劳动合同中规定的劳动条件达不到就业规则的标准时应属无效，无效部分以就业规则中规定的标准来代替。相反的，规定了高于就业规则标准的劳动条件的劳动合同不受此效力影响，应属有效。

产生最低基准效力的就业规则，作为规定该经营场所劳动条件之标准的规则，实质上是被周知的，一般解释为不再需要劳动基准法上的征求意见、备案和周知。

(3)劳动合同订立时就业规则的拘束力

A 由劳动合同法的立法化

2007年制定的劳动合同法将之前的案例法理在法律上进行明文规定："劳动者与用人单位订立劳动合同时，用人单位将规定了合理劳动条件的就业规则向劳动者公示的，劳动合同的内容应依据就业规则中确定的劳动条件"，同时规定以向劳动者公示及内容的合理性为条件，就业规则即为劳动合同的内容。该效力被称为就业规则的合同补充效力。

B 周知

此处的周知与限定于法律法规所列举方法的劳动基准法上的周知不同，一般解释为实质来看无论放置于何时，经营场所的劳动者都能知道该就业规则内容的状态即可，而不论劳动者是否实际知道该内容。

除实质性的周知以外，是否需要办理劳动基准法上的征求意见、备案、周知手续历来有争议。但是一般解释为通过劳动合同法的制定，就业规则的合同补充效力的产生要件只要有实质性的周知即可，不必办理劳动基准法上的征求意见、备案、周知手续。

C 合理性

此处所指合理性与后述变更就业规则时作为变更内容与整体流程的综合判断的合理性不同，而是指订立劳动合同时所规定的该劳动条件本身的合理性。具体来说，存在公司经营、人事管理上的必要性，其是否不当限制劳动者权利、利益这一观点出发来判断合理性。

D 有个别特别约定情形时的例外

就业规则的合同补充效力对于劳动者和用人单位之间就有利于

就业规则的劳动条件所达成协议的部分不产生效力。

例如，即使就业规则中存在可以根据经营场所的需要调岗的条款，个别协议限定工作地点或工作内容时，就业规则的调岗条款不会成为该劳动者的合同内容，而限定工作地点或限定工作内容的协议将成为合同内容。

(4) 劳动合同内容变更中就业规则变更的拘束力

A 关于变更劳动合同内容的合意原则

首先，劳动合同法规定，劳动者和用人单位可以通过合意变更作为劳动合同内容的劳动条件。劳动合同法同时规定，用人单位未与劳动者达成合意，不得通过变更就业规则将劳动条件变为不利。

作为该规定的相反解释，与劳动者达成合意时即可通过变更就业规则将劳动条件变为不利。但是一般认为该合意的认定应谨慎进行。也有案例认为应谨慎认定该合意，不应仅以劳动者被提示了就业规则的变更而未提出异议即进行认定。

B 就业规则的不利变更的拘束力

作为上述用人单位未与劳动者达成合意不得通过变更就业规则将劳动条件变为不利原则的例外，劳动合同法规定以使劳动者周知变更后的就业规则，且该就业规则的变更合理为条件，劳动合同内容根据变更后的就业规则确定。此规定也是将此前的案例法理进行了明确。

另外，一个有力的观点是，虽然该规定是就业规则变更的情形，但并非仅为就业规则变更的情形，制定新的就业规则时也适用该规定的规则。

(a) 周知

此处的周知与作为就业规则合同补充效力之要件的周知为同一意思，该处说明基本适用。

案例中认为，关于离职金规定的变更，由于用人单位仅在全体晨会中进行简单说明，而未分发、传阅说明资料或召开说明会等为具体说明作出努力，因此对员工缺乏实质性周知。

另外，劳动合同法规定，就业规则的变更依照劳动基准法中备案和征求意见的规定。虽然存在争议，但是一般解释为劳动基准法上的备案和征求意见并非是根据就业规则变更合同效力的绝对要件，而是对变更就业规则的合理性判断的一个要素。

(b)合理性

法律规定变更就业规则的合理性根据①劳动者所受的不利程度、②变更劳动条件的必要性、③变更后就业规则内容的合适性、④与工会等的交涉状况、⑤其他变更就业规则相关情况来判断，综合考虑诸要素之后判断其合理性。

案例中认为，特别是工资、退职金等对劳动者来说重要的劳动条件带来实质性不利时，要求其具有可以让劳动者容忍的高度必要性。

在肯定合理性的以下案例中，退休年龄从55岁(通常到58岁前再次雇用)延长到60岁时削减了55岁之后的工资及奖金，本来工作到58岁即可得到的工资现在必须要工作到60岁才能拿到。这一点上不利程度非常大。但是，随着引入60岁退休制度，调整工资水平的必要性非常高，变更后的工资水平从同行业其他公司或社会行情来看是合适的，并且延长退休年龄可以经过缓和不利的措施，作为压倒性多数派的工会同意了变更。综合考虑上述各点后肯定了其合理性。

在否定合理性的下述案例中，在60岁退休制度下，降低了55岁之后的工资，虽然就变更一事已经与由约73%的员工组成的工会达成协议，但是工资面的不利程度及其重大，并且偏重55岁以上的高年龄层，未采取缓和不利的充分的过渡措施等问题被重视，从而否定了其合理性。

(c)存在不变更合意时的例外

劳动者和用人单位就不因就业规则的变更而进行变更的劳动条件于劳动合同上达成合意的部分，除未达到就业规则标准而被认定无效的情形以外，就业规则的变更没有拘束力。

此不变更的合意包括明示和默示。

作为不变更之合意内容的具体案例，有限定职种或工作地点的特别约定、合同形式相关的特别约定、工资相关的特别约定、劳动时间相关的特别约定、不适用退休制的特别约定等。

■5.5 工资

5.5.1 工资制度总论

(1)序言

民法所称的工资是指因劳动者“从事劳动”而支付给劳动者的“报酬”。工资的金额、计算标准、计算方法、支付方法等基本上由当事人协议决定。原则上，法律并没有强制特定的工资制度，而是由当事人决定采用何种工资制度。另一方面，由于劳动者以工资作为生活来源，因此需要保护劳动者。有鉴于此，劳动基准法等对其也进行了一定的限制。

日本的工资大体由①基本工资(标准工作时间内劳动的工资)、②职务补贴(从事一定职务的补贴)等各种补贴、③计划外工资(标准工作时间外劳动的补贴等)、④奖励(所谓的奖金)构成。相比于其他国家而言，日本的工资具有支付各种②补贴和④奖金在年收入中所占比例高的特点。

这些工资中所占比例最高的是①基本工资，但是如何决定基本工资也有各种各样的制度。其中，众多日本企业历来采取的工资制度着眼于工作履行能力也即所谓的职能资格制度。此职能资格制度是将劳动者分成其工作履行能力对应的资格、等级，并据此决定工资额的制度。但有意见说，由于其工作履行能力的判断往往根据工龄(年功)进行，结果造成了年功序列性的工资制度。

上世纪90年代以来，在以往的工资制度外，也曾有着眼于成果的成果主义工资制度以及着眼于所从事的职务而非劳动者的工作能力等属人性要素的职务工资制度等各种制度。

(2)工资请求权的产生

劳动者提供劳务与用人单位支付工资达成协议的，劳动合同成立。为履行劳动合同的义务而劳动(提供劳务)后，才能够具体地产生工资请求权。这就是所谓的“不劳不获原则”，这并非强制性规范，与此不同的当事人间的协议也有效。

另外，如工厂烧毁等物理性理由以及用人单位命令员工停止出勤等事实上的理由而导致劳动者无法提供劳务的，是否产生工资是一个问题。就此问题，如果不能提供劳务是归责于用人单位的(例如被认定为滥用解雇权的解雇行为或用人单位无正当理由拒绝接收劳务等)则产生工资。同时，劳动基准法中规定，归责于用人单位原因而中止营业的，用人单位应当向劳动者支付相当于平均工资(过去3个月的总工资除以在此期间的总天数算出的工资)的60%以上的中止营业补贴。需要注意的是，相当于平均工资的60%的部分是依据劳动基准法上的罚则来保证支付的，而工资本身是全额产生并且应当进行支付的。

5.5.2 关于工资支付的4个原则

劳动基准法以确保劳动者实际收到所产生的工资为宗旨规定了以下四个原则。

(1)以流通货币支付

工资原则上必须以对劳动者最安全便利的流通货币(有强制流通能力的货币和日本银行发行的货币)来支付。因此，用人单位不得以公司产品等代替工资支付“物品工资”。

(2)直接支付

工资必须直接支付给劳动者本人。该原则是为避免以往所发生的中介人、师傅、未成年人父母等代收工资而将一部分占为己有。

(3)全额支付

工资必须全额支付。其宗旨是禁止用人单位单方扣除工资，确保劳动者可以确实收到全额工资，保障劳动者的经济生活不受影响。该原则的两个例外是，法规有其他规定允许扣除部分工资的情形(如源泉扣缴工资所得税、扣除社会保险金等)，以及和过半数工会或与过半数代表之间存在书面协议的情形。

就此问题，虽然与劳动者个别达成协议减少工资的例子有所增加，但需要注意的是，针对该协议的有效性，一般以是否客观存在能够认定劳动者是基于自由意志而达成协议的合理理由为主进行严格的判断，并非一定被认定为有效。

另外，某工资计算期间内发生工资超额支付的，若将该超额部分从后面的工资中扣除的，即所谓的调整抵消，当从其行使时间

(是否是合理相邻的时间)、方法(是否预告劳动者)、金额来看对劳动者的影响轻微时，一般认为是可行的。并且，应注意工资债权支付期应收的相当于工资3/4的部分是禁止抵押债权，因此即使劳资协定中认可全额支付原则的例外，就该禁止抵押的部分，用人单位不可将劳动者的工资债权等作为受动债权进行单方抵消。

(4)每月一次以上的定期支付

工资应当每月一次以上确定一定的日期进行支付。因此，即使采用年薪制的用人单位也应当每月支付一定数额。但是，临时支付的工资或奖金等不适用此原则。

5.5.3 关于标准工作时间外劳动的额外工资

劳动基准法规定，标准工作时间外或休息日劳动的必须支付额外工资。相较而言日本的标准工作时间外劳动，即所谓的加班较多，因此标准工作时间外劳动相关的额外工资是无法忽视的问题。

(1)额外工资比率

首先，用人单位令劳动者在工作日内超过法定工作时间(1周40小时，1天8小时)劳动的，原则上应当支付25%以上的额外工资。但是，每月超过标准工作时间60小时的，必须支付50%以上的额外工资。

其次，用人单位令劳动者在法定休息日劳动的(即所谓的休息日劳动)，应当支付35%以上的额外工资。

并且，深夜劳动(晚上10点~凌晨5点间劳动)的，应当支付25%以上的额外工资。

额外工资产生事由重合的，例如标准工作时间外劳动和深夜劳动重合的，应当支付25+25=50%以上；1个月超过标准工作时间60小时劳动和深夜劳动重合的，应当支付50+25=75%以上；休息日劳动和深夜劳动重合的，应当支付35+25=60%以上的额外工资。与此相对，休息日劳动即使超过8小时也只要支付35%的额外工资。这是因为标准工作时间外劳动和休息日劳动都有法定之外劳动的性质，并非产生额外工资的原因重合。

(2)计算方法

额外工资的计算标准额为“标准工作时间或工作日的工资”。临时支付的工资或每超过1个月期间支付的工资(奖金等)不属于此“通常的劳动时间或劳动日的工资”。

另外，虽然家庭补贴或通勤补贴、住房补贴、子女教育补贴等属于“标准工作时间或工作日的工资”，但是在计算额外工资时应当扣除。是否属于上述补贴(即是否属于额外工资计算标准额的扣除工资)与名称无关，由是否为与劳动内容无关而被个人情况所左右的工资这个标准来进行实质性判断。

(3)额外工资的支付相关问题

如上所述，法律规定应当支付与标准工作时间外劳动的小时数成比例的额外工资，但是现实中日本企业常代替额外工资支付一定额度的补贴，或制定包含额外工资的工资等，这些做法是否合法是个问题。

就此问题，首先，关于一定金额补贴的支付，如果支付了根据法律计算的额外工资金额以上的定额补贴，则没有问题，而少于根据法律计算的额外工资金额的定额补贴时，必须追加支付不足的数额。

另外，设定包含额外工资的工资时，无法确定支付了根据法律计算的额外工资金额，即未明示通常工资部分和额外工资部分比例的定额支付制度有逃避劳动基准法的上述额外工资规定的风险，因此无效。无效后，将以全部规定的数额为基础来计算额外工资，标准工作时间外劳动相关的工资比预想更多，因此应在制度设计时充分注意这一点。

5.5.4 其他的公法规制

(1)最低工资法

工资金额基本上根据当事人的协议。但是，特别是劳动市场中劳动力过剩供给不景气时，可能产生劳动力被杀价从而对劳动者不利的风险。为防止该问题，最低工资法设定了工资的最低标准，禁止设定少于此数额的工资。

最低工资有两种，①按地域的最低工资（根据全国各地制定小时最低工资原则的制度（东京都的最低工资是907日元〈2015年10月1日现在〉），及②特定最低工资（根据劳资方申请，根据不同产业，制定高于地区最低工资之最低工资的补充制度）。作为用人单位应当注意每个员工的工资是否低于上述两种最低工资。

（2）工资支付确保法

另外，濒临破产的公司往往容易产生不支付工资的情形。因此，工资支付确保法中规定，适用工伤保险法并且经营业务超过1年的法人在接受开始破产程序的决定后，符合政府规定的其他理由时（收到开始更生程序决定，开始民事再生程序决定等），将由政府垫付未支付工资，确保履行工资债权。

5.5.5 各种工资制度相关问题

（1）奖金

关于奖金，就业规则中经常规定“每年有两次奖励，XX月XX日支付”等，但是仅以这种抽象的条款不能产生奖金的具体请求权。只有奖金的具体数额确定以后才能产生具体的请求权。

该奖金的具体的数额，存在工会时经常通过劳动者和用人单位的交涉，没有工会时由用人单位确定具体的计算方式和支付数额来确定。通常计算方式有由客观因素（年龄、工作年限、工种、出勤天数等）来决定支付数额的部分，和由工作成果、人事考察等用人单位的主观评价决定支付数额的部分。上述情形下，用人单位通过实际的评价后确定具体的数额。

因为奖金是对于一定期间的工作在日后进行支付的，因此有公司会以支付当日该劳动者在籍为支付条件。案例中倾向于认为这种支付日在籍的要件有效，但是需要注意的是，如果奖金支付大幅迟于当初的支付预定日，其后劳动者离职时，奖金请求权将被认可。

（2）年薪制

日本的年薪制为评价劳动者的业绩等相关的目标达成度后以年为单位支付全部或部分工资的制度。因为这种年薪制不是根据劳动时间的长短，而是着眼于劳动者的成果来制定1年工资的制度，因此，属于在现行法下排除了实际劳动时间规制的适用，适合所谓的管理监督者，或适用视为劳动时间制的劳动者的工资制度。另一方面，需要注意的是，适用实际劳动时间规定的一般劳动者即使采用了年薪制，对于法定时间外劳动的额外工资有不足部分时应当另行支付。

另外，如5.5.2(4)中所述，根据每月1次以上的定期支付原则，即使是年薪制也应当将工资分为每月进行支付。此时，例如将年薪金额的1/17作为每月的基本工资，5/17作为每年2次的奖金的，已确定数额的工资不算作可从额外工资的计算基础中排除的“奖金”。

年薪制中劳动者和用人单位根据当年度的业绩等就下一年度的年薪进行协议。下一年度的年薪无法达成协议的，为使用人单位可以单方决定年薪数额，需要将该权限有效地制定于劳动合同中。为通过就业规则设定该单方决定权限，需要制定合理的年薪数额决定程序。并且，年薪数额具体达成协议后，该年度内用人单位不可单方面降低。

(3)离职金

离职金同时具有工资过后支付(例如，表现为由基础工资乘以相应工作年限的支付率来计算)与功劳报酬的性质(例如，表现为随着工作年限的增加支付率上升、公司原因离职的比自己原因离职的支付率高等)。虽然一般解释为离职金发生在离职时，但是企业多数会规定存在惩罚解雇或违反竞业禁止义务等一定事由时减少或不支付离职金。应当注意这种行为可能会被认为不合理而无效。

例如，关于就职于同行业其他公司时按照自己原因离职的1/2的乘率来计算离职金的条款，判例中鉴于离职金兼有功劳报酬的性质，以不能采取不具有合理性的措施为由认定有效。而对于惩罚解雇的减少或不支付离职金条款，从是否有抹杀多年功劳程度的重大事由的观点进行判断，如果非如此重大，则减少数额或不支付措施可能因违反公序良俗而无效。其次，将资格等级或工作年限等要素积分化累计计算的离职金(所谓的积分式离职金)，以及作为将离职金追加到每月工资或奖金中进行预先支付之制度的选择性制度而设置的离职金等，在这些工资过后支付性质较强的离职金制度的情况下，倾向于不容易认可减少金额或不支付条款的合理性，也有被认定为无效的例子。

■5.6 工作时间

5.6.1 法定的工作时间

用人单位原则上不得安排劳动者每日工作超过8小时，每周工作超过40小时。

工作时间超过6小时的，用人单位应给与45分钟以上的休息时间；超过8小时的，应给与1小时以上的休息时间。同时，用人单位应当给与劳动者至少每周1日或四周内4日以上的休息日。

对违反这些规定的用人单位，最为严重的可以追究刑事责任。因此，用人单位即使与劳动者达成了与上述规定相反的协议，该协议也是无效的，无效部分按照上述规定确立的标准修改。

作为法定工作时间的例外，劳动基准法认可灾害等通常不可预见的临时需要工作的情形，业务上有临时需要的情形，以及劳动者与用人单位间有协定的情形。但这些情形下，用人单位必须支付额外工资。

5.6.2 工作时间的定义

所谓工作时间，是指劳动者向用人单位提供劳务并服从用人单位指挥命令的时间。

只要提供劳务并服从事实的指挥命令，实际未工作而待机的时间也算入工作时间。相反的，即使是在用人单位的支配拘束下，但不是为了提供劳务而处于事实的指挥命令之下，并且从工作中解放出来而能自由度过的休息时间等，并非工作时间。

因此可以说，工作时间是为了工作而处在用人单位的事实的指挥命令之下，不能自由使用的时间。

属于工作时间的具体情形：

① 实际工作时间

② 待工时间

例如，在店铺内等待客人到来的时间、规定工作时间外的清扫时间、午休中电话值班的时间。

③ 换衣时间

更换制服或工作装等有穿戴义务的衣服的时间

④ 出差中业务上的移动时间

⑤ 因默示指示而工作的时间

用人单位(总经理或上司)知道加班一事而装作没有看到的情形。或者没有从上司处得到“(不认可加班所以)早点回去吧”之类的指示的情形。

⑥ 规定工作时间外的教育培训

但如果是非强制性、自由参加的话，则不属于工作时间的可能性较高。

⑦ 小睡时间(假眠时间)

从用人单位的指挥命令之中脱离出来，也就是说，如果确保使劳动者从劳动中解放出来的状态，则不属于工作时间。相对的，如果有应对警报或者电话等义务的话，则属于工作时间的可能性极高。

属于非工作时间的具体情形：

① 工会活动

② 休息时间

③ 自由时间

④ 上下班时间

⑤ 往返于出差地的移动时间

但是，以搬运物品本身为目的的业务上的移动时间属于工作时间。

5.6.3 加班协定(36协定)

在与过半数的劳动者组成的工会或过半数劳动者的代表签订的劳资协定中，规定平日和休息日加班，并向行政官厅进行了备案的情况下，超过法定工作时间的加班、法定休息日加班是被认可的。这一劳资协定被称为“加班协定”。因为加班协定规定在劳动基准法第36条，一般也被称为“36(saburoku)协定”。并且，36协定中规定的“可以延长超过一天的一定期间的时间”的具体基准，由厚生劳动省通过告示公示。

需要签订36协定的是超过法定工作时间的情形，因此即使是安排劳动者的工作超出就业规则等规定的工作时间，只要在一日8小时、一周40小时范围内，则没有签订协定的必要。

5.6.4 变形工作时间制

变形工作时间制是指，在一定单位期间内，每周的平均工作时间能控制在每周法定工作时间内，则可以解除对具体一周或一日工作时间限制的一种制度。例如，以四周为一个单位期间，即使月末的一周设定45小时的工作时间，只需缩短其他周的工作时间并保证该月每周的平均工作时间在40小时内，则设定工作时间为45小时的那一周，尽管工作时间超过了40小时(只要控制在45小时内)，也视为没有违反劳动基准法。

劳动基准法规定的一周40小时、一日8小时的工作时间原则，归根结底是对每周和每日进行限制的制度。因此，某一周的工作时间超过40小时，某一日的工作时间超过8小时，就算缩短其他周或者其他日的工作时间，也是违反劳动基准法上限的，只要不采取签订基于劳动基准法36条的劳资协定等措施，则属于违法行为，且即使采取了这一措施也需要支付加班费。但是，基于变形工作时间制，在工作时间较长的周或日与较短的周或日之间平衡工作时间的话，原则上还是根据其平均时间是否超过一周40小时来判断是否违反劳动基准法。

在变形工作时间制下，通过在劳资协定或就业规则中进行规定，平均一定期间，只要在一周平均工作时间不超过法定工作时间的范围，可以在特定的某一日或某一周安排超过法定工作时间的工作。

变形工作时间制内包含一周单位、一个月单位、一年单位三种类型。并且，由于单位时间的长短导致弹性程度与对劳动者的影响不同，各个制度设有不同的要件。

变形工作时间制中，只需单位期间内的工作时间平均不超过每周40小时，超过一日8小时或一周40小时的工作也不会马上算作加班。另一方面，即使是在变形工作时间制下，对于深夜作业也需支付加班费，并适用关于休息、休息日的限制。

5.6.5 弹性工作时间制

弹性工作时间制是，由就业规则等进行导入，通过劳资协定，一定期间(一个月以内)内平均每周的工作时间不超过法定工作时间的范围内，在规定了该期间总工作时间的情形下，在此范围内，劳动者可以自行决定工作开始、结束时间的一种制度。

采用此制度的情况下，在协定规定的1个月以内的结算期间单位内执行工作时间限制，并解除每周或每日的限制。

弹性时间制中，劳动者能自行决定开始和结束工作的时间(如果设置了弹性时间段，则需要于该段时间内决定)。因此，如果用人单位命令劳动者出席核心工作时间外召开的会议，或者预计会在核心时间以外的时间段出差工作的，则必须得到劳动者个人的同意(劳动者反复拒绝出席会议或出差的，虽然这一行为并不能视为违法业务命令或缺勤，但在考核工作态度时，一般认为用人单位可以给予劳动者消极评价)。此外，在让劳动者制作出勤预定表的，这也是停留在预定层面，不能以上司的承认或许可为条件。

另外，弹性工作时间制中的工作时间限制，如上所述，以协定规定的一个月以内的结算期间为单位执行。因此，即便一日或一周超出法定工作时间工作，也不会立即算作加班，只有在整个结算期间内超过法定工作时间的总额度时才算作加班。弹性时间制是放宽加班限制的制度，原则上适用支付深夜加班费与休息、休息日的相关规定。

5.6.6 认定工作时间制

认定工作时间制包含“工作场所外的认定时间制”、“专业业务型裁量工作制”和“企划业务型裁量工作制”。

① 工作场所外的认定时间制是指，在工作场所外工作且难以计算工作时间时，原则上认定劳动者按规定的工作时间进行工作的制度。

出差或者外勤销售等发生在工作场所外的工作，因无法接受上司的具体指挥与监督，而时常出现难以计算工作时间的情况。劳动基准法为了合理的处理这类情况，规定了可以通过认定工作时间制来计算的方式。也就是说，劳动者全部或者部分时间是在工作场所外工作的，当很难计算工作时间时，视为劳动者按规定的工作时间进行了工作。但是，为完成该工作通常需要超出规定的工作时间进行工作时，视为其劳动者按照完成任务所通常需要的时间进行了工作。这种情况下，完成工作通常需要的时间，可以通过与代表过半数劳动者的工会、没有工会时与过半数的代表签订劳资协定来确定。另外，对于开展工作的方法更多地交于劳动者自己裁量以便完成一定工作的劳动者来说，也有可能适用认定制。

② 专业业务型裁量工作制是指，对于设计师或者系统工程师等，用人单位并不具体规定开展工作的方法或时间分配等的19类业务来说，不拘泥于实际的工作时间数，而是认定其劳动者按照劳资协定确定的时间进行了工作的制度。

③ 企划业务型裁量工作制是指，对于属于业务运营的企划、拟定方案、调查及分析的业务，且用人单位不具体规定完成工作的方法或时间分配等的业务来说，不拘泥于实际的工作时间数，而是认定其劳动者按照劳资委员会所确定的时间进行了工作的制度。

5.6.7 带薪年假

带薪年假是为使劳动者能实现身心的恢复与自我启发，而认可的在获得工资的同时取得休假的制度。在劳动者(1)持续工作6个月，(2)且6个月内出勤率在80%以上时，用人单位应当给予劳动者10日(连续或者分开的)的带薪年假。

持续工作6个月之后，每持续工作一年增加1日，持续工作3年6个月后增加2日，最多给予20日的带薪年假。

如果满足以上要件，劳动者取得带薪休假的权利，可以按照劳动基准法指定休假的时期。换句话说，在法律上，取得带薪休假并不需要用人单位的允许(林野厅白石营林署案，最高法院1973年3月2日)。

但是，劳动者指定取得年假的具体的时期(这称为行使时期指定权)，会妨碍单位业务的正常运营，则用人单位有变更具体时期的权利(时期变更权)。行使时期变更权的要件是劳动者在指定的时期取得休假会“妨碍单位业务的正常运营”。关于这一点，需要综合用人单位的经营范围、规模、劳动者所负责业务的内容、业务量的起伏、预定的年假天数、与其他劳动者休假的调整等诸多情况来判断。仅仅为日常性的业务繁忙与长期的人手不足，一般认为是不能满足这一要件的。因为如果不这样考虑，那么人手不足的单位劳动者就几乎不能取得带薪年假。另外，指定的年假天数较多时，法律也要求劳动者一方应当事前调整工作进度，否则一般认为此时用人单位的裁量余地将增大(时事通信社案，最高法院1992年6月23日判决)。

再者，还要求用人单位需注意使劳动者能够在指定的时期里取得年假(弘前电报电话局案，最高法院1987年7月10日判决)。也就是说，用人单位为了劳动者能取得休假，负有“注意义务”，没有尽到注意义务而行使的时期变更权是无效的。

5.6.8 针对加班时间的额外工资

用人单位在要求劳动者平日加班或休息日加班的，应当在通常的工作时间或工作日的工资的25%以上50%以下的范围内，按照法律规定的增幅率计算并支付给劳动者额外工资。法律规定平日加班的增幅率是25%，休息日加班的增幅率是35%。但是，一个月加班时间超过60个小时的，超过的那部分工作，应当按照通常工作时间工资的50%以上的增幅率计算并支付加班费。除了上述这些，在晚上22点到凌晨5点这段时间内安排工作的，用人单位应当按照通常工作时间工资的25%以上的增幅率计算并支付额外工资。

加班时间超过月60个小时的50%以上的特别增幅率，是考虑到在近年长期的经济低迷中，长时间工作的劳动者比例不断增高这一现象而规定的。为确保劳动者有工作以外的生活时间，抑制长时间加班，2008年修订的劳动基准法，设立了这一制度(2010年4月起实施)。但是这一特别的增幅率，在现阶段不适用于中小企业。

依据劳动基准法第37条，在安排超过法定工作时间的工作、法定休息日工作与深夜工作的情形下，才产生支付额外工资的义务。因此，如果早于规定的上班时间开始工作也早于规定的下班时间回家，而实际的工作时间没有超过8小时的，基于劳动基准法并不产生支付额外工资的义务(在就业规则中规定需要支付额外工资的情况又另当别论)。

此外，在劳动基准法的限制范围内超过各企业规定时间的工作(法定范围内的加班)、非法定休息日的工作，不产生劳动基准法意义上支付额外工资的义务。但是，只要是劳动基准法意义上的工作时间，通常也被认为是需要支付工资的对象时间，因此在就业规则中存在对于加班需要支付额外工资的一般性规定的，那么对于上述的法定范围内的加班，如果没有另外处理的规定，则原则上应当支付加班的额外工资(大星大厦管理案，最高法院2002年2月28日判决)。

例如，公司就业规则等规定的工作时间为9:00~17:00时，工作时间与额外工资的关系如下所示。

<table>
<tr><td>9:00</td><td rowspan="2">法定工作时间
（8小时）
(9:00 ~ 18:00)
并且这之间有1小时
休息时间</td><td colspan="2">规定的工作时间
(9:00 ~ 17:00)</td></tr>
<tr><td>17:00</td><td>法定范围内的加班
(17:00 ~ 18:00)</td><td rowspan="3">左边的3种加班统称为“加班时间”
(17:00 ~)</td></tr>
<tr><td>18:00</td><td rowspan="2">加班时间
(超过8小时)
(18:00 ~)</td><td>一般意义上的加班时间
(18:00 ~)</td></tr>
<tr><td>22:00</td><td>深夜加班
(22:00 ~)</td></tr>
</table>

■5.7 调动、外派、借调、转籍

5.7.1 调动

(1)调动的定义与法律上的根据

“调动”是指长期变更工作内容与工作地点(不包括短期的出

差等情况）。在“调动”中，在同一工作地点内变换所属部门的称为“转岗”，变换工作地点的称为“外派”。

在日本，正式劳动者是以长期雇用为前提录用的，通过在企业组织内部广泛的积累经验以达到提升工作能力的目的。为此，录用正式劳动者不限定岗位种类与工作地点，而作为人事权的一个方面，用人单位有决定正式劳动者工作内容和工作地点的权限。通常，在就业规则里记载有“根据业务需要会安排转岗或外派”等条款，这种条款便使用人单位的命令调动权有了根据。

⑵命令调动的限制

另一方面，调动伴随着搬家，会对劳动者的私人生活造成巨大的影响，因此并未承认用人单位可以无限制的行使命令调动权，而是有下述A到C的限制。

A. 依据劳动合同的限制

首先，在个别的劳动合同中限定岗位种类和工作地点的情况下，没有劳动者的同意，则用人单位不能单方面地变更合同内容。

a. 岗位种类的限制

医院的检查技师或者大学教授这种有特殊技能的职业，通常在录用时就限定了岗位种类。在这种进行了限制的情况下，不允许用人单位单方面变更岗位种类。

但是，由于在日本长期雇佣是前提，因此即便是需要特殊技能的职业，也可解释为可长期变更为其他岗位的合意成立，需要慎重判断是否有限定岗位的合意。

b. 工作地点的限定

当地录用的辅助员工，或者是录用时事先明示不同意外派的员工，即便是在限定工作地点的情况下，没有劳动者的同意，用人单位也不能单方变更合同内容。

B. 权利滥用法理所规定的限制

其次，在认可用人单位拥有调动命令权的情况下，依据权利滥用的法理，用人单位仍然受到限制。东亚涂料一案判决陈述了基于权利滥用法理的命令调动权的界限。根据该判决，①调动命令没有业务上的必要性的，②调动命令有不正当的动机或目的的，③调动命令使劳动者受到超过一般容忍程度的显著的利益损害的，则调动命令因权利滥用而无效。

关于①，并不要求很高的必要性，以适当的配置劳动者与顺利开展业务为由即可。关于②，为逼迫劳动者离职而作出的调动命令即符合这一点。关于③，因调动导致无法护理生病的家人的情况是符合这一点的，但在多数的案例中，除了考虑调动对劳动者产生了何种损害这一点之外，还把调动时是否考虑了家庭情况，是否对劳动者说明了调动的缘由等程序上的要素也列入参考，来判断是否符合权利滥用。例如，有案例显示，即使是因调动导致劳动者夫妻分居，如果用人单位考虑到了住宅或分居的津贴等的，法院仍然认定调动命令有效(Kenwood案)。

C. 其他的限制

上述限制以外，因调动导致劳动者工资减少的，由于是用人单位单方面变更劳动合同，因此需要劳动者的同意。例如，各个岗位的工资表不同，因岗位变动导致劳动者的工资减少的就符合这类情形。

另外，同时实施调动与降职的情况下，除上述关于调动的法律限制外，还应当满足降职的要件。

5.7.2 借调、转籍

(1)借调、转籍的定义

在第一部分讲到的“调动”是在一个企业内部的变动，而“借调”与“转籍”是跨越一个企业范围的变动。也就是说“借调”是劳动者维持原企业雇员地位的同时，服从指挥命令到其他企业就职；“转籍”则是终止与原企业的劳动合同，重新再同其他企业确立劳动合同关系的制度。在日本，以长期雇佣为前提的劳动者培养与调整，并不仅限于一个企业内部，而是在整个企业集团内进行。

与借调类似但不同的另一概念是“劳动者派遣”。依据劳动者派遣法而形成的劳动者派遣制度，在离开雇主到派遣地单位工作并接受该单位的指挥命令这一点上与“借调”类似。但是就“借调”而言，会与原单位及借调单位形成两重劳动合同关系，对此，劳动者派遣则只与原单位产生劳动合同关系，这一点上有很大的不同。

(2)借调

A. 借调的要件

与第一部分中所说的调动不同，借调是劳动者提供劳动的对象企业发生了变换，因此需要劳动者的同意。关于此处的同意，并不需要劳动者个人的同意，在借调规定完备并注意了对劳动者的不利影响的前提下，一般有劳动协约或就业规则上的概括性的同意即可。可以说这一见解背后的观点是，如果用人单位注意使借调在工资、劳动条件、职业发展、雇用等方面不会对劳动者产生不利影响，则可以将借调与调动等同视之。

在满足借调要件的情况下，如果参照借调的必要性、借调的劳动者选定状况等情节，命令借调权有可能属于权利滥用，其判断方法与调动部分(5.7.1〈2〉)相同。

B. 借调中的法律关系

借调期间，劳动者一方面与原单位维持作为其员工的地位，一方面将劳动合同上的部分权利义务转移到借调单位。哪一部分的权利义务转移到借调单位，多数是由原单位与借调单位协商决定，但双方之间没有确定的情况下，一般理解为指挥命令权等与实际工作相关的权利义务转移到借调单位，而原单位则保留解雇权等与劳动合同是否存在或变更相关的权利义务。

借调期间，存在劳动基准法、劳动安全卫生法以及工伤保险法这些劳动保护法所规定的责任应该由原单位还是借调单位承担的问题。就这一问题，需要看谁拥有该事项的实际权限。例如，如果由原单位向劳动者发放工资，那么雇用保险的雇主则是原单位；如果由借调单位来管理劳动者的考勤，那么借调单位就应当签订36协定。

(3)转籍

A. 转籍的要件

转籍意味着与原单位结束劳动合同，与其他企业重新确立劳动合同关系，因此需要劳动者的个人同意。与借调不同，劳动协定或就业规则中的概括性的同意是不够的。

B. 转籍后的法律关系

转籍导致原单位不再是用人单位，因此原单位不再负有用人单位的义务。例如，关于离职金的支付，如果存在由转籍单位一并计算劳动者在原单位的工作年限并支付离职金的合意，那么原单位就没有支付离职金的义务。

■5.8 惩戒、解雇、离职

5.8.1 惩戒

(1) 定义

惩戒处罚是指，为维护企业秩序，用人单位对扰乱企业秩序的员工基于就业规则实施的制裁措施。劳动基准法要求设立惩戒制度时应载于就业规则。通常用人单位会将惩戒规定放在就业规则里。

从轻到重，具体的惩戒处分方式有训告、警告、斥责、减薪、停止出勤、劝告解雇与惩戒解雇等形式。

(2) 惩戒权的根据

惩戒处罚是用人单位对违反企业秩序的员工实施的与劳动合同上可以实施的常规手段(普通解雇、转岗等)不同的个别的特殊制裁处罚，是以合同关系上特别的根据为必要条件的。关于这一点，最高法院判例也显示，不能依据缺乏理论性的立场，或就业规则上不明确的根据，实施惩戒处罚。另外，判例还显示，劳动者所属的单位是否公开了就业规则，也是就业规则具有约束力的必要条件。

(3) 惩戒事由

实施惩戒处罚的前提是，劳动者的行为符合就业规则中所规定的惩戒事由。就业规则中规定的惩戒事由有谎称经历、消极怠工、违反业务命令、妨碍业务、违反就业规则、扰乱职场秩序与风纪、不正当使用公司财产、违反保密义务、违反兼职禁止等等。但是，法院有时会对就业规则中规定的惩戒事由做限定性的解释。例如，禁止兼职的规定，限定于因兼职而妨碍正常工作或有可能对用人单位的名誉、信用造成损害的情形。

(4) 惩戒的程序

实施惩戒处罚需要合理程序，比如有必要从将会受到惩戒的员工处听取缘由，并给与该员工辩解的机会等。

(5)惩戒处罚的有效要件(惩戒权的使用)

在用人单位能够行使惩戒权的情况下，惩戒处罚的内容由用人单位的裁量决定。但是，参照处罚对象员工的行为性质、情况、其他情节，如果缺乏客观合理的理由，社会通常观念认为处罚不相当的，则该处罚将被认定为权利滥用，用人单位作出的惩戒处罚也将被认定为无效。

为使惩戒处罚有效，必须是在“用人单位能够惩戒劳动者的情况下”。因此，如前文所述，应当在就业规则上明确记载作为惩戒理由的事由与惩戒的种类、程度。

其次，该劳动者的行为应当符合就业规则上的惩戒事由，需要被认定为有“客观合理的理由”，再参照该行为的性质、情况等判断是否适当。

再者，针对劳动者极其轻微的违反行为，如果作出过重的处罚，则该情形属于“社会通常观念认为处罚不相当的”，进而被认定为无效。进行此判断时，应当恰当地酌情考虑该行为的性质、情况、被处罚者的职业经历、其他被处罚者的相关情况等。

5.8.2 解雇

(1)定义

解雇是指由用人单位来解除劳动合同。在不受期限约束的情况下，劳动者辞职是作为职业选择的自由被保留的，另一方面，用人单位解雇则是单方面地剥夺劳动者的生活来源，因此是被限制的。

(2)无固定期限劳动合同

在民法上，对于无固定期限的雇用合同，各当事人可以随时提出解除约定，法律规定在一方提出解约后，经过两周雇用合同失效。

但是由用人单位提出的解雇，将使劳动者失去生活收入，其不利影响是巨大的，因此在劳动合同法上制定了滥用解雇权的法理这一限制解雇的规定。具体来说，解雇缺乏客观上合理的理由，社会通常观念认为不恰当的情况下，属于权利的滥用而无效。

(3)普通的解雇

首先，问题在于，解雇是否存在“客观上合理的理由”。作为解雇的合理理由，例如有，因身心的障碍导致无法工作的情形，欠缺劳动能力或工作适应性的情形，违反工作命令或公司制定的各类规定的情形。但对于解雇是否有合理的理由，法院作严格解释。例如，在缺乏工作适应性的情形下，法院在判断时会进一步考虑该员工是否有其他适合岗位。

此外，即使解雇有客观上合理的理由的，如有法院认为比照该合理理由的内容，解雇这一处罚过重，则会不认可其具有“社会通常观念上的适当性”，进而判断为滥用解雇权。

(4)整理解雇(经济性裁员)

由于经营不善等经营上不得已的理由导致的解雇称为整理解雇。由于劳动者一方对整理解雇没有责任，因此判例显示需要严格的要件。具体来说有：①削减人员的必要性(是否为减少人力费用等目的而必须削减人员)；②尽力避免解雇(为尽力避免解雇，是否采取了减少社会招聘与应届生招聘、招募自愿离职人员等相比解雇更加温和的措施)；③人选的合理性(人选基本标准的合理性以及适用标准的合理性)；④适当的手续(对于劳动者一方，是否进行了说明与磋商)这四个要件。

(5)固定期限劳动合同中的解雇

对于固定期限的劳动合同，除了有不得已的事由，到合同届满为止，用人单位不得解雇劳动者。所谓的“不得已的事由”是指发生难以继续履行合同的重大事由。

(6)劳动基准法的限制

A. 禁止解雇处于生产前后或工伤休养中的员工

原则上，劳动者因工作原因导致受伤或患病，为疗养而休假的期间以及之后的30日内，或生产前后的女性休假的期间及之后的30日内，用人单位不得解雇劳动者。但是，对于禁止解雇因工伤而休养的员工，如果用人单位对该劳动者进行了一次性经济补偿的，或者用人单位因自然灾害等不可抗力的事由无法继续经营等例外的情形，是可以解雇的。此时，就该事由应当报行政办公厅审批。

B. 解雇预告的义务

用人单位计划解雇员工的，应当提前30日通知或支付30日以上的平均工资。但是因自然灾害或其他不得已的事由导致无法继续经营的，以及基于归责于劳动者的事由而解雇的，则可以不经过上述手续而直接解雇。此外，对于每日雇佣的劳动者、约定2个月以内雇用期间的劳动者、因季节性的工作而约定4个月以内雇用期间的劳动者、在试用期的劳动者，当法定期间过后不再继续雇用时，则不适用劳动基准法第20条第1款的解雇预告制度。

另外，对于没有可以立即解雇的理由而未经预告直接解雇的情形，判例显示，只要用人单位不拘泥于立即解雇，则在解雇后经过30日的时间点或支付预告补偿的时间点上，该解雇发生效力。

C. 解雇理由的证明书

劳动者在接到解雇预告通知日起到离职日为止，就该解雇的理由请求证明书的，用人单位应当及时交付该证明书。

5.8.3 离职

(1)辞职

所谓辞职是指由劳动者提出解除劳动合同。在无固定期限的合同中，劳动者原则上只需提前两周告知，则可以随时辞职。

相对的，在固定期限劳动合同下，由于劳动者也受到合同约定的期限的约束，不能不经用人单位的同意单方面地辞职，不过如果有“不得已的事由”，法律规定可以立即解除合同。但是，因为劳动合同的期限是对劳动者的拘束，原则上不得超过3年。并且，固定期限的雇用合同到期后双方没有异议且事实上继续履行的，则法律规定劳动合同以与前合同相同的条件续约，只是在该默示的续约期间内，劳动者可以随时通知解除。

(2)协商一致解除

所谓协商一致解除是指劳动者与用人单位达成一致解除将来的劳动合同。协商一致解除并不是解雇，因此在劳动基准法上不受解雇限制与滥用解雇权规定的限制，只要基于劳动者与用人单位的意思一致即可以自由行使。这里也包括劳动者响应用人单位的鼓励离职，以及响应自愿离职招募而离职的情形。

(3)劳动基准法的限制

劳动者离职时就在职年限、职业种类、在工作中的职位、工资以及离职的理由请求证明书的，用人单位应当及时交付该证明书。

(4)退休与雇用老龄人

所谓退休制是指劳动者达到一定年龄后劳动合同终止的制度，日本企业多数对正式员工规定了退休制。而老年人雇用安定法规定，如果设定了退休年龄，则原则上应当设定在60岁以上。另外，老年人雇用促进法对用人单位规定了如下义务，即对于未满65岁但因退休而离职的劳动者，用人单位应当提高退休年龄，或废除退休制度，以采取措施确保雇用劳动者直至其年满65岁。

■5.9 派遣

5.9.1 序言

企业有时会接收其他企业雇用的劳动者，用于自身企业的业务开展。1985年制定的劳务派遣法，认定从劳务派遣单位接受劳务派遣的合法性，并进行了必要的规定。

近年以来，劳务派遣法进行了较大的修改。具体来说，2015年日本国会通过了《确保劳务派遣事业规范运营及派遣劳动者的保护等相关法律》(修改后的法律，以下简称“新派遣法”)，并于同年9月30日(以下“实施日”)开始实施。下文主要从接受派遣劳动者的用工单位的观点出发，对新派遣法进行分析介绍(主要为下述5.9.4以后的内容)。

5.9.2 劳务派遣的意义

根据新派遣法，劳务派遣是指“将自己雇用的劳动者，在该雇用关系之下，使其接受他人的指挥命令，为他人进行工作，不包括与他人约定该劳动者由他人进行雇用的情形”。在使自己雇用的劳动者为他人工作这一点上，劳务派遣与业务承揽相似。但与业务承揽不同的是，劳务派遣要求该劳动者服从他人的指挥命令。

5.9.3 劳务派遣业的规制

劳务派遣业，是“将劳务派遣作为事业进行”，过去主要区分为仅派遣长期雇用劳动者的特定劳务派遣业与除前项之外的一般劳务派遣业。在新派遣法实施后，上述区分被废止，所有劳务派遣业都必须根据新的许可标准被统一为许可制事业。也就是说，要从事劳务派遣事业，必须取得厚生劳动大臣的许可。许可标准主要有以下几点：

(1)并非以只向特定的单位提供劳务派遣为目的；

(2)具备派遣劳动者的职业形成支援制度；

(3)正确管理个人信息、采取必要措施保护被派遣劳动者的隐私；

(4)具备正确经营劳务派遣事业的充分能力。

5.9.4 劳务派遣的期间限制

基于实施日后签订的劳务派遣协议的劳务派遣，在所有业务中均适用以下两种期间限制。

(1)用工单位的期间限制

原则上，向用工单位的同一经营场所可以进行派遣的期间(可派遣期间)以3年为限。用工单位在超过3年后仍欲接受派遣的，需听取用工单位经营场所过半数劳动者组成的工会的意见。

(2)被派遣劳动者个人的期间限制

将同一个派遣劳动者，可以向用工单位经营场所的同一组织单位进行派遣的期间以3年为限。如改变组织单位，则在同一经营场所中可以继续派遣同一个劳动者(以3年为限)，但是以经营场所期间限制的可派遣期间得以延长为前提。

(3)“经营场所”、“组织单位”的含义

上述(1)、(2)项中记载的“经营场所”、“组织单位”的具体标准如下。

① 经营场所：工厂、事务所、店铺等，拥有独立空间的场所。

作为经营单位，在人事、会计、监督指导等方面，拥有一定的独立性；

作为一处设施，在一定期间内持续经营。

② 组织单位：与所谓的“科”、“组”等存在业务上的相似性和关联性，组织单位的领导具有业务分配、监督指挥等权限。

(4) 期间限制的例外

有下列情形的，不受期间限制的规制：

① 被派遣单位无限期雇用的派遣劳动者；

② 60岁以上的派遣劳动者；

③ 接受有明确终止期限的项目业务的派遣；

(5) 关于所谓的“冷却期间”。

对经营场所单位，个人单位的各期间限制的双方设置了所谓的“冷却期间”，如本次派遣结束与下次的派遣开始之间的时间间隔超过三个月，则不视为劳务派遣是持续的。需要注意的是，用工单位在其经营场所接受3年的派遣后，为规避办理可派遣期间的延长手续而设置冷却期间以谋求再次接受派遣的这种行为，实质上为连续接受派遣的行为，有可能会被视为违反法律，成为接受行政指导的对象。

(6) 向过半数劳动者组成的工会等听取意见的手续

上述(1)项中记载的向过半数劳动者组成的工会听取意见的手续流程如下：

① 意见听取

用工单位在拟延长的可派遣期间终止的一个月前，须向经营场所的过半数劳动者组成的工会等听取意见。在这种情况下，需要给其充分的考虑时间。

在听取意见时，用工单位需要就拟延长可派遣期间的经营场所与拟延长的时间进行书面通知。在听取意见后，将规定事项记载于书面，在拟延长的可派遣期间结束后的3年内进行保存，并使经营场所的劳动者众所周知。

② 应对方针等的说明

听取意见的过半数劳动者组成的工会提出异议的，用工单位须在拟延长的可派遣时间的终止日之前，就下述事项进行说明：

● 可派遣期间的延长理由及延长时间；
● 对异议的应对措施。

③ 可派遣时间的延长

可派遣时间的延长须以3年为限，再次延长可派遣时间的，须再次向过半数劳动者组成的工会听取意见。

5.9.5 平衡待遇

为实现派遣劳动者与用工单位从事同种工作劳动者之间的待遇平衡，新派遣法对劳务派遣单位与用工单位分别课以相应的义务。用工单位的主要义务如下：

(1) 提供工资标准相关信息的注意义务

为便于劳务派遣单位恰当地确定派遣劳动者的工资，用工单位需提供必要的信息。该信息包括与派遣劳动者从事同种工作的用工单位劳动者的工资标准等。

(2) 提供教育培训的注意义务

如用工单位对本单位劳动者提供与工作密切相关的教育培训，在劳务派遣单位要求时，除劳务派遣单位可以自主实施的情形以外，用工单位须对派遣劳动者进行教育培训。

(3) 利用福利待遇设施的注意义务

用工单位对于本单位劳动者可以利用的福利待遇设施中的供餐设施、休息室、更衣室等，需要给予派遣劳动者利用的机会。

(4) 劳务派遣报酬的金额确定相关的努力义务

用工单位，在决定派遣报酬的金额时，要努力使派遣劳动者的工资水平与在本单位从事同种工作的劳动者的工资水平相均衡。

5.9.6 视为劳动合同要约的制度

需要注意的是，用工单位在接受下述违法派遣时，自接受之时起，就视为用工单位向派遣劳动者提出了与劳务派遣单位的劳动条件相同的劳动合同的要约（不包含用工单位对于违法派遣是善意无过失的情况）：

① 使其从事禁止劳务派遣的工作

港湾运输业务、建设业务、警备业务、医院等医疗关联业务

(介绍预定派遣<作为被派遣劳动者在用工单位工作一定时间后，用工单位与被派遣劳动者达成合意，转换为正式员工或合同工>等情况除外)禁止派遣。

② 从未获得许可的单位接受劳务派遣

③ 违反期间限制接受劳务派遣

④ 虚假承揽(参照下述5.9.8〈2〉)

5.9.7 用工单位应当采取的其他措施

(1)用工单位管理手册

用工单位负有制作用工单位管理手册、对每一个派遣劳动者就一定事项进行记载的义务。

(2)适当的投诉处理

对来自派遣劳动者的性骚扰、职权骚扰等投诉，用工单位需给予适当、迅速的处理。

(3)派遣劳动者的职业提升支援

① 提供职业提升支援所需要的信息

在劳务派遣单位提出要求时，为协助劳务派遣单位进行职业提升支援，用工单位应尽力提供被派遣劳动者的工作开展状况、职务执行能力提升程度等的信息。

② 雇用努力义务

在下述情形中，用工单位应尽力雇用所接受的派遣劳动者：

- 同一用工单位的组织机构的同一业务中，持续1年以上接受同一派遣劳动者；
- 劳务派遣单位请求用工单位直接雇用该派遣劳动者；
- 派遣结束后，需要继续雇用劳动者来从事同一工作时。

③ 提供正式员工的招聘信息

下述情况下，用工单位需向其接受的派遣劳动者公开其经营场所正式员工的招聘信息：

- 用工单位的同一经营场所中持续1年以上接受同一派遣劳动者；
- 该经营场所正在招聘正式职工时。

5.9.8 其他注意事项

(1) 双重派遣

“双重派遣”是指，从劳务派遣单位接受劳务派遣的用工单位，作为其业务，将该派遣劳动者再次进行派遣。最初接受派遣的用工单位与从劳务派遣单位派遣的劳动者之间没有直接的雇用关系，不满足新派遣法所规定的劳务派遣中的“自己雇用的劳动者”之要件。这有可能构成职业安定法所禁止的劳动者供给，并可能会成为罚则(1年以下有期徒刑或100万日元以下的罚金)适用的对象。

(2) 虚假承揽

虚假承揽是指，为规避劳务派遣法等法律规定的适用，以承揽或其他劳务派遣之外的名义签订合同，不规定必要的事项而接受劳务派遣中的劳务提供。也就是说，实际上是劳务派遣，但却虚构为业务承揽或委托。典型案例如，业者A从业者B处接受业务处理的委托，将自己雇用的劳动者X派遣到B处，但不对X下达指挥命令(劳务管理)，而是将指挥命令(劳务管理)委托给B。因上述虚假承揽可能会构成新派遣法所规制的“劳务派遣”，因此，有可能被视为违法的劳务派遣。因此，根据新派遣法，该行为会适用上述5.9.6提到的视为劳动合同要约的制度，可能会导致不必要的后果，对此应当注意。

5.9.9 接受派遣员工时的注意事项

作为对上文进行的总结，对用工单位接受派遣劳动者时的主要注意事项总结如下：

① 期间限制

□ 理解经营场所、个人的时间限制

□ 理解视为劳动合同要约的制度

② 派遣合同的签订

□ 不对派遣劳动者进行事前面试

原则上不能指定派遣劳动者在派遣工作开始前进行面试，要求其提供简历等(介绍预定派遣的情况除外)。

□ 不接受派遣禁止业务中的派遣

□ 包括派遣合同中应规定的所有事项

③ 派遣就业

□ 不接受从本单位离职后1年之内的人员

不能经劳务派遣单位接受曾由本单位直接雇用、且离职后不超过1年的派遣劳动者。

□ 确认加入社会保险、劳动保险

□ 制作用工单位负责人的选任手册、用工单位管理手册

□ 理解派遣劳动者与用工单位正式员工的待遇平衡相关的注意义务

■5.10 女性劳动、育儿、看护休假

5.10.1 禁止对女性劳动者进行差别对待

原则上禁止以性别为由对女性劳动者进行差别对待(下述5.10.2所述情况除外)。但是，为改善雇用领域中男女机会及待遇平等确保的阻碍，对女性劳动者采取措施的情况除外。

(1)禁止在各种雇用情况中以性别为由进行差别对待

不得就下述事项，以性别为由进行差别对待：

① 工资；

② 劳动者的工作安排(包括业务分配及权限授予)、晋升、降级及教育培训；

③ 住房资金的借贷及其他相类似的福利待遇；

④ 劳动者的岗位种类及雇用形式的变更；

⑤ 离职的奖励、退休及解雇、劳动合同的更新。

(2)间接差别的禁止

上述(1)禁止以性别为由进行差别对待，但是下述情形，尽管形式上以性别之外的事由为理由，但实质上可能是以性别为由而进行的差别对待(间接差别)，因此，除非有业务执行、雇用管理、必然需要或其他合理的理由，否则也不能实施差别对待：

① 在招聘或录用劳动者时，以劳动者的身高、体重或体力为要件；

② 在招聘、录用、晋升或岗位种类变更时，以能接受因调动工作而搬家为要件；

③ 在晋升时，以有调动工作的经验为要件。

另外，即使不符合上述①~③，不直接违反法令(男女雇用机会均等法)的情况下，也存在被认定为违法的间接差别对待而被要求进行损害赔偿的情况。

(3)禁止以婚姻为理由进行不当对待

不得在就业规则中事先规定以女性劳动者结婚作为离职的理由。另外，不得以女性劳动者结婚为由进行解雇。

(4)性骚扰对策

为避免劳动者因对在职场中发生的性相关的言行所作的应对而导致该劳动者的劳动条件受到不利对待(对价型性骚扰)，或因该性相关言行导致该劳动者的就业环境受到侵害(环境型性骚扰)，应当采取下列措施或其他雇用管理上必要措施：

① 明确企业的方针并使其为员工所周知、启发；

② 受理咨询(包括投诉意见)，配备必要的体制以达到适当的应对；

③ 在职场发生性骚扰后进行迅速且恰当的应对。

5.10.2 孕、产妇相关的女性劳动者的保护

如上所述，原则上禁止以性别为由对女性劳动者进行差别对待。

过去，曾通过限制女性劳动者在法定工作时间外劳动，以及禁止在休息日、深夜劳动来保护女性。随着女性差别废弃条约的批准，除女性在怀孕或生育时的特殊生理原因之外，应当与男性劳动者同等对待。对于深夜劳动，则应当采取确保通勤及工作安全、考虑到抚养子女或照顾家庭等情况、配备休息室、休养室等措施。

以下对女性在怀孕或生育时的特殊生理原因相关的女性劳动者保护制度进行说明。

(1)禁止女性从事有害于其怀孕或生育功能的工作

对于所有的井下工作，不能安排给怀孕中的女性(孕妇)及申请

不从事该工作的产后未满一年的女性(产妇)。此外，不能安排孕、产妇从事负重物作业，在有害气体挥发的场所进行的作业及其他对孕、产妇的妊娠、生育、哺育等有害的业务。

此外，对于井下作业中通过人力来进行挖掘的业务或其他有害于女性怀孕或生育的生理机能的业务，不论是否是孕、产妇，都不得安排女性从事。

	怀孕	产妇	孕产妇之外的女性
禁止所有井下作业	适用	有申请时适用	不适用
禁止对孕产妇的怀孕、生育、哺育等有害的作业	适用	适用	不适用
禁止对女性怀孕、生育机能有害的作业	适用	适用	适用

(2)怀孕中以及生产后劳动相关的处理

禁止对预计在6周内(多胞胎的情况下，14周)生育的孕妇(仅限于申请休假的情况)及产后未满8周的产妇(产前产后休假)安排工作。但产妇在产后满6周之后提出申请时，可以使其从事医生认为没有障碍的工作。

在孕妇提出申请时，需要将其调换到其他较为轻松的岗位。

在孕、产妇提出申请时，不得要求其在规定之外、休息日、深夜、法定标准工作时间之外进行劳动。

<table>
<tr><th rowspan="2"></th><th colspan="2">孕妇</th><th colspan="2">产妇</th></tr>
<tr><td>预计在6周(多胞胎时为14周)内生产时</td><td>左记除外</td><td>产后未满8周的</td><td>左记除外</td></tr>
<tr><td>产前产后休假</td><td>适用</td><td>不适用</td><td>适用(有例外)</td><td>不适用</td></tr>
<tr><td>变更岗位</td><td colspan="2">适用</td><td colspan="2">不适用</td></tr>
<tr><td>劳动时间等的限制</td><td colspan="4">申请时适用</td></tr>
</table>

(3)孕期及产后的健康管理

在可以保证孕产妇接受法定的保健指导及健康检查所必须的时间之基础上，为确保该保健指导及健康检查规定的指导事项可以得到遵守，需要采取变更工作时间、减轻工作量等必要措施。

(4)育儿时间

在需要抚养不满一岁婴儿的女性劳动者提出申请时，除法定的休息时间之外，给予其一日两次每次至少30分钟的抚育婴儿的时间(育儿休假将在下文进行叙述)。

(5)生理休假

对于很难在生理期工作的女性劳动者申请休假时，不得要求其在生理期工作。

(6)禁止以怀孕、生育等理由进行不当对待

不得在就业规则等中事先约定将女性劳动者怀孕、生育作为离职的理由。

不得以下述事由为理由解雇该女性劳动者或进行其他的不当对待：

① 怀孕或生育；

② 接受上述(1)至(4)的待遇，或者是提出申请、请求；

③ 因怀孕或生育的症状导致不能提供劳务或不能再提供劳务，或者劳动效率低下。

解雇孕、产妇的，如不能证明并非是以该些事由为理由，则解雇无效。

5.10.3 育儿支援、看护支援的制度

为使需要育儿及看护的劳动者能够实现家庭和工作的协调，在雇用合同中制定了育儿支援、看护支援的制度。

此外，与5.10.2(4)中的育儿时间的取得不同，此处并非仅限定为女性劳动者。

(1)育儿支援的制度

(A)育儿休假

当需要抚养孩子的劳动者提出申请时，到孩子满1岁为止(但是，对同一个孩子，配偶也取得育儿假等情况时，为1岁2个月，在申请幼儿园而未成功时，为1岁6个月)的连续时间内，应当保证其取得育儿的休假。

(B)抚育休假

在需要抚养小学入学前的儿童的劳动者提出申请时，为确保其照看疾病、受伤的儿童或给儿童打预防针、接受健康诊断，应保证其1年内取得总计5日(有2个以上小学入学前儿童时为10日)的休假。

(C)劳动时间等的限制

在需要抚养未满3岁的儿童的劳动者提出申请时，原则上，不得使其在规定标准工作时间外劳动。此外，在需要抚养未满3岁的儿童的劳动者提出申请时，原则上，应当采取每天的标准劳动时间不超过6小时的措施。

在需要抚养小学入学前儿童的劳动者提出申请时，原则上，不得使其从事深夜、法定标准工作时间外的劳动。

(D)禁止不当对待

不得以接受上述(A)至(C)的待遇、又或提出申请或请求为理由，解雇该劳动者或者采取其他不当的对待。

(2)看护支援制度

(A)看护停工

在有需要看护(负伤、疾病又或身体或精神上的疾病，须有两周以上的持续看护)的家人的劳动者提出申请时，为确保劳动者对须看护家人的看护，每有1名需要看护的家人的，应给予其总计93天看护家人的停工假期。

(B)看护休假

在有需要看护的家人的劳动者提出申请时，为确保其看护、照顾家人的权利，应保证其取得1年内总计5日(需要看护的家人为2人以上时，为10日)的休假。

(C)劳动时间等的限制

在有需要看护的家人的劳动者提出申请时，原则上，不得使其从事深夜、法定标准工作时间外的劳动。

对需要长期看护家人的劳动者，应当采取每有1名需要看护的家人给予其连续93日的休假、规定工作时间的缩短、弹性工作制、上下班时间的调整、资助看护服务费用及其他措施中的一种措施。

(D)禁止不当对待

不得以接受上述(A)至(C)的待遇、或提出申请或请求为理由，解雇该劳动者或者采取其他不当的对待。

■5.11 安全卫生

5.11.1 总论[1]

保障劳动者的安全和健康，营造舒适的工作环境，对于劳资双方都是不可或缺的。

劳动安全卫生法以保障劳动者的安全和健康、促进营造舒适的工作环境为目的。作为达成这一目的的手段，劳动安全法要求企业承担建立完善安全卫生管理体制，采取防止职业危险、劳动者健康损害的相关措施、就业配套措施(进行安全卫生教育等)，采取保持和增进劳动者健康措施、营造舒适的工作环境等义务。

下文将分别对上述义务进行简要介绍。

另外，劳动安全卫生法对于危险设备制造等也作出了规定，在此予以省略。

安全卫生法概要图：

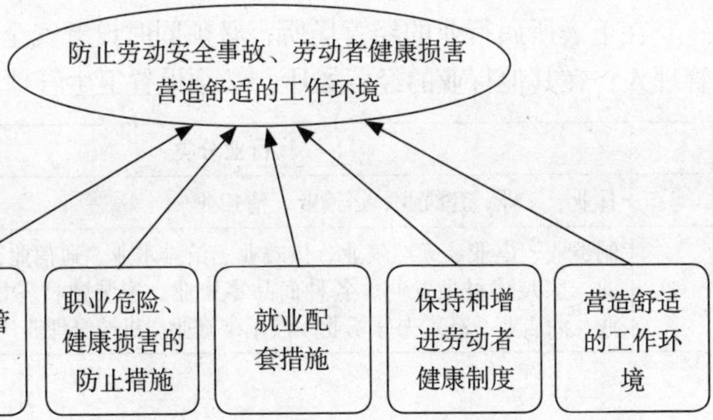

1 每年因事故工伤的死伤者(死亡、休假4日以上的负伤)大约在11万人左右，2014年这一人数为111078人。另外据统计，因健康损害，特别是心理健康问题而连续一个月以上休假或离职的劳动者所在经营场所占全部的10%以上。

5.11.2 安全卫生管理体制

(1)企业应当在各经营场所安排专人负责安全卫生相关业务，以确保构建完善的经营场所安全卫生管理体制。

具体来讲，法律规定安全卫生管理体制应包括安全卫生总管理人、安全管理人或卫生管理人、企业医师、安全卫生推进员或卫生推进员，下面将分别对其进行简单介绍。[1]

(2)安全管理人、卫生管理人

①安全管理人和卫生管理人实际负责与安全卫生相关的具体业务。

安全管理人主要负责机械危险防范措施等的安全相关业务，卫生管理人主要负责劳动者健康损害防范的相关业务。具体工作为在工作场所内巡视，当设备和工作方法等可能存在危险或危及劳动者健康时，采取必要的应对措施以防范危害和健康损害的发生。

②企业必须从具备一定资格的人员中选任安全管理人及卫生管理人。安全管理人需要在大学或高中完成理科系统课程、从事一定年限以上的产业安全实务工作并具备安全管理人培训结业等资格；卫生管理人应当通过卫生管理人资格考试等。

③设置标准

在下表所属行业的经营场所，必须同时设置安全管理人及卫生管理人；在其他行业的经营场所，必须设置卫生管理人。

	行业分类
①	林业、矿业、建筑业、运输业、清扫业
②	制造业、电业、天然气业、供暖业、给排水业、通信业、各种商品批发业、家装建材批发业、各种商品零售业、家装建材零售业、燃料零售业、酒店业、高尔夫球场业、汽车维修业、机械修理业

1 除此以外，还包括在具有一定危险性工作时，设置作业主任来直接指挥劳动者；在建筑业中的部分行业要求设置综合安全卫生负责人、承包方安全卫生管理人、店社安全卫生管理员(译注：在建筑业中，负责特定工种、小规模的安全卫生管理)。

(3)统括管理安全卫生事务的安全卫生总管理人

在上表①所属行业且员工超过100人的经营场所，以及上表②所属行业且员工超过300人的经营场所，必须设置安全卫生总管理人。总管理人负责指挥安全管理人和卫生管理人，采取措施保证安全卫生相关事务适当、顺利的进行，并承担监督责任。

企业必须将统括管理经营场所的人员选任为安全卫生总管理人，多数情况下选任经营场所的领导为企业的安全卫生总管理人。

(4)安全卫生推进员、卫生推进员

对于没有安全管理人、卫生管理人设置义务的中小规模(员工在49人以下)经营场所，为明确安全卫生管理体制、提升安全卫生水平，在上表①②所属行业中应当选任安全卫生推进员，在其他行业中应当选任卫生推进员。

安全卫生推进员以及卫生推进员的工作为接受对于安全卫生业务拥有权限和责任之人员(如经营场所的领导等)的指挥，在经营场所内进行检查，当设备设施存在危险、工作环境或工作方法可能危及劳动者健康时，采取必要的应对措施。

企业应当从接受并完成了规定的培训、取得相关资格的人员中选任安全卫生推进员、卫生推进员。

(5)企业医师

为了对劳动者的健康进行有效的管理，医生的医学知识和经验是不可或缺的，因此，员工超过50人的经营场所必须配备企业医师。

企业医师的主要作用是对劳动者进行健康检查和当面指导，在此基础上采取措施以保持劳动者的健康状况。具体包括：对劳动者进行健康检查和当面指导，并根据结果从医学专业的角度来为企业提供建议。

同时，企业医师还必须每月一次对作业场所、休息场所、食堂、厨房以及卫生间内的保健设施进行巡视，在工作方法或卫生状况可能造成危害的情况下采取必要的防止措施。

企业选任的企业医师必须满足拥有医师执业资格且完成了规定的培训课程等条件。

(6)与行业类别及规模相对应的安全卫生管理体制

对于员工在9人以下的经营场所，没有配置安全相关管理人员的义务。

员工在10人以上49人以下的经营场所，在上表①和②所属行业的经营场所中必须配置安全卫生推进员，在其他行业的经营场所中必须配置卫生推进员。

员工在50人以上时，在上表①和②所属行业的经营场所中必须配置安全管理人、卫生管理人、企业医师，在其他行业的经营场所中必须配置卫生管理人、企业医师。

另外，在上表①所属行业的经营场所中员工在100人以上、在上表②所属行业的经营场所中员工在300人以上的情况下，必须配置安全卫生总管理人。在其他行业的经营场所中，员工在1000人以上时，必须配置卫生总管理人。

上述内容如下图所示：

	1人～10人	10人～50人	50人～	
上表①所属行业	没有配置义务	安全卫生推进员	安全管理人 卫生管理人 企业医师（50人～100人）	安全卫生总管理人 安全管理人 卫生管理人 企业医师（100人以上）
上表②所属行业	没有配置义务	安全卫生推进员	安全管理人 卫生管理人 企业医师（50人～300人）	安全卫生总管理人 安全管理人 卫生管理人 企业医师（300人以上）
其他行业	没有配置义务	卫生推进员	卫生管理人 企业医师（50人～1000人）	安全卫生总管理人 卫生管理人 企业医师（1000人以上）

(7)安全委员会、卫生委员会

①在达到一定规模的经营场所中，作为劳动安全卫生相关问题的合议组织，必须设立安全委员会、卫生委员会，主要目的是为了反映劳动者就工伤事故防范的相关意见，同时提高劳动者意识以进一步改善工伤防范对策。

各委员会由劳动者构成，其目的为对与安全或卫生相关的重要事项进行审议、向企业陈述意见，例如接受劳动者就经营场所内的危险区域提出的报告，并就相关对策进行协商等。

②设置标准

一般依据行业分类及规模来确定安全委员会、卫生委员会的设置标准。

a. 在林业、工业、建筑业、制造业(木材或木制品加工业、化学工业、钢铁业、金属制品制造业、运输用机械器具制造业)、运输业(公路货物运输业、港口运输业)、汽车维修业、机械修理业、清扫业，员工在50人以上时应当同时设置安全委员会、卫生委员会，也可以设立安全卫生委员会来一并审议安全和卫生事项。

b. 在运输业(上述以外)、制造业(上述以外)、电力业、天然气业、供暖业、供水排水业、通信业、各种商品批发业、家装建材批发业、各种商品零售业、家装建材零售业、燃料零售业、酒店业、高尔夫球场业，员工在50人以上时应当设置卫生委员会，100人以上时应当同时设置安全委员会、卫生委员会。

c. 关于其他行业，员工在50人以上时应当设置卫生委员会，不需要设置安全委员会。

5.11.3 职业危险、健康损害的防范措施

(1)根据劳动安全卫生法规定，企业有义务在经营场所内防止职业危险、损害劳动者健康事故的发生。

①职业危险、健康危害防范措施

企业必须采取措施防范劳动者的职业危险和健康危害事故的发生。劳动安全卫生法规定了预想范围内的职业危险及健康危害，并通过劳动安全卫生规则规定了必要的防治措施。

例如，为防止经营场所内机器设备带来的危险(身体与机器相接触、身体被卷入机器等)，要求必须在机械等设备上安装安全装置。此外，为防止经营场所内产生的气体危害劳动者健康(煤气中毒、缺氧等)，要求企业必须配备氧气面罩等防护器具。

②作业场所环境的改善

除上述发生预想危险的作业场所以外，还存在因建筑物的缺陷或作业环境等原因，对劳动者健康产生不利影响的情况。为防止其

发生，企业有义务对过道、地板、台阶等进行维护，对于作业场所的换气、保温、劳动者的休养、清洁等采取必要的措施。

③作业过程中的工伤事故防范措施

除作业场所的机械或作业场所本身的危险以外，在作业过程中也会发生工伤事故。对此，企业应当采取必要的防治措施。

例如，为防止劳动者在搬运重物时容易出现的腰部疼痛，企业应当采取机械化作业以及限制工作时间等措施。

④劳动安全法对预想的职业危险、健康危害及必要的措施等作了大量且详细的规定，企业应当在理解这些规定的基础上，采取措施来防范危险以及劳动者的健康损害。

(2)风险评估

在上述危险防范措施的基础上，为促使企业主动提高安全卫生水平，劳动卫生法规定了企业有积极实施风险评估的义务。风险评估是通过调查因业务而产生的危险性或有害性，并根据该调查结果采取必要的措施的方式进行。

5.11.4 就业配套措施

(1)实施安全卫生教育

①为防止工伤事故的发生，在提高机械设备、作业环境的安全性的基础上，应当使从业劳动者掌握相关的安全卫生知识。

根据劳动安全卫生法规定，企业对劳动者负有必要的安全卫生教育义务。

②劳动安全卫生规则规定了教育的内容，例如应当对以下事项进行必要的教育：

- 机械、原材料等存在何种危险性或有害性，以及对危险、有害因素应当如何处理；
- 为防止危险的发生，设置了何种安全装置、有害物抑制装置或防护器具，以及这些装置或护具的性能及使用方法；
- 对于制定的作业流程进行说明，以及说明遵守作业流程的重要性。

③此外，对从事有较大危险性及有害作业（例如，冲压机械、

焊接、起重机操作、工业机器人操作）的劳动者，应当进行特别教育。

5.11.5 保持和增进劳动者健康的措施

(1) 作业环境检测

①对进行有害作业的室内场所，企业应当对室内空气状况及其他作业环境进行检测。

有害作业是指化学物质、粉尘或电离辐射、电磁波、噪音、高温、低温、高湿度等有可能影响劳动者健康的作业环境。

②作业环境检测是指在作业场所内收集待检测物质，并对其进行分析、解析。根据检测结果，在必要的情况下配置有害物质去除装置或者采取健康检查等对应措施。

(2) 健康检查

①为保持和增进劳动者健康，企业必须对劳动者进行体检（企业有义务为劳动者提供入职时的体检和每年一次的定期体检）。

②通过体检，企业可以掌握劳动者健康状态并采取必要的措施，企业应当听取医生对体检结果的意见，在此基础上，采取更换劳动者的工作场所、变更或缩短劳动时间、改善相关的作业场所等措施。

(3) 对于长时间劳动者的当面指导

根据劳动安全卫生法规定，对于长时间作业的劳动者，企业有义务通过医师对其进行当面指导。

具体来说，对于一周劳动时间超过40小时的，如果一个月内累计超过100小时且已被认为属于疲劳累积的劳动者，由医生对其进行当面指导，以确认劳动者的工作状况、疲劳累积程度、身心状况等。企业应当根据当面指导的结果及医生的意见，对于该劳动者采取更换作业场所、调换岗位、缩短劳动时间、减少夜班次数等措施。

(4) 为掌握劳动者心理负担程度进行的相关检查（压力测试）

近年来，对于工作感到强烈不安或压力的劳动者比例在逐年上升，心理健康问题的对策研究已经成为重大课题。

因此，以防止劳动者出现心理健康问题为目的，劳动安全卫生法规定企业有义务对劳动者实施检查。

这一检查的对象是全体劳动者，必须每年定期进行一次。具体的检查方法为劳动者就关于心理负担等问题的调查问卷进行作答，医生据此来判定劳动者的心理负担的程度。

根据检查结果，对于心理负担程度较为严重、医生认为有必要进行当面指导的劳动者，医生须对其进行当面指导，在必要的情况下，企业应当对该劳动者采取更换作业场所、调换岗位、缩短劳动时间、减少夜班次数等措施。

5.11.6 营造舒适的工作环境

根据劳动安全卫生法，企业应当努力减少工作场所中劳动者的疲劳感和压力感，营造舒适的工作环境。企业应当采取的措施及其具体内容如下：

应当采取的措施	具体内容
保持舒适的作业环境	防止作业场所的空气污染，将温度、湿度、照明保持在合适的状态，控制噪音。
对于需劳动者亲自从事的工作，改善其工作方法	对于需要采用不自然的姿势进行作业或需要重体力劳动的作业，应该改善作业方法以减轻劳动者负担。
设置劳动者疲劳恢复的设施设备	在休息室等场所设置能够恢复身心疲劳的设备、设施。
其他必要措施	保持洗漱间、卫生间等工作生活中的必要设施或设备的清洁，以方便使用。

■5.12 工会、集体谈判

5.12.1 工会

工会是依据宪法和工会法所组织的团体，宪法中保障了其具有团结权、集体谈判权、集体行动权。

(1)企业工会

跟大多数欧美的按照职能组织劳动者不一样，日本的工会大多是仅有某企业中的正式员工组成的“企业内工会或企业工会”。但是，这样的工会，有强烈的和企业共成长的意识，因为大企业的现状是公司会指派员工轮流担任工会成员，和大企业对抗的姿态较弱，所以劳动者对工会的支持也不强，入会率历年低下。

※ 1989年约25%，2014年17.5%(厚生劳动省)

(2)春斗

企业工会多会依据职种的不同加盟到上面的团体，每一年，像这样的上面团体通常会在2月到3月之间，跟企业团体进行被称之为“春斗”(春季生活斗争的简称)的以变更劳动条件(以加薪为中心)为目的的谈判。从大企业，特别是制造业开始谈判，然后到非制造业。随后，当大企业结束后，再跟中小企业进行谈判。企业自身的业绩也会被考虑。

(3)联合工会(合同工会)

加上像前面所述的对企业工会的不满(个别劳动争议应对薄弱等)，作为不存在工会的企业的劳动者、之前未被作为工会成员进行考虑的管理职位、非正规劳动者的接收方，组织了很多“合同工会”，又称联合工会。

这种工会，个人是可以加入的。近年来，遇到解雇等个别劳动争议时，很多当事者都会加入。

具体而言，通过互联网的活用，个人加入联合工会，通过该联合工会申请集体谈判。作为企业方，经常会发生知晓该劳动者加入了联合工会的同时不得不答应集体谈判的情况。

(4)工会活动

关于集体谈判，接下来会详细陈述，但集体谈判不能顺利进行时，工会有时会通过行使集体行动权，发动集会、游行及罢工等。

但是，罢工以企业中一定的参加比例为前提，因此一般不会由联合工会组织，虽然有企业内工会和上面团体的指示发动的罢工，但近年来这种情况非常罕见。

联合工会进行的活动，除了集体谈判，还有街宣(街头宣传活动）和派发传单。街宣的对象不仅是工会成员所属的企业，还包括该企业的交易客户、融资者等金融机构。这样会造成对谈判对象企业压力，最终使其答应谈判要求。

(5)对于企业而言的工会

为了在一部分范围内解除劳动基准法等法律法规规定的对于劳动条件制约的规定（例如解除对于加班时间的限制），需要以经营场所为单位与超过半数的劳动者组成的工会签订“劳资协定”（如果没有这种工会的情况下需要选出劳动者代表）。所以，从经营方来看，如果能就为了企业的成长这一观点达成共识，企业内工会的存在也确实会成为优势。

另一方面，如果党派性很强的话，集体谈判往往很难顺利进行，此时则需要充分考虑投资对象企业工会的状况。

另外，企业内部设立新的工会时，日本企业中虽然也存在希望阻碍员工加入工会的经营者，但一旦进行实际阻碍，将被认定为不当劳动行为，是违反法律的。

5.12.2 集体谈判

(1)意义

集体谈判是基于宪法认可的工会的集体谈判权，是以提高以工资为中心的劳动条件为目的，向经营方提出要求的制度。

本来，工会的目的是提高全体员工的劳动条件，例如上述“春斗”就是一个典型例子。但是，如果是联合工会的情况下，在企业内部，往往仅就解雇等产生争议的当事人为工会成员，这时往往会以围绕个别劳动争议进行谈判。

(2)不当劳动行为

根据工会法，以下行为（主要）属于“不当劳动行为”。发生以下行为时工会可以向劳动委员会（以中央及都道府县为单位设置）申请救济命令：

①因劳动者是工会成员等理由给予解聘或者不利待遇；

②将不加入工会作为录用条件；

③无正当理由拒绝与其雇用的劳动者代表进行集体谈判；

④支配或介入工会的成立和日常运营。

(3)集体谈判申请的对应

工会申请集体谈判时，如该申请系“雇用者(被雇用者)”所组成工会的申请，且其内容与法律上应进行集体谈判的事项及劳动协约中规定的集体谈判事项相关，则企业有义务同意进行谈判。

如前项所述，没有正当理由拒绝集体交涉时，可以向劳动委员会申请救济命令，这会对企业声誉产生一定的负面影响。

但需注意的是，义务本身要求的是进行诚实谈判，而不是答应工会的要求。

另外，如果被解雇的劳动者加入联合工会，发起集体谈判的申请时，虽然企业会对能否将其称为“雇用的劳动者代表”存有质疑，但在劳动委员会实务中，对于这种只有被解雇劳动者的联合工会，可以认可其进行集体谈判的当事人资格。

(4)集体谈判的对应

具体的集体谈判，应事先和工会之间就谈判的地点、议题、参加人数、时间等达成一致后进行。

场地往往是租借公共设施的会议室，因为这样一来时间上限为2小时左右，对于用人单位一方也是非常便利的。

应先确认议题是否属于集体谈判的对象，事先最好明确排除不是谈判对象的议题。

参加人数最好为5人左右，因为如果参加人数太多容易出现一方非常强势地对抗另一方的情形。

如上所述，在时间上，租借会议室时的时间限制是明确的，而使用公司会议室时，事先确定预计时间，并在到时间后立即结束谈判也是非常重要的。

集体谈判时，以诚实谈判为前提，谈判大概进行5个回合，如果出现意见无法达成一致的情况下，直接结束谈判也是可以的。

(5)劳动委员会

拒绝集体谈判、虽进行了谈判但只进行了一两个回合就停止谈判、未进行诚实谈判等都会构成“不当劳动行为”，工会可以向劳动委员会申请救济。

该手续是由中立委员(多为法官、律师等)，用人单位委员(多为前经营者)，劳动者委员(多为前工会成员)三人组成，审查用人单位有无进行不当劳动行为。

在双方进行主张以及相关人员进行审问的基础上，劳动委员会决定是否出具救济命令，但如果用人单位认为救济命令不当时，可以到法院起诉。

另外，在劳动委员会中，通过委员会的斡旋，多数情况下以和解方式解决争议。

■5.13 重组行为和劳动合同

在企业组织的变动中，有时会发生像劳动者被转移到其他的企业等导致劳动者地位变化的情形。像这样的企业组织变动主要包括：①合并、②事业转让、③公司分立等。

5.13.1 合并

公司合并包括：A公司将B公司吸收的吸收合并，C公司和D公司合并后新设E公司的新设合并这两种形态。不论是哪种合并形态，被合并的公司都会消灭，由合并公司(吸收公司或新设公司)继承包括劳动合同在内的全部权利义务。关于上述合并，并不需要取得劳动者个别的同意。

合并中产生的劳动问题，主要是统一劳动条件的问题。工会和劳动协约在合并过程中也会概括性地被存续公司或新设公司继承，所以各自的劳动协约不会消失而会继续存在。多个劳动协约一旦并存，公司会对工会负有多个不同的义务，这对于公司而言，会在人事劳务管理上出现不利局面。

所以，合并前最好能调整劳动条件使其统一，并取得劳动者个别的同意。此时，设置说明会和劳资协商会议，在诚实的劳资协商的基础上，事先调整可预测到的合并公司就业规则等的不同点是非常重要的。

5.13.2 事业转让

事业转让是指将公司组织的全部或者一部分作为一个整体转

让给他人。事业转让与合并相对，依据转让企业和受让企业的个别合意决定转移何种权利义务。因此，劳动合同的承继需要转让公司和受让公司的个别合意，同时根据民法的规定需要劳动者个别的同意。即，事业转让过程中的劳动者转移即使取得转让公司和受让公司同意，如劳动者明确拒绝继续雇用，则受让公司不能承继其劳动关系。

另一方面，因被承继的劳动合同的范围由转让公司和受让公司合意决定，当依据双方公司的意愿不继承部分劳动者的劳动合同时，可预想到会对这部分劳动者造成不利影响。这时，从事转让对象事业的劳动者希望被受让公司雇用并主张同该企业的劳动关系的案例中有时会被认为是对劳动合同承继的默认同意。

另外，事业转让中，被承继的劳动者的劳动条件，在将用人单位的地位同样进行概括性的转让时，受让企业和劳动者间只要没有特别的合意，转让企业的劳动条件将被承继。

5.13.3 公司分立

(1) 总论

公司分立是指，将与其事业相关的全部或部分权利义务由其他公司承继的制度。公司分立包括：由已存在的公司承继事业的吸收分立和设立新公司作为承继对方的新设分立两种形态。

公司分立制度下，原则上吸收分立是根据分立合同、新设分立是根据分立计划书来决定包括劳动合同关系在内的权利义务的承继。在不需要取得债权人(劳动者)的同意即承继权利义务这一点上被称为“概括承继”，由于其承继的范围限于分立合同等中规定的部分，因此也被称为“部分的”概括承继。

(2) 特别法上的规则

首先，主要从事被承继事业的劳动者的劳动合同，应通过公司分立而被新设(吸收)公司所承继，此时不需要取得劳动者的同意。另外，为了防止公司任意决策导致对劳动者造成不利，主要从事被承继事业的劳动者在没有作为被承继对象记载在分立合同、分立计划书中的，可以在一定期限内提出异议使之发生承继效果。另外，非主要从事被承继事业的劳动者(既附带性地从事被承继事业的劳动者或者完全未从事被承继事业的劳动者)被纳入了分立合同、分立计划书中作为承继对象时，可提出异议要求继续留在分立公司。

用人单位为了把特定的劳动者排除在承继对象或把特定的劳动者纳入承继对象，在公司分立前将劳动者调离承继事业以外或是调进承继事业之内时，该调动命令有时也会因不当动机和目的被视为权利滥用而无效(基于调动命令前从事的事业产生上述异议申请权)。

与分立公司之间签订的劳动协约，会被视为和分立的承继公司等之间也签订了劳动协约。但是，劳动协约的债务部分，基于与工会就承继达成的合意，通过在分立合同等文件中进行记载，可以产生由承继公司等来承继(权利义务被转移到承继公司等，与分立公司的关系被消灭)的效果。

分立公司在分立过程中负有以下义务：①首先，应与所有的经营场所中由过半数的职工参与组成的工会(如没有则过半数职工的代表人)进行协商，努力取得劳动者的理解和支持；②其次，应与从事被承继事业的劳动者就劳动合同的承继进行协商；③再者，应在通知期限日(在表决通过分立合同等的股东大会当天的两周前的前一天)之前，向主要从事被承继事业的劳动者虽不主要从事被承继事业但被纳入承继对象的劳动者、以及签订了劳动协约的工会书面通知所约定事项。关于上述程序，从判例中可以看到①②中的协商如因和特定劳动者的关系完全无法进行，或协商时分立公司的说明和协商内容明显不合协商的法律宗旨(通过基于劳动者的愿望等进行承继判断来保护劳动者)时，该劳动者可以就劳动合同承继的效力提出异议；①中法律课以的努力义务本身不能左右劳动合同承继的效力，而仅为判断是否违反了②的协商义务的一因素。

另外，近年来在判例中，公司分立时如达成了违反劳动合同承继相关的法规规定的雇用承继规则的劳资合意，此合意应被视为无效。

■5.14 社会保障

5.14.1 社会保障和企业的负担

社会保障是指，对因生病、负伤、失业等个人生活上的问题导致生活难以维持的人，国家为保障其最低限度的生活而实施必要的经济支援等救济的政策。

此社会保障中，存在其资金来源于劳动者与作为用人单位的企业的支出的种类，该种类称为社会保险。由于日本采用社会保险制度，因此日本的企业都负有加入各种社会保险义务，必须缴纳保险费。

日本的社会保障制度中，依据法律，企业负有承担保险费的义务，其中包括健康保险、护理保险、工伤保险、雇用保险、厚生年金保险等。

5.14.2 健康保险

(1) 目的与制度概要

健康保险是指，作为被保险人的劳动者和其抚养家庭发生了非工作原因造成的疾病、负伤、死亡、生育等情形时，基于健康保险法给予其一定保险金的制度。另外，因工作原因造成的疾病、负伤、伤残、死亡等则是下文中工伤保险的给付范畴。

健康保险制度的保险人为全国健康保险协会(以下称为“协会”)和健康保险组合，这些保险人根据健康保险制度进行的保险给付，包括被保险人劳动者发生疾病和残疾时的疗养相关给付、因疗养导致停工时的伤病补贴、生育时的生育补贴、死亡时的埋葬费等。

(2) 适用的经营场所

健康保险法规定，适用的经营场所为制造业、土木建筑业、矿业、电力天然气业或金融保险业等行业中持续雇用5人以上的的个人业主以及持续雇用员工的国家、地方公共团体或法人的经营场所，适用经营场所的业主对经营场所中雇用的员工(被保险人)负有缴纳厚生年金保险费的义务。

(3) 企业的负担

协会所管理的健康保险以及健康保险组合所管理的健康保险的保险费金额，分别因经营场所所在地的不同以及各健康保险组合的不同而不一样。但保险费的缴纳，原则上由企业和劳动者各承担二分之一，在此基础上，对于由其雇用的劳动者所承担部分的保险费，企业有义务将其与企业的承担部分一起缴纳。另外，健康保险组合通过规约的规定，可以将企业所负担的保险费的比例增加到二分之一以上。

5.14.3 护理保险

护理保险是由全体社会负担的对需要护理的老年人进行支援的制度，以40到64岁间加入健康保险的人员以及65岁以上的人员为被保险人，如被保险人发生需要护理的情形，作为保险人的市町村将基于护理保险法给予护理补助的制度。

关于被保险人中40岁到64岁的健康保险加入者相关的护理保险费的承担，与上述健康保险的保险费进行相同的处理，由企业将两者相加的保险费向健康组合等进行缴纳。另外，企业和劳动者原则上各负担保险费的二分之一，企业对由其雇用的劳动者所承担部分的保险费，也与健康保险一样承担缴纳义务。

5.14.4 工伤保险

(1) 目的与制度概要

根据劳动基准法的规定，对于劳动者因从事劳动而导致疾病、负伤等工伤时，其用人单位有义务支付疗养费和停工补贴等。但是，由于用人单位企业的经营状态和所需的补偿额不同，通过用人单位自身，未必能对劳动者进行充分补偿。所以，工伤保险制度规定，因工或上下班途中发生受伤、疾病、死亡时，根据工伤补偿保险法(以下称为“工伤保险法”)，国家代替用人单位进行保险支付。

从制度目的上来看，一方面，包括正式工、小时工、临时工等在内的全部劳动者都是保险给付的对象。另一方面，日本劳动法上不被视为劳动者的个体户和法人管理层等在原则上不适用工伤保险，但根据其工作实际情况等因素，有时也可基于特别加入制度领取工伤保险。

(2) 适用业务

即使是仅雇用一位劳动者的业务，原则上也为适用工伤保险的业务，从事该业务的企业当然应加入工伤保险。

(3) 企业的负担

工伤保险费，和下文叙述的雇用保险制度中的雇用保险费合称为“劳动保险费”，企业将支付给劳动者的工资总额乘以一定的保险费比率后的金额作为劳动保险费向国家缴纳。因为这是将本来应由作为用人单位的企业负担的对劳动者的补偿由国家代为给付的一种制度，所以劳动保险费由企业全额负担。另外，根据企业所在行业种类的不同，工伤发生的危险性也会有很大的不同，所以厚生劳动省将保险费率依据适用业务种类的不同进行了详细地规定，可以说这也是工伤保险制度的特征之一。

5.14.5 雇用保险

(1) 目的与制度概要

雇用保险是以劳动者安定生活为目的，在劳动者失业时对其基于雇用保险法给付一定的保险金的制度。雇用保险制度中的被保险人是指被适用业务雇用的劳动者，但一周内工作时间未满20小时和雇用不满31天等个别劳动者除外。

(2) 适用业务

即使是仅雇用了一位劳动者的业务在原则上也是适用雇用保险的业务，从事该业务的企业自然需要加入雇用保险。

(3) 企业的负担

具体的雇用保险费率是由厚生劳动大臣在法定的费率范围内进行规定的，但除农林水产业、清酒制造业和建筑业以外的一般业务，2015年度的雇用保险率是13.5／1000(其中8.5／1000由企业承担)，企业须将以该保险费率乘以工资总额得出的保险费，与上述工伤保险的保险费一起向国家缴纳。

5.14.6 厚生年金保险

(1) 目的与制度概要

日本年金制度中，采用将在国内居住的20岁以上60岁未满的所有人员为对象的国民年金作为第一层的国民皆年金制度，在此基础上以厚生年金保险等为第二层、厚生年金基金等为第三层的各年金制度对象的劳动者可接受加上国民年金的年金给付的三层建筑结构。其中，厚生年金保险(第二层)是指由国家掌管的，劳动者可根据其工作时间和工资，基于厚生年金保险法的规定领取年金(老龄厚生年金等)的制度。

厚生年金保险以被适用经营场所所雇用的未满70岁的人员为被保险人。并且，即使是小时工和临时工，如果工作一天或一周的劳动时间和一个月的固定劳动天数为一般劳动者的四分之三以上时，同样被视为被保险人。

(2) 适用经营场所

厚生年金保险和健康保险一样，适用经营场所为①持续雇用5人以上的制造业、土木建筑业、矿业、电力天然气业或金融保险业等行业的个人企业和②持续雇用员工的国家、地方公共团体或法人的经营场所。适用经营场所的企业对被适用经营场所雇用的劳动者负有缴纳厚生年金保险费的义务。

(3) 企业的负担

厚生年金保险的保险金额是由一定的保险费率乘以作为被保险人的劳动者拿到的工资等计算出来的。和健康保险一样，此保险费由企业和劳动者各负担二分之一。另外，与健康保险一样，企业有将劳动者负担的那部分保险费一起进行缴纳的义务。

6　商标、外观设计制度概要与实务

■6.1　商标法和外观设计法

(1)商标法

商标，通常指企业等经营者在其商品或服务上所使用的，能够将其商品或服务与其他经营者的商品或服务区别开来的标志。

社会消费中，消费者将“商标”作为选购商品或者接受服务时的一个依据。企业通过努力经营，就自身的商品和服务积累起商誉，因此企业的“商标”亦承载了消费者的认可与信赖。商标就像“无声的推销员”一样，是商品和服务的一张脸。而对属于商标范畴的名称、标识等作为财产加以保护的，即为知识产权类型之一的“商标权”。

日本和中国一样，文字、图形、字母、数字、三维标志和颜色组合，以及这些要素的组合，均可作为商标申请注册。日本新修改的商标法2015年4月1日实施后，无论动态商标、全息商标、颜色商标(含单色商标)、声音商标以及位置商标等，只要能够起到区别商

商标?外观设计?

↑第4901617号
注册商标

↑第1116398号
注册外观设计

商标法保护的是商品和服务的来源识别标识，而外观设计法保护的是产品的设计。但是，在设计领域，如何辨别是商标还是外观设计，也并不明确。例如上述图案，以及体育用品的线条和牛仔裤后袋设计等，应该通过哪种法律取得权利呢？很多情况下确实难以抉择。这种情况下，应同时获得商标权和外观设计专利权，使双方优势互补，从而构建更加稳固的知识产权。

品或服务来源作用的，亦可作为商标申请注册。

商标法的制定目的，在于通过对上述商标的保护，①维护商标使用者业务上的信用，②保护消费者的利益。也就是说，既保护商标注册人的私人权利，也保护消费者的公共利益。从这点来看，商标法虽与保护发明（设计）人的发明专利法、实用新型法以及外观设计法保护的权益不同，但在促进行业发展的意义上，确有殊途同归之妙。

(2)外观设计法

外观设计是就产品的外观作出的设计。如汽车、电视、智能手机、相机、照明器具、塑料瓶、衣服、鞋子等，我们周围充斥着各式各样精心的设计。这种以量产为前提的工业设计，与著作权不同，由外观设计法给予保护。

日本外观设计法第2条第1款规定，外观设计指物品（包括部分物品）的形状、图案、色彩或其结合的、通过视觉引起美感的设计。

产品外观设计精良，能拉大产品需求，进而促进产业发展。外观设计法的制定目的，在于通过对新创作的外观设计赋予设计人以排他性财产权，从而来激励外观设计的创作，激励设计人，进而促进产业发展。日本于2015年修改了职务发明创造制度，以契合企业战略（2016年4月1日施行）。另外，外观设计审查指南也进行了修改，部分扩大了对智能手机和平板电脑时代屏幕界面外观设计的保护。

■6.2 日本商标制度简介

(1)商标注册流程

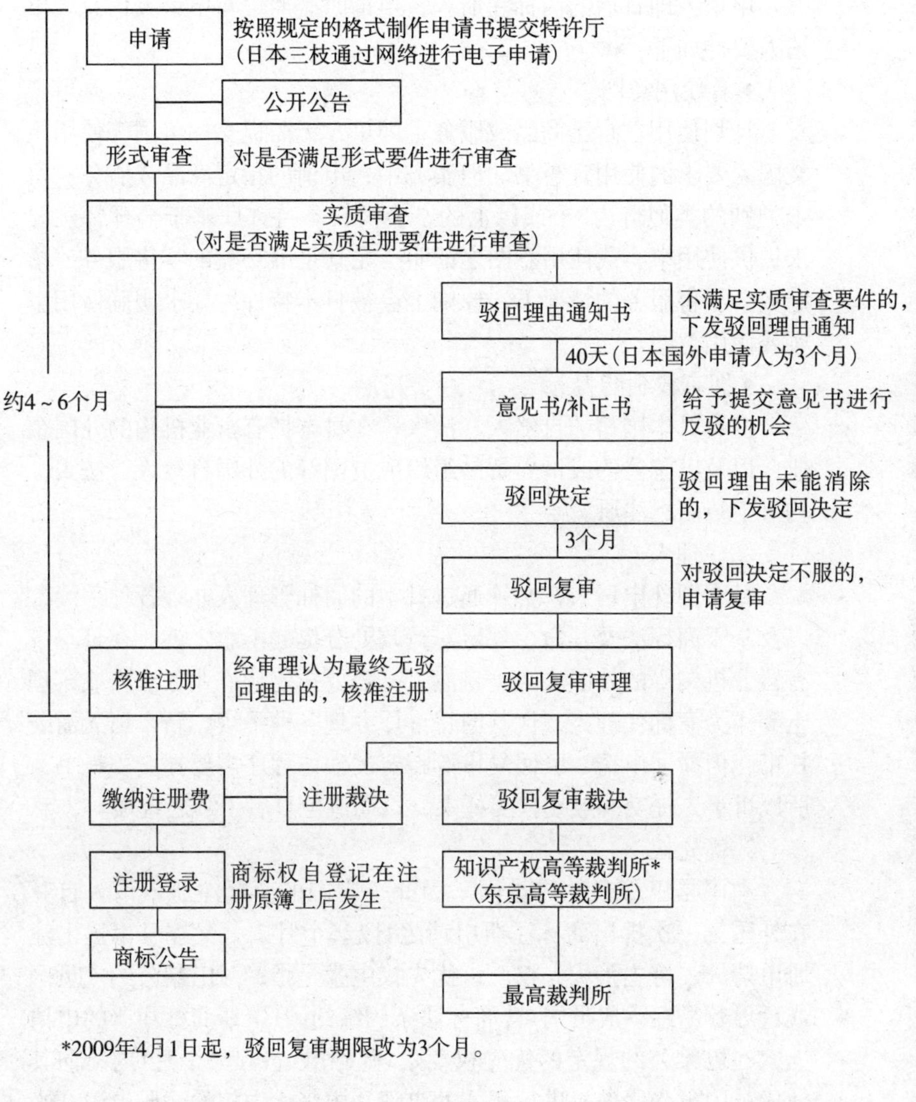

*2009年4月1日起，驳回复审期限改为3个月。

⑵商标注册申请所需信息

①申请人

申请人即日后的商标注册人，申请时必需填写申请人信息。申请人要件如下：

● 有使用意图

计划使用在自己商品或服务上即可，无需提交如美国等使用主义国家要求的使用宣誓书。但实务中，申请的指定商品或服务，每个类别的类似群为8个或以上的，会被日本特许厅基于合理怀疑要求提供使用事实或使用意图之证明。尤其是第35类的零售服务，指定数个零售服务的情况下，原则上会被日本特许厅要求明确使用事实或使用意图。

● 拥有权利能力

拥有日本国籍的自然人、法人、在日本拥有营业机构的外国企业，以及巴黎公约或世界贸易组织成员国等的外国自然人、法人，均可申请商标注册。

②代理人

日本国外申请人，必须通过日本的商标管理人办理各种手续，以及基于商标法及其命令规定对行政处分提起不服之诉。在日本没有营业机构等的外国法人、自然人，需要指定特许业务法人或辨理士等作为商标代理人，代其向特许厅办理各种手续。新申请无需委托书，但撤回申请、驳回复审等特定的法律程序需要提交委托书，所以可事先提交一般授权委托书，以期避免日后手续之繁琐。

③优先权

中国是巴黎公约成员国。因此，中国的商标注册申请人自其在外国第一次提出商标注册申请之日起6个月内，又在日本提出注册申请的，可主张优先权。该优先权主张是指，对巴黎公约成员国或世界贸易组织成员国（含商标法条约缔约国）申请商标注册的申请人，在巴黎公约规定的优先权期限（基础申请日起6个月）内，向其他成员国主张优先权进行相同的申请。主张优先权的注册申请，必需在日本申请日起3个月内提交优先权证明书。

④商标

申请注册的商标，必须满足日本商标法规定的“商标”要件。

• 商标类型

文字商标、图形商标、记号商标、立体商标、组合商标、颜色商标、声音商标、动态商标、全息商标、位置商标，均可作为商标进行申请。日本没有像香港、新加坡、马来西亚等那样设有系列商标制度，但日本有标准文字制度。标准文字制度指的是，商标构成要素仅含文字的，可以不指定特别的字体等权利要求，而是使用特许厅指定的文字申请注册。然而，中国使用简体字，香港和台湾使用繁体字，不同汉字可能形态也不同，所以有很多无法使用该标准文字制度获得注册的汉字。

另外，2015年4月1日起，日本新增了5种类型的商标，包括声音商标、颜色商标、动态商标、全息商标、位置商标。其中，除颜色商标以外，其他新类型的商标已有如下注册先例。

新类型商标的注册示例

位置商标：第5808808号注册商标

该商标由两部分组成。一部分是笔记本电脑上覆盖键盘部的可开合显示屏的笔记本电脑盖子(以下称“盖子”)在闭合状态下、上开合部棱线内侧(红色区域)，另一部分是盖子表面中央区的图形。此外，虚线显示的笔记本电脑仅为商品形状示例，并非商标构成要素。

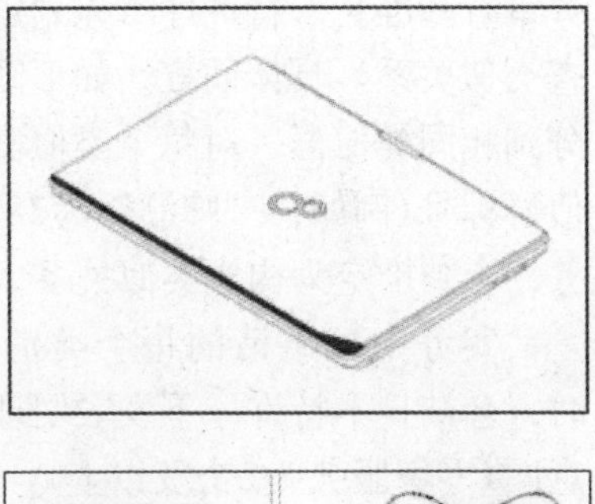

全息商标：第5804315号注册商标

全息商标因观看角度不同而发生色彩变化。另外，各图右下角的序号是图片编号，非商标构成要素。正面图如图1所示，侧图如图2所示。

图1　　图2

动态商标：第5827541号注册商标
动态商标是指商标的视觉要素（如文字、图形等）随着时间的变化而发生变化的商标。如图1至图3，显示了模拟细菌样子的物体破裂的样态。该动态商标持续时间大约 1 秒钟。另外，各图右下角的序号为图片序号，并非商标构成要素。

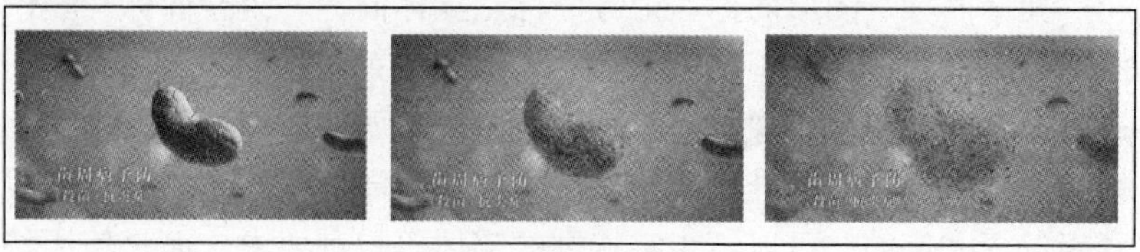

图1　　图2　　图3

声音商标：第5804299号注册商标

⑤指定商品和服务

和中国一样，新申请商标时，需要指定该商标使用的商品或服务，明确权利对象。

中国有《类似商品和服务区分表》，日本也有《类似商品和服务审查基准》。特许厅事先划定了商品服务类似群，实务中据此审查类似关系。具体而言，如下图所示，构成类似的商品、服务被划分到相同类似群，对每个类似群赋予数字和英文字母组合而成的类似群标号（例如，“啤酒”为28A02）。拥有相同类似群号的商品服务，会被推定为构成类似关系。

实务中，申请的每个类别涵盖8个及以上类似群的商品服务时，会被日本特许厅下发驳回理由通知，要求明确使用事实和使用意图（零售服务为2个及以上）。此外，实质审查范围还包括指定商品服务是否表述明确，指定类别是否正确等。如存在不明确表述或者类别指定错误，特许厅也会下发驳回理由通知。在中国，形式审查阶段会对商品、服务内容进行审查，在这一点上日本和中国实务不同。

日本特许厅接受的商品、服务表述，可以通过特许厅提供的查询网站“J-PLATPAT”的“Searching Goods & Services”栏进行查询。例如，要查询“月饼”的话，就检索“moon cake”。用这个方法可以非常便捷地确认到以往被接受的商品、服务表述。

《类似商品服务审查基准(国际分类第10–2016版)》(摘录)

http://www.jpo.go.jp/shiryou/kijun/kijun2/ruiji_kijun10-2016.htm

第３２類

ビール，清涼飲料，果実飲料，飲料用野菜ジュース，ビール製造用ホップエキス，乳清飲料

ビール	２８Ａ０２

［第33類］

黒ビール　合成ビール　スタウト　ラガービール

清涼飲料　果実飲料　飲料用野菜ジュース	２９Ｃ０１

1　清涼飲料

アイソトニック飲料　ガラナ飲料　コーヒーシロップ　コーラ飲料　サイダー　シャーベット水　シロップ　ジンジャーエール　清涼飲料のもと　炭酸水　ミネラルウォーター　ラムネ　レモン水　レモンスカッシュ

2　果実飲料

オレンジジュース　グレープジュース　トマトジュース　パインジュース　りんごジュース

3　飲料用野菜ジュース

（備考）1「トマトジュース　飲料用野菜ジュース」は、第29類「調理用野菜ジュース」に類似と推定する。

2「コーヒーシロップ」は、第30類「コーヒー」に類似と推定する。

ビール製造用ホップエキス	３１Ａ０６

［第31類］

乳清飲料	３１Ｄ０１

［第５類　第29類　第30類］

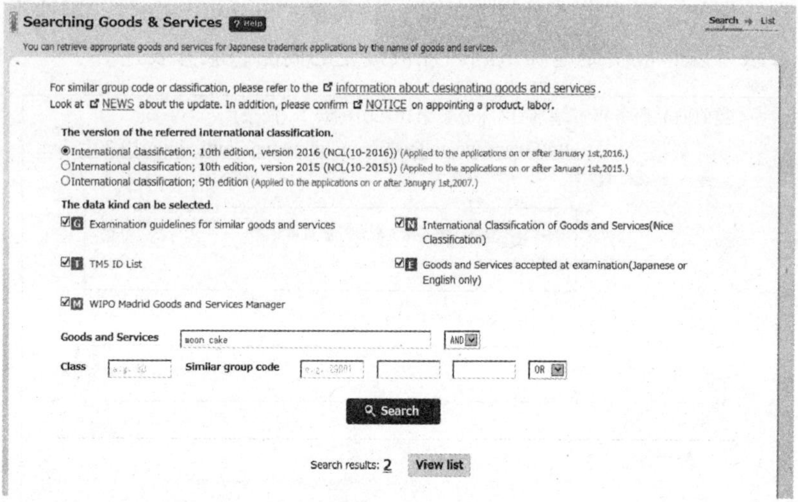

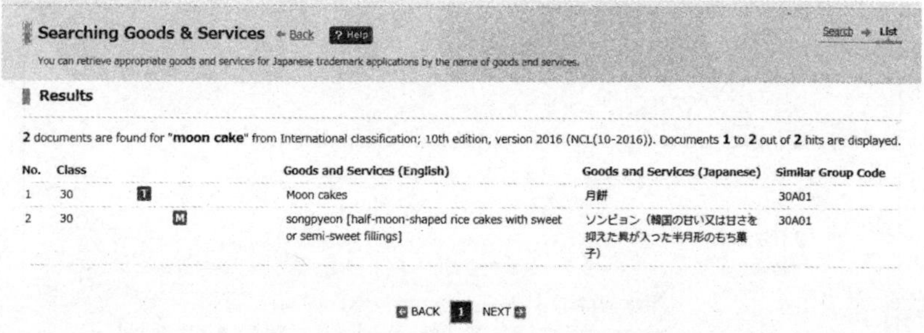

日本对"商品"的定义为：能够成为商业交易对象，并具有流通性和可替代性的、可量产的有形动产。"服务"的定义为：可独立起到商业交易目的、为他人进行的或使他人从中受益的劳务。实务中，"无体物"如数据库、软件等，如可下载则作为商品保护；能源、气体等无体物，除非储存于气罐等可以包装的对象外，不能作为商品保护。在这点上，中国可通过"第4类 能源"获得商品注册，而日本则可以通过申请"第39类 能源供给"等获得服务注册。

零售、批发业的商标保护

2007起，日本商标法开始接受第35类“替他人进行的各种商品零售或批发业务中向顾客提供便利”这样的表述。

销售各种各样商品的百货店、专门销售特定商品的零售店以及在线购物商城等业务形态，应当指定第35类，而非就其销售的所有具体商品申请注册。另外，如果指定“包类零售业务中向顾客提供便利”这样的服务，由于该服务和“包类”近似，审查中会交叉检索。

amazon 淘宝网 天猫 TMALL.COM COSTCO WHOLESALE

ELEVEN

在中国，虽然第35类所示可以对部分零售服务申请注册，但百货商店这样的服务目前尚无法指定。因此，需要留意的是，如果想要在批发零售服务上获得注册，则无法以中国为基础申请国际注册，而是需要直接向日本提交注册申请。

■6.3 注册审查

商标权是可以排他性地使用注册商标的非常强力的权利，如果所有的申请商标均能获准注册，反而会阻碍正常的商业交易。因此商标法对商标注册要件进行了相应规定。

实务中，主要对①商标显著性，②是否侵犯他人权利、尤其是否和他人在先的注册商标构成近似进行审查。

① 商标显著性

如：是否为商品服务通用名称、惯用标识、商品服务领域的描述性标识，以及构成要素过于简单、常见的标识等。另外，就新增类型商标而言，仅由颜色构成的商标、无语言要素仅由声音构成的声音商标等，会因为缺少固有显著性而被下发驳回理由。

显著性审查案例：

第996923号国际注册商标“Taishan”（指定商品：烟草；香烟。）
商标审查结果认为：“Taishan”指向被联合国教科文组织于1987年命名为世界自然与文化遗产的“泰山”，该商标会导致消费者认为指定商品是“泰山周边地区生产或销售的商品”，因此下发驳回理由。
经过驳回复审审判认为：虽然“泰山”被命名世界自然文化遗产，就在本国（日本）而言，难以认为“Taishan”文字是被公众周知的“泰山”的特指。本驳回复审审判依职权调查后，也未发现“Taishan”文字在经营本案商标指定商品的业界被普遍用于商品产地、销售地之表述，因此判定本案商标予以注册。

企业理念等的宣传口号、广告语，以前被视为不具备固有显著性，但现在实际审查中，也会按照个案进行具体判断。

即便在中国被判断为缺乏显著性，在日本，则可能因标准缓和而被判定具备显著性。在以往审查实务中，也存在如下含有地名的“上海食堂(服务：食堂)”“天津風(商品：文具等)”“香港蒸笼(服务：食堂)”等，被认定具备显著性从而获得注册的实例。

② 不得损害他人权利

商标审查的重点之一，在于确认是否存在他人在先商标。因为日本和中国一样，也采取申请在先原则以及审查主义。

日本商标近似性判断，是基于日本一般消费者、交易者就“像还是不像”的判断，因此和中国的近似性判断不同。尤其，对以汉字为构成要素的商标，日本人会根据自然而然的读音进行判断。比如，“美的”商标，日本读作“BITEKI”，而非中文读音“Mei-Di”。再如，“小米”商标的发音为“KOGOME”，其中文读音“XiaoMi”原则上不纳入审查范围。

另外，日本人对简体字接触较少。如汉字“叶”，在日本并非“树叶”的意思，而是“了却”、“到位”这样的完全不同的含义。像这样，简体字和日本汉字不同的，可考虑对日本汉字也进行申请。此外，日语特点之一是音素少，所以商标近似性判断中，“读音”是非常重要的判断要素。和日本不同，中国判定近似时，还会包括外观近似等，考虑的范围更宽。

此外，商标审查中，会对是否和驰名商标构成混淆、是否剽窃他人知名/驰名商标、是否和他人姓名相同、是否危害公共利益等进行判断。

经过审查，审查员发现存在驳回理由的，会向申请人(日方代理人)下发驳回理由通知书。后者可就该驳回理由通知书答复官方。申请人是外国国籍的话，答复官方期限为收到驳回理由通知日起3个月，申请延长的话可再延长1个月。另外，2016年4月1日起，驳回理由通知的答复官方期限为过期后2个月内，如果申请，可再延长2个月。

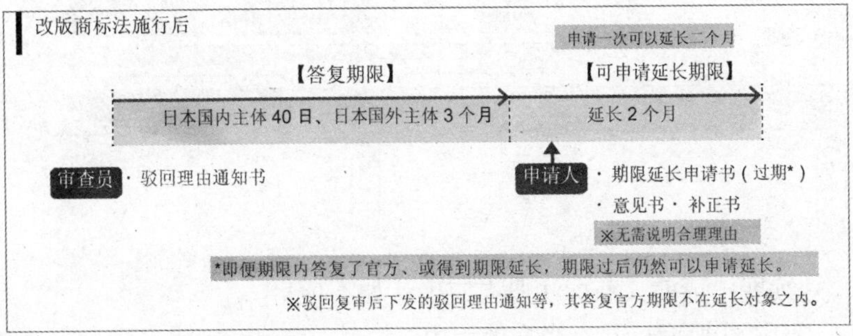

■6.4 商标权效力和有效期

(1)商标权效力

商标权自特许厅注册后即生效。

①商标权的有效期原则上为十年。

通过续展申请，可以无限次延长有效期，因此只要不漏缴续展注册费用，可半永久性地维持商标注册。

②仅商标注册人有将注册商标排他性地使用在指定商品和服务上的权利。

③注册商标的使用仅限在日本受到承认(属地保护原则)。

※商标权效力仅限于日本。日本以外的国家/地区，需另行申请商标注册。

④商标权作为一种财产，可转移给他人，也可通过商标授权许可获得使用授权费，亦构成公司或者自然人的继承对象。

(2)注册商标有效期和续展申请

注册商标自注册日起10年有效。

然而，通过每10年一次的续展，可半永久性地维持商标权。商标权有效期的续展，需要向日本特许厅提交续展申请。

续展申请应当在有效期满前6个月内办理；在此期间未能办理的，可以给予6个月的宽展期，但需缴纳与续展注册费相同金额的延期费。“有正当理由”的前提下，有效期满6个月过后，仍有6个月的权利恢复期限。

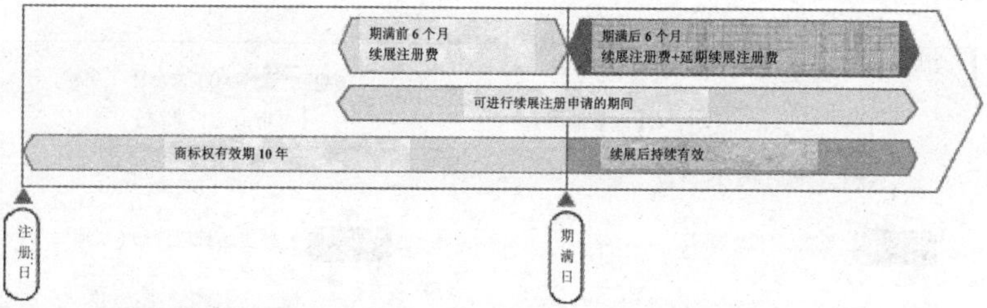

续展申请前，商标注册人应确认如下项目。

□该注册商标是否尚在使用中？

□如尚在使用，使用样态和注册样态是否一致?例如，注册商标为英文商标的话，实际使用样态与注册样态的拼写、标识是否一致?

□商标尚在使用的话，实际使用的商品、服务为何?

□使用的商品、服务权利范围和注册范围一致吗?由谁在以什么样的方式在使用?

□实际使用的商标样态、商品服务和注册商标不一致的情况下，应当立即重新提交商标申请并取得新的商标权，而不是对现有商标权申请续展。

□如无使用，近期是否有使用计划?

□续展注册费的缴纳，是缴纳10年有效期的费用？还是分成每5年缴纳1次，共缴纳2次？

□一标多类的注册商标，是续展所有类别还是一部分类别？

■6.5 出版物等的提出、异议、无效宣告、注册无效请求

(1)出版物等的提出

和很多国家不同，日本采用异议程序后置制度。审查后判断商标具备可注册性，即会下发核准注册通知。但是，在商标申请阶段，任何人均可以向特许厅提供信息，提醒特许厅注意到相关申请商标并不满足商标注册要件、或者存在不可注册事由(商标法施行规则第19条)。出于对审查的准确性、高效性考虑，也可匿名提供信息。提供信息的方式为提交《出版物等提出书》。现行商标审查期限为申请日起4~5个月左右，如不迅速提供信息的话，可能会赶不上审查速度、从而无法被采用。

(2)异议

特许厅严格审查后，商标申请得以获准注册。然而，特许厅可能出现审查错误，所以规定商标注册后一定期间内(商标公告日起2个月以内)，其他人可对该商标注册申请异议。

中国要求必需由利害关系人申请异议，但是在日本，任何人均可提出异议。另外，因为日本和台湾一样采取异议程序后置制度，所以刚获得权利立即又被撤销，也算日本商标制度独特之处。

(3)无效宣告

商标注册异议期限过后，发现存在审查错误、以及后发驳回理由时，无效宣告可以说是一种有效的纠正过失注册的手段。但是为了实现权利的调整，规定了无效宣告的除斥期间。即，注册日起5年以后，除非有特殊事由，否则无法请求无效宣告，这点需要格外注意。

异议和无效宣告的区别：

	异议	无效宣告
异议人/请求人	任何人均可	利害关系人
异议 / 请求期间	公告日起2个月	商标权失效后亦可
被异议人(被请求人)	无需对异议书副本进行答辩 可就撤销理由通知书提交意见书	对无效宣告请求书副本进行答辩

是否合并审理	原则上合并审理	可合并审理
异议 / 无效理由	公权事由 私权事由 但抢注、后发驳回理由不算在内	公权事由 私权事由 抢注、后发理由
不服	对撤销商标注册裁决不服的，可向知识产权高等裁判所提出行政诉讼	对维持或撤销注册裁决不服的，均可向知识产权高等裁判所提出行政诉讼

(4)撤销

日本除了异议和无效宣告程序之外，还可以通过如下程序撤销商标注册。

①不使用撤销(商标法第50条)

不使用撤销，指的是对连续三年未在日本国内使用的注册商标，可以进行申请其注册撤销的审判手续。

任何人均可提出不使用撤销审判，商标注册人需要提交答辩书证明商标的使用。在举证责任在商标注册人这方面，日本和中国一样。不同点在于，中国不是审判程序，而是向商标局进行撤销申请。

使用权人不当使用的撤销审判：(撤销2012-300441)

注册商标(系争商标)　　　　使用商标

第5271847号注册商标

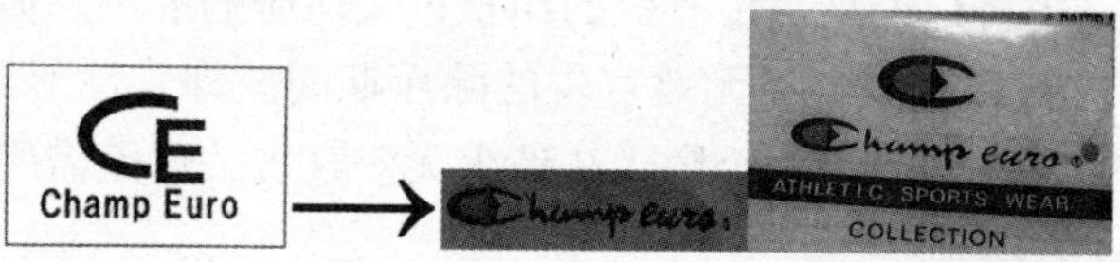

部分引证商标

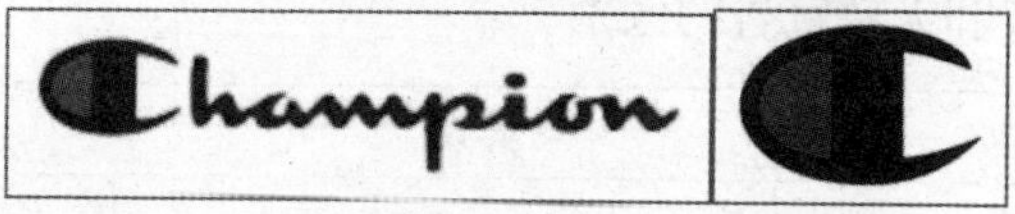

综合考虑引证商标的知名度、其本身和使用商标的近似程度、其指定商品和使用商标所使用商品的关联性、双方需求者重合程度等要素，不得不认为“使用商标”的使用会导致与其相接触的需求者联想到引证商标，从而误以为该商标被用于请求人的商品，或被用于与请求人在经济或组织上存在关联的主体之商品。该商标使用行为，无疑会导致与他人(请求人)商品的混淆。因此裁定，本案注册商标的一般使用权人将和本案商标近似的商标使用在指定商品上导致和他人商品产生混淆，本案商标注册撤销无可避免。

②对因商标权转让导致的混淆进行的撤销审判(商标法第52条第2款)

和中国不同，在日本，即便相互近似的注册商标，也可以自由分离转让。为防止因自由分离转让后商标在使用过程中出现的消费者混淆误认情况，设置了该撤销审判程序。

③商标注册人或者使用权人的不当使用导致的撤销审判(商标法第51条、第53条)

例如，商标注册人在注册商标的近似性范围内使得商标样态接近他人驰名商标的、故意引发交易者等混淆的，可对其注册商标提起撤销注册审判。这是出于对商标注册人违反正当使用义务进行制裁的考量。另外，如下图所示，针对获得商标使用授权的使用权人进行的混淆性使用行为，也可以通过审判撤销相应的商标注册。即制度上，能够以使用权人违反正当使用义务、商标注册人违反监督义务为由，对双方进行制裁。

④未经外国商标权人等同意取得注册的商标权撤销审判(商标法第53条第2款)

外国企业等通过商社等作为日本的代理店使用商标时，代理店可能会未经外国企业同意，擅自以自身名义申请商标注册。对于此类商标注册，可以外国企业的身份提起撤销审判。但需同时满足下述所有撤销要件：

1)属于商标申请日前一年内存在代理关系的代理人抢注行为；

2)外国的商标权属于巴黎公约、WTO、商标法条约成员国，且日本注册和该外国商标权构成近似；

3)商标注册申请在无正当理由前提下，未获外国权利人同意；

4)注册日起5年以内。

针对代理人等不当使用为由撤销审判的行政诉讼：(2011年(行)第10194号)

撤销对象商标(第5276520号注册商标)

(190)【発行国】日本国特許庁（JP）
(450)【発行日】平成21年12月1日（2009. 12. 1）
【公報種別】商標公報
(111)【登録番号】商標登録第5276520号（T5276520）
(151)【登録日】平成21年10月30日（2009. 10. 30）
(541)【登録商標（標準文字）】Chromax
(500)【商品及び役務の区分の数】1
(511)【商品及び役務の区分並びに指定商品又は指定役務】
第28類 ゴルフボール，ゴルフ用具
【国際分類第9版】
(210)【出願番号】商願2008-31350（T2008-31350）
(220)【出願日】平成20年4月8日（2008. 4. 8）
(732)【商標権者】
【識別番号】308028555
【氏名又は名称】アイエム株式会社

台湾第01302952号注册商标

註冊/審定號	01302952	商標種類	商標
申請案號	096035959	申請日期	096/07/27
註冊日期	097/03/01	專用期限	107/02/28
註冊公告日期	097/03/01	審定公告日期	
註冊公告卷期	35-005	審定公告卷期	
優先權日期		優先權國家(地區)	
展覽會優先權日		展覽會名稱	
國籍	中華民國	正商標種類	商標
圖樣顏色	墨色	正註冊/審定號	01302952
申請人/商標權人	中文名稱	[illegible]企業股份有限公司	
	中文地址	高雄市三民區[illegible]一路107號1、2樓	
	英文名稱		
	日文名稱		
	外文地址		
代理人	中文名稱	[illegible]	
	中文地址	臺北市中山區長安東路2段112號9樓	
圖樣中文			
圖樣英文	CHROMAX		
圖樣日文			
圖樣記號			
聲明不專用			
商標圖樣描述			
說明文字內容			
商品類別/組群代碼	028	類似組群	1205、2706、2802
		商品名稱	高爾夫球、高爾夫球桿、高爾夫球桿頭、高爾夫球桿握把膠套、高爾夫球練習用發球機、球桿架、果嶺高爾夫球位置標誌器、高爾夫球具袋、運動用具袋、運動用手套。

判决概要：

被告在WTO成员台湾拥有被告人商标(㊨)，该商标和本案商标(㊧)近似。原告(原告代表人)在本案商标注册申请日前1年内，与被告之间签订了日本进口代理店合同。虽然并没有被授予日本的商品专卖权，但原告和被告之间持续交易已形成交易惯习，并纳入被告商品在日本国内的销售网络。也即，本案商标申请人，已经构成与代理人或者代表人相同性质的主体。原告为了促进被告生产的高尔夫球（“Chromax balls”）在日本的销售，在杂志等上面登载了广告进行宣传。但是，无法认定原告因此支出的费用、宣传的规模、以及宣传活动本身，导致本案商标使用在上述高尔夫球上的商标价值提升的事实。因此，应当判定本案商标注册属于“无正当理由之前提下，未获商标权人之同意”的情形，本案商标注册应予撤销。

■6.6 商标国际注册制度

即便通过中国商标局在中国国内获得注册，并不等于取得了日本注册商标权。要在日本获得商标权，需要另外申请日本注册。日本自2000年3月14日起，承认马德里商标国际注册的日本领土延伸保护。因此，和中国一样，可通过国际注册指定日本领土延伸，扩大商标保护。

国际注册手续如下：

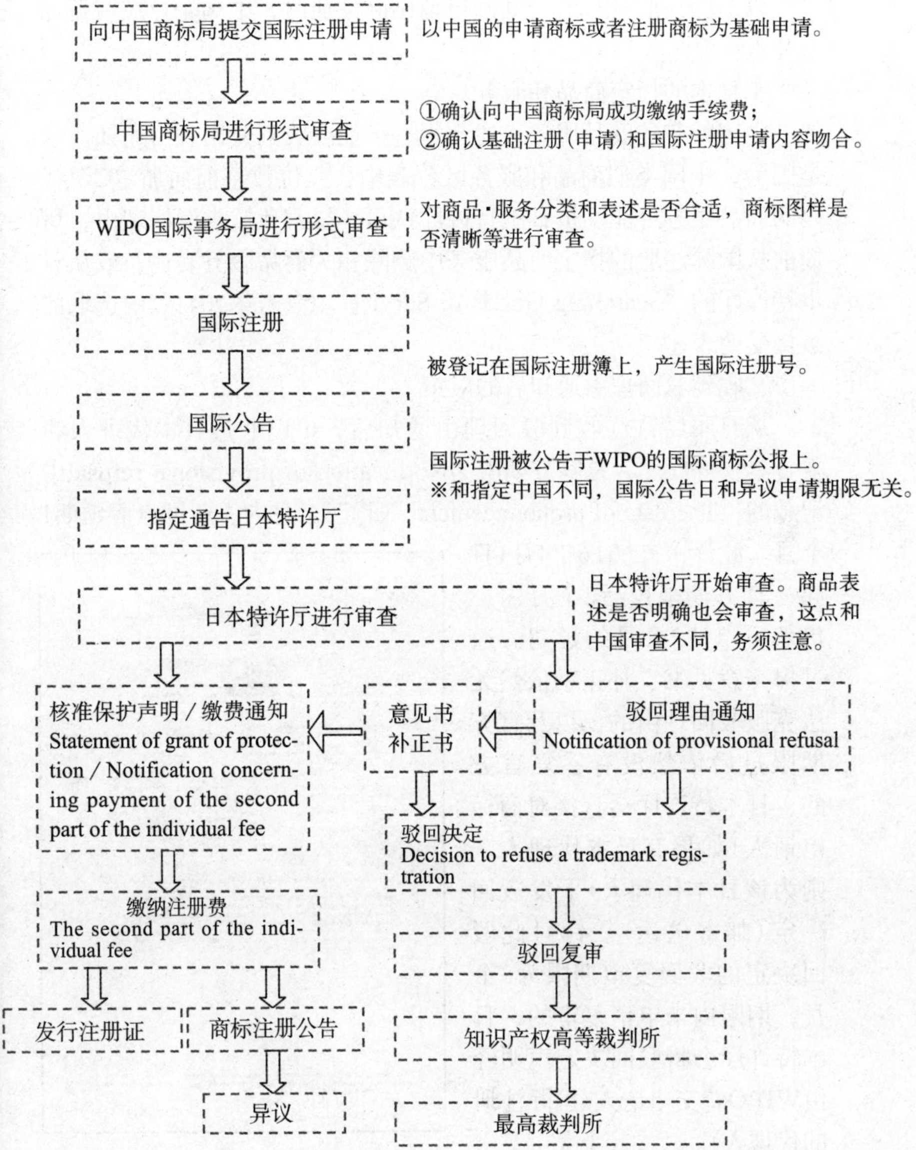
向中国商标局提交国际注册申请
以中国的申请商标或者注册商标为基础申请。
中国商标局进行形式审查
①确认向中国商标局成功缴纳手续费；
②确认基础注册(申请)和国际注册申请内容吻合。
WIPO国际事务局进行形式审查
对商品·服务分类和表述是否合适，商标图样是否清晰等进行审查。
国际注册
被登记在国际注册簿上，产生国际注册号。
国际公告
国际注册被公告于WIPO的国际商标公报上。
※和指定中国不同，国际公告日和异议申请期限无关。
指定通告日本特许厅
日本特许厅进行审查
日本特许厅开始审查。商品表述是否明确也会审查，这点和中国审查不同，务须注意。
核准保护声明 / 缴费通知
Statement of grant of protection / Notification concerning payment of the second part of the individual fee
意见书
补正书
驳回理由通知
Notification of provisional refusal
驳回决定
Decision to refuse a trademark registration
缴纳注册费
The second part of the individual fee
驳回复审
发行注册证
商标注册公告
知识产权高等裁判所
异议
最高裁判所

以中国注册（申请）为基础申请国际注册时，中国企业应留意如下几点：

①日本的指定商品和服务

中国特有的商品服务表述，很有可能会收到驳回理由通知。这是因为，中国类似商品和服务区分表中，六位数字前面加“C”代码的商品服务可能不被日本特许厅认可。要避免这类驳回理由，可提前从国际注册的指定商品服务中删除相关商品服务表述，或从日本特许厅的“Searching Goods & Service”（参考第204页）中选取能被接受的表述。

②收到驳回理由通知后的对策

从日本特许厅收到驳回理由通知后，可以通过日本代理人答复日本特许厅。答复官方期限为Notification of provisional refusal中记载的“The date of pronouncement”日起3个月内，还可申请延期1个月。此外，自2016年4月1日起，官方期限过后2个月内，仍然可申请2个月的延期。通过提交意见书、补正书依然无法克服驳回理由的，以及官方期限过后依然没有答复官方的，日本特许厅会直接对商标申请人（如果有日本代理人，则为该日本代理人）下发驳回决定（邮寄送达）。针对此驳回决定的驳回复审期限为3个月，期限内未申请复审的，日本特许厅会将驳回决定声明经由WIPO转交申请人（国际注册的代理人）。

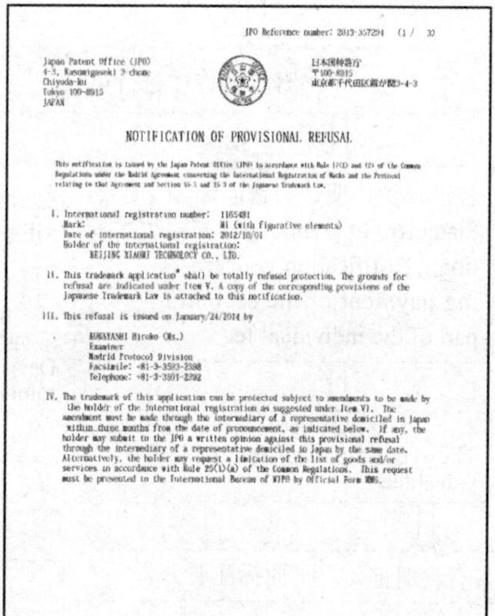
JPO Reference number: 2013-357294 (1 / 3)

Japan Patent Office (JPO)
4-3, Kasumigaseki 3-chome
Chiyoda-ku
Tokyo 100-8915
JAPAN

日本国特許庁
〒100-8915
東京都千代田区霞が関3-4-3

NOTIFICATION OF PROVISIONAL REFUSAL

This notification is issued by the Japan Patent Office (JPO) in accordance with Rule 17(1) and (2) of the Common Regulations under the Madrid Agreement concerning the International Registration of Marks and the Protocol relating to that Agreement and Section 15-2 and 15-3 of the Japanese Trademark Law.

I. International registration number: 1165431
Mark: Mi (with figurative elements)
Date of international registration: 2012/10/01
Holder of the international registration:
BEIJING XIAOMI TECHNOLOGY CO., LTD.

II. This trademark application* shall be totally refused protection. The grounds for refusal are indicated under Item V. A copy of the corresponding provisions of the Japanese Trademark Law is attached to this notification.

III. This refusal is issued on January/24/2014 by

KOBAYASHI Hiroko (Ms.)
Examiner
Madrid Protocol Division
Facsimile: +81-3-3593-2398
Telephone: +81-3-3501-2392

IV. The trademark of this application can be protected subject to amendments to be made by the holder of the international registration as suggested under Item VI. The amendment must be made through the intermediary of a representative domiciled in Japan within three months from the date of pronouncement, as indicated below. If any, the holder may submit to the JPO a written opinion against this provisional refusal through the intermediary of a representative domiciled in Japan by the same date. Alternatively, the holder may request a limitation of the list of goods and/or services in accordance with Rule 25(1)(a) of the Common Regulations. This request must be presented to the International Bureau of WIPO by Official Form MM6.

* A request for territorial extension to Japan under the Protocol relating to the Madrid Agreement is deemed as a trademark application made in Japan in accordance with Section 68-9 of the Japanese Trademark Law.

The date of pronouncement: 2014/02/06

日本特许厅下发的驳回理由通知（示例）

③驳回理由的特点

日本特许厅会对指定商品和服务的表述是否明确进行实质审查。在中国，形式审查由WIPO进行，很少收到官方补正通知，但是在日本，审查机构会因商品服务表述不明确、指定商品与指定类别不符等原因，下发驳回理由通知。

• 过宽指定商品或服务时被要求证明使用

驳回理由中最多的，是1个类别的商品服务内容指定过宽。对此种申请，审查员可以基于合理怀疑，要求申请人提供相关证据以证明商标的真实使用或者使用意图。商标审查中，类似群数超过7个就会收到该驳回理由，通常是通过删除部分商品服务的方法进行克服。尤其指定第7类、第 9 类、第11类、第30类商品时，因为类似范围很宽（导致类似群数很多），被特许厅要求举证的可能性较高。作为对策，最好一开始就明确目标商品。

• 异议

在国际注册公告之外，日本特许厅收到WIPO下发的指定通告后，会登载公开国际商标公告。日后，对在日本获准领土延伸保护的商标，会另行刊载国际商标日本领土延伸保护公告。该公告发行日起2个月内，他人可对该商标申请异议。

（公告示例）

(190)【発行国】日本国特許庁(JP)
(450)【発行日】平成27年11月24日(2015. 11. 24)
【公報種別】国際商標公報
(111)【国際登録番号】1213534
(151)【登録日】平成27年11月13日(2015. 11. 13)
(220)【国際登録日】平成26年4月23日(2014. 4. 23)
(540)【登録商標】
Redmi
(500)【商品及び役務の区分の数】2
(511)【商品及び役務の区分並びに指定商品又は指定役務】
Class 9
Computers; portable telephones; headphones; cameras (photography); television apparatus; cabinets for loudspeakers; batteries, electric; battery chargers; home used remote controllers; computer peripheral devices; sockets, plugs and other contacts [electric connections]; USB flash drives; eyeglasses; theft prevention installations, electric; audio and video receivers; light-emitting electronic pointers; modems.
Class 38
Radio broadcasting; television broadcasting; message sending; cellular telephone communication; communications by computer terminals; computer aided transmission of messages and images; electronic mail; electronic bulletin board services [telecommunications services]; providing internet chatrooms; transmission of digital files.
(511)【商品及び役務の区分並びに指定商品又は指定役務の訳（参考）】
第9類
コンピュータ，携帯電話機，ヘッドホーン，カメラ（写真用のもの），テレビジョン受信機，スピーカー用筐体，蓄電池，バッテリーチャージャー，家庭で使用する遠隔制御装置，コンピュータ周辺機器，ソケット，プラグその他の電気接続具，USBフラッシュドライブ，眼鏡，盗難防止用電気式警報，音声・映像受信機，光発信方式の電子ポインタ，モデム
第38類
ラジオ放送，テレビジョン放送，メッセージの送信のための通信，セルラー式電話による通信，コンピュータ端末による通信，コンピュータを利用したメッセージ及び映像の伝送交換，電子メールによる通信，電子掲示板による通信，インターネット利用のチャットルーム形式による電子掲示板通信，デジタルファイルの伝送交換
(821)【基礎出願】
【出願番号】13885648
【出願日】平成26年1月9日(2014. 1. 9)
【国又は機関】CN（中国）
(821)【基礎出願】
【出願番号】13885687
【出願日】平成26年1月9日(2014. 1. 9)

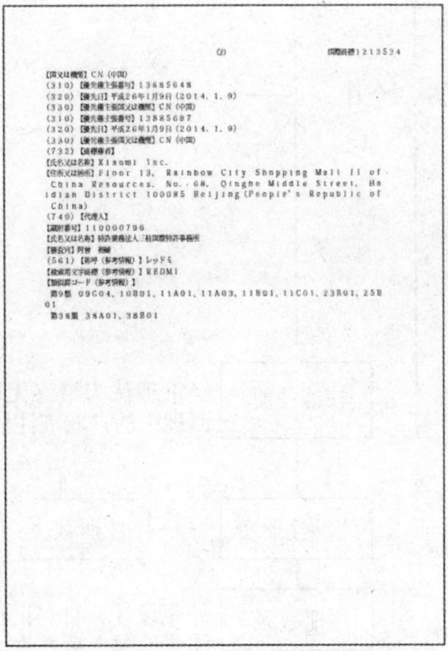
(2)　国際商標1213534
【国又は機関】CN（中国）
(310)【優先権主張番号】13885648
(320)【優先日】平成26年1月9日(2014. 1. 9)
(330)【優先権主張国又は機関】CN（中国）
(310)【優先権主張番号】13885687
(320)【優先日】平成26年1月9日(2014. 1. 9)
(330)【優先権主張国又は機関】CN（中国）
(732)【商標権者】
【氏名又は名称】Xiaomi Inc.
【住所又は居所】Floor 13, Rainbow City Shopping Mall II of China Resources, No. 68, Qinghe Middle Street, Haidian District 100085 Beijing (People's Republic of China)
(740)【代理人】
【識別番号】110000796
【氏名又は名称】特許業務法人三枝国際特許事務所
【弁理士】阿部 綽勝
(561)【称呼（参考情報）】レッドミ
【検索用文字商標（参考情報）】REDMI
【類似群コード（参考情報）】
第9類 09G04，10B01，11A01，11A03，11B01，11C01，23B01，25B01
第38類 38A01，38B01

• 二期规费(注册费)缴纳

要在日本获得商标注册，必须缴纳两次官费。国际注册也一样，核准注册后，WIPO在下发核准保护声明的同时，还会下发二期规费缴纳通知。期限内未缴纳注册费的，无法获得日本领土延伸保护。马德里议定书成员国中，极少有需缴纳二期规费的国家，所以这对于中国申请人而言是个极其容易忽略的手续，还需特别留意。

■6.7　日本外观设计专利制度

(1)注册流程

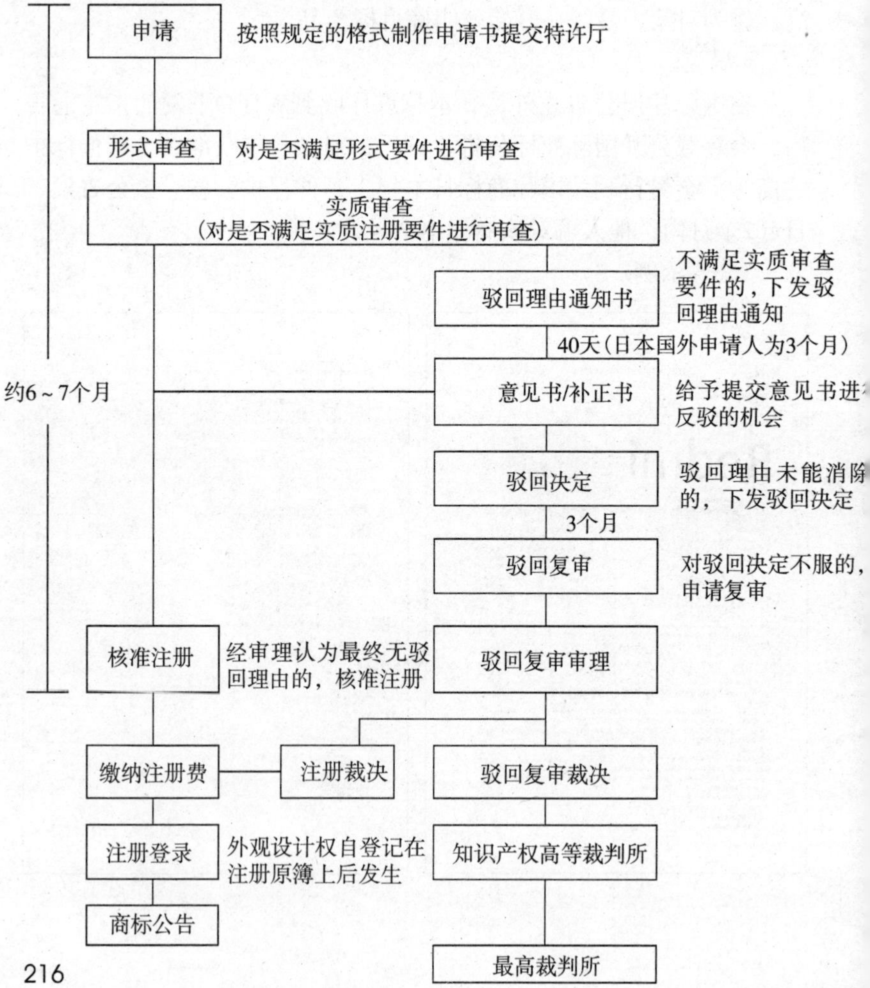

⑵ 申请信息

①申请人

申请人可以是外观设计的设计人、或者是从设计人受让外观设计注册权的人（法人亦可）。公司职员设计的外观设计满足一定条件的，可基于“职务发明规程”向公司转让获取外观设计注册的权利。另外，2016年4月1日起，新导入了可选择的使用者原始归属制度。

委托设计事务所等进行外观设计的，为将来申请外观设计注册考虑，应当提前签订外观设计注册权受让合同。

②优先权

中国是巴黎公约加盟国，在第一国申请日后6个月内申请日本注册时，可以主张优先权。该优先权指的是，在巴黎公约成员国或者世界贸易组织成员国（含商标法条约成员国）申请外观设计注册的申请人，可以根据巴黎公约规定的优先期间（第一国申请日起6个月内），向其他成员国提交相同内容的申请的，可主张优先权。主张优先权时，日本申请日起3个月内必须提交优先权证明。（→㊧：中国国家知识产权局出具的优先权证明）

中华人民共和国国家知识产权局
STATE INTELLECTUAL PROPERTY OFFICE
OF THE PEOPLE'S REPUBLIC OF CHINA

证 明

本证明之附件是向本局提交的下列专利申请文件副本。

型：外观设计专利

名称：

日：2015年

局长
申长雨

2016 年 02 月 26 日

③ 设计人

申请书上需要填写设计人的姓名和住址。

④ 外观设计样态

外观设计的样态，通过图纸和照片进行明确。一般使用正投影法制作的六面图来确定外观设计；仅六面图不足以确定外观设计样态的，追加剖面图和斜视图。原则上是一项外观设计一份申请，一份申请中不能包含数个外观设计。

⑤ 发明创造名称

申请书中需要填写具体的发明创造名称。名称可以是极其宽泛乃至新的产品名称。即便是产品零部件，只要具备可替换性、能构成独立交易对象的，均可构成外观设计法所规定的发明创造物。

⑥ 申请方法

外观设计申请，除了一般的外观设计申请，还有关联外观设计、局部外观设计、成套物品外观设计、动态外观设计、保密外观设计等，申请方法可谓多种多样(参考下述〈3〉)。

⑦ 外观设计特点

申请人在申请时或者申请后，可以提交说明外观设计特点的《特征描述书》。特征描述书并非强制提交，其中记载的事项也不会成为外观设计近似性判断的参考。

(3) 制度特点

①关联外观设计

关联外观设计制度指的是，外观设计专利权人可以就自己的基本外观设计，申请注册与其近似的外观设计的制度。该制度可有效保护设计开发过程中的多个外观设计，扩大权利范围，并明确近似范围。关联外观设计拥有独立的权利效力，该权利效力及于和基本外观设计不构成近似的他人外观设计。

关联外观设计的有效期，为基本外观设计注册日起20年。转让和实施权设定等需要和基本外观设计注册一并进行。和中国的类似外观设计制度不同，日本关联外观设计的注册申请可在基本外观设计的公告日前一天提出。

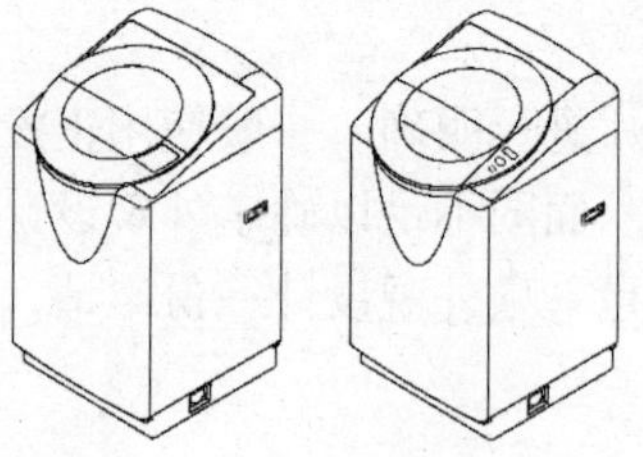

基本外观设计
第1522878号注册
外观设计

关联外观设计
第1523278号注册
外观设计

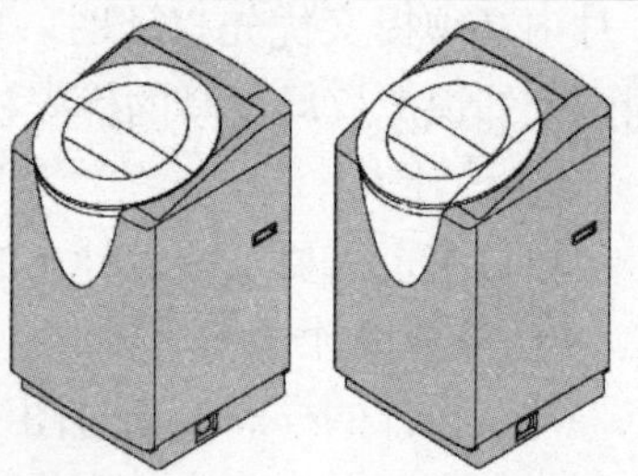

局部外观设计
基本外观设计
第1522879号注册
外观设计

局部外观设计
关联外观设计
第1523279号注册
外观设计

外观设计说明：
申请局部外观设计注册的局部为涂灰外的部分，以及省略了内部构造的【A-A剖面图】中的实线部分。

②局部外观设计

日本采用了局部外观设计注册制度，允许对产品局部进行外观设计注册。局部外观设计注册制度，可以有效防止他人模仿产品种有特征的局部。

针对局部有独创性外观设计的产品，为防止他人抄袭模仿，可通过该局部外观设计注册，获得更稳固的保护。如上图㊧所示海尔亚洲电动洗衣机的外观设计专利，就取得了整体外观设计专利，以及以该专利为基本外观设计的2件关联外观设计专利。此外，如㊨图所示，海尔亚洲还另外对具有独创性的盖子部分注册了局部外观设计，以及与其类似的关联外观设计。第一个注册申请的公告日前一天内，同一个申请人提交申请的话，就能获得与第一个注册申请的局部相同或类似的外观设计专利权。提交整体外观设计注册申请后，通过对有特征的产品局部申请局部外观设计注册，可以有效地扩大受保护范围。

动态局部外观设计（第1356981号注册外观设计）

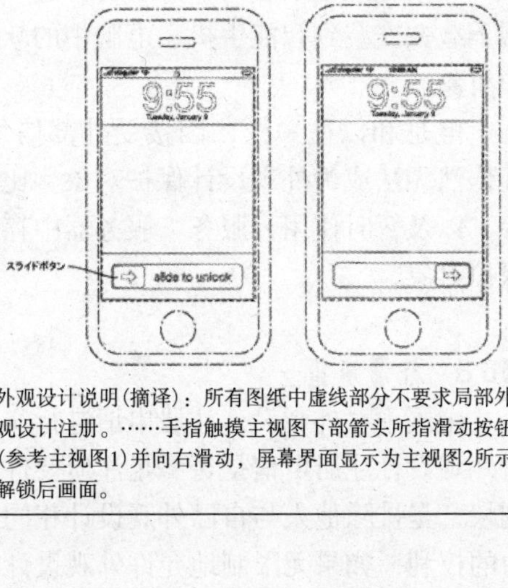

外观设计说明（摘译）：所有图纸中虚线部分不要求局部外观设计注册。……手指触摸主视图下部箭头所指滑动按钮（参考主视图1）并向右滑动，屏幕界面显示为主视图2所示解锁后画面。

③动态外观设计

产品形状等会随其功能产生变化时，对变化前后的产品形状等可申请外观设计注册。申请动态外观设计注册时，需要提交变化前后的图纸。上图是苹果公司赖以知名的iPhone手机的锁屏界面外观设计专利，画面上的滑动按钮即为局部外观设计。此外，苹果公司还对滑动按钮滑动前后的动态样态获得了动态外观设计注册。

④ 保密外观设计

外观设计注册申请人可以指定自外观设计注册后3年以内的期限，请求在此期限内对其外观设计保密。这是为了防止外观设计公开后立即被人模仿、盗用的风险，出于销售战略考虑在投入市场前保密的需要。

⑤ 成套物品外观设计

可将数个产品组合成一套进行外观设计注册，目的在于对组合沙发、一体化厨房、组合音响这样整体设计风格统一的设计给予足够的保护。

(4) 图形用户界面外观设计的注册申请

如前述苹果公司的手机锁屏界面所示的含图片在内的外观设计(所谓图形用户界面外观设计)也受到外观设计法的保护。最初的注册对象仅为手机等便携式终端里的预装图形，但自2016年4月1日外观设计审查基准改版后，注册要件进一步放宽，事后由用户从互联网下载并安装到智能手机、电脑中的软件图形的外观设计也成为保护对象。

但是和以往一样，因接受外部信号而显示的图形、电影画面等依然无法成为外观设计保护对象。比如电视节目画面、网页画面等，以及暂时使用云服务、服务器中存储的图形等情形，均不构成保护对象。

■6.8 注册审查

中国不对外观设计注册申请进行实质审查。而日本，由审查员对外观设计注册申请是否满足注册要件进行实质审查。外观设计专利权，是排除他人与自己外观设计相同或类似的外观设计的非常强力的权利，如果无限制地允许外观设计注册，则反而有可能降低外观设计的创作热情。因此，日本外观设计法规定了外观设计注册要件。

审查员主要审查(1)是否为工业上可使用的外观设计、(2)前所未有的新的外观设计(新颖性)、(3)并非容易创作(创造性)等。

(1) 工业上可以利用的外观设计

申请注册的外观设计，不构成外观设计法所规定的外观设计，或者工业上无法量产的，不能获得注册。例如，人物图形、符号标识等，因为无法确定发明创造物品的要素，一般无法构成外观设计。其他如不动产、无体物、液体和气体、肉眼不可见的东西、以及从外部不可视的东西，也无法构成外观设计。另外，蔬菜水果、花卉等自然物、纯美术等因无法量产，原则上不构成外观设计。

(2)新颖性

申请时已经在日本或者日本国外公开的外观设计、互联网上公开的外观设计已经丧失了新颖性，因此无法注册。外观设计专利权作为赋予新规外观设计的设计人的权利，新颖性是必需要件。

无新颖性外观设计如下：

①日本国内外已被公知的外观设计；

②国内外发行的出版物中登载的外观设计；

③互联网上公开的外观设计；

④和上述①～③类似的外观设计。

丧失新颖性的例外情形：

作为赋予申请人的救济制度，日本规定了丧失新颖性的例外情形。如申请前，在展会等公开外观设计的情形、或者违反申请人意图被迫公开的情形等。要适用这些救济，需要在外观设计公开日后6个月内提交申请，并在申请日后30天内提交证明文件。

(3)创造性

申请日前，基于日本国内外已公知的形状、图案等容易创作出的外观设计，会因创作性低而无法注册。因为谁都可以简单创作完成的外观设计不具备保护价值。例如，仅将零部件的位置进行前后移动、仅为数个公知外观设计的集合等，很可能被判定为容易创造。

经审查发现驳回理由的，特许厅向申请人(代理人)下发驳回理由通知。申请人可就驳回理由答复官方。申请人为日本以外国籍的，答复官方期限为驳回理由通知收件日起3个月内。提交延长申请的话，可以延期1个月。商标法改动后，答复官方期限后还可再延长2个月，但该项规定尚未适用于外观设计。针对驳回理由，通常是提交意见书进行反驳，或者通过提交补正书消除图纸缺陷。如不进行任何应对，原则上会下发驳回决定。

如下图所示，申请日到下发驳回理由通知所需时间通常在6～7

个月左右。申请提交后，市场上立即出现仿冒品的情况很多，为应对这样的情况可以有效利用加速审查制度。要求加速审查需要向特许厅提交“情况说明书”，满足进行外国申请、被要求使用授权等要件的，特许厅会加快审查速度。此外，申请中的设计出现仿冒品的话，制度规定加速审查申请日起1个月内即通知审查结果。

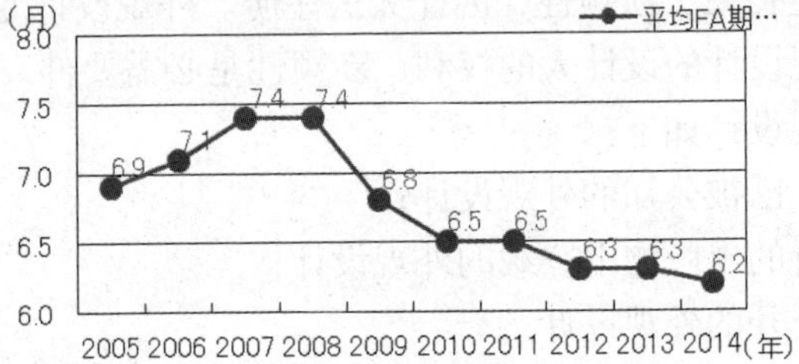

外观设计审查平均FA期

■6.9　注册外观设计的效力和有效期

(1)有效期

外观设计专利权自注册日起生效，有效期最长可达20年。但是，注册后每年需向特许厅缴纳注册费用。外观设计专利权人，有以独占其外观设计及其关联外观设计的实施为业的权利，以及禁止他人擅自实施为业的权利。

中国外观设计专利权有效期间最长为申请日起10年，且不得延长(中国专利法第42条)。

(2)权利的效力

外观设计专利权，是独占实施注册外观设计产品的设计为业、并禁止他人擅自实施的很强力的权利。针对外观设计专利权的侵权人，可以寻求民事救济，如要求禁止侵权、要求损害赔偿等；也能够以外观设计专利权侵害罪寻求刑事救济。此外，若外观设计专利权侵权产品为进出口违禁品，也可向海关申请禁止其进出口。

欧姆龙OMRON VS 百利达TANITA外观设计侵权诉讼(2012年(ワ)第33752号／二审和解)

原告外观设计1　基本外观设计(注册号：1425652)　　被告产品

【斜視図】

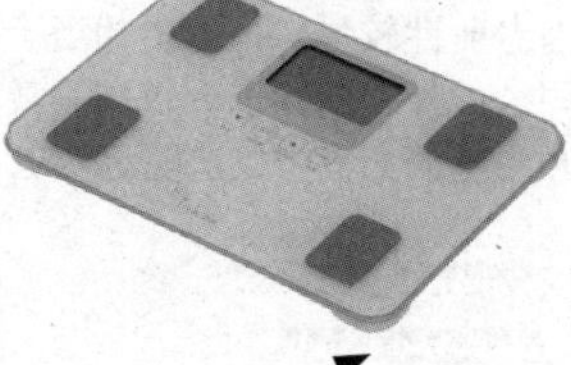

原告外观设计2 关联外观设计(注册号：1425945) 近似

一审判决概要：

本案外观设计1和被告外观设计＝不近似

透明玻璃板的长宽比不同，外观设计1给人以接近正方形的视觉印象，而被告外观设计给人以横向较长的长方形的视觉印象，该视觉印象差异较大。加之，电极部分的长宽比，开关状图形的排列方式亦不同。因此，被告外观设计和本案外观设计1相比，考虑到透明玻璃板的形状存在较大差异，以及透明玻璃板上配置的电极部分、开关图样的具体形状差异等，应能使观者产生不同美感。

本案外观设计2和被告外观设计＝近似

透明玻璃板的长宽比诚然不同，但差异极小，双方均给观者带来横向较长的长方形之印象。被告外观设计中，虽然液晶显示屏四周有边缘图案，透明玻璃板四角半径、电极部分长宽比、液晶显示屏底边和上方左右两侧的电极以及开关状图形个数不同，但是这些差异，无法凌驾透明玻璃板的形状几乎完全形同使得观者产生的共通的美感。即使考虑到被告外观设计和本案外观设计2的前述差异，双方依然带给观者共通之美感，所以判定本案外观设计2和被告外观设计构成近似。

损害额度：1亿2915万3662日元

↓

二审(知识产权高等裁判所)达成和解(2016年1月14日)

有关知识产权高等裁判所

2005年，作为东京高等裁判所“专门裁判所”的知识产权高等裁判所设立。知识产权高等裁判所受理作为一审行政案件的特许厅行政裁决撤销诉讼、二审民事案件等。

日本诉讼制度为三审制。就发明专利、使用新型、外观设计、商标而言，因专业性较强，一审由相当于准司法程序的特许厅审判担任，这一点和中国不同。此外，就知识产权高等裁判所受理行政诉讼、二审民事诉讼这一点而言，和中国的知识产权法院定位也不一样。

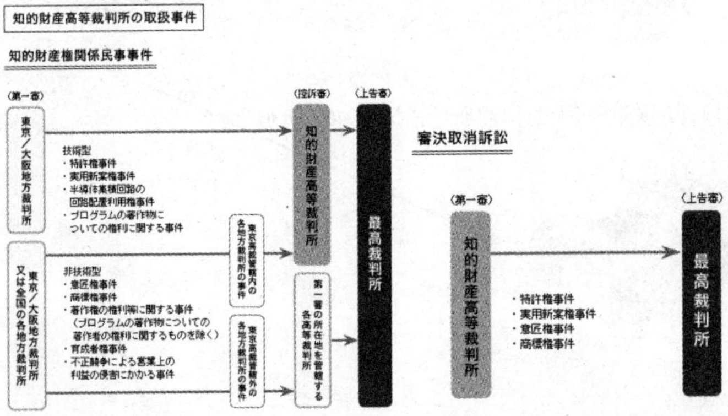

(3) 无效宣告

外观设计法也采用审查原则，但是因为审查资料数量极为庞大，可能会因为审查错误导致授权给没有新颖性的外观设计专利，或有瑕疵的外观设计。为了纠正这些过失注册，日本设置了无效宣告制度。任何人均可以请求无效宣告。无效理由原则上和驳回理由如缺乏新颖性、创作性等保持一致。但是，违反一件外观设计一份申请原则、轻微的图纸不一致等形式上的理由，不能构成无效理由。

此外，外观设计专利权、专用权实施的侵权诉讼中，判定外观设计通过无效宣告应当归于无效的，被诉侵权方可进行无效抗辩(根据外观设计法第41条中适用的专利法第104条第3款)，主张外观设计专利权人等不能对其行使权利。从此点来看，外观设计专利权的有效性判断，有“无效宣告途径”和“侵权诉讼途径”两种，容易引发致了“双轨制”的问题。而在中国，侵权诉讼(人民法院)不能对专利有效性进行判断，必须通过无效宣告手续进行。人民法院在审理侵权诉讼时，若判断其被无效宣告的可能性较高的，可以根据裁量权选择中止诉讼。

■6.10 外观设计的国际注册制度

原则上而言，对外观设计的保护，仅及于请求并核准给予延伸保护的国家或地区。但是，根据工业品外观设计国际注册海牙体系，海牙协定成员国的国民或居民、或在成员国拥有本部、营业机构的企业，可以通过简单、节约成本的手续在多个指定成员国受到保护。2015年，日本和美国成为海牙协定成员国，可以利用外观设计的国际注册制度，简单廉价地享受到保护。2016年4月为止，海牙协定(日内瓦文本)一共有47个国家、政府机构成员，其中包括欧盟、韩国等。据称中国和东盟各国等正处于研究准备阶段，但目前尚且不是成员国。但是，只要在日本或者其他成员国拥有营业机构，中国企业也能通过获得国际注册，享受到海牙协定带来的便利。

(1)国际注册流程

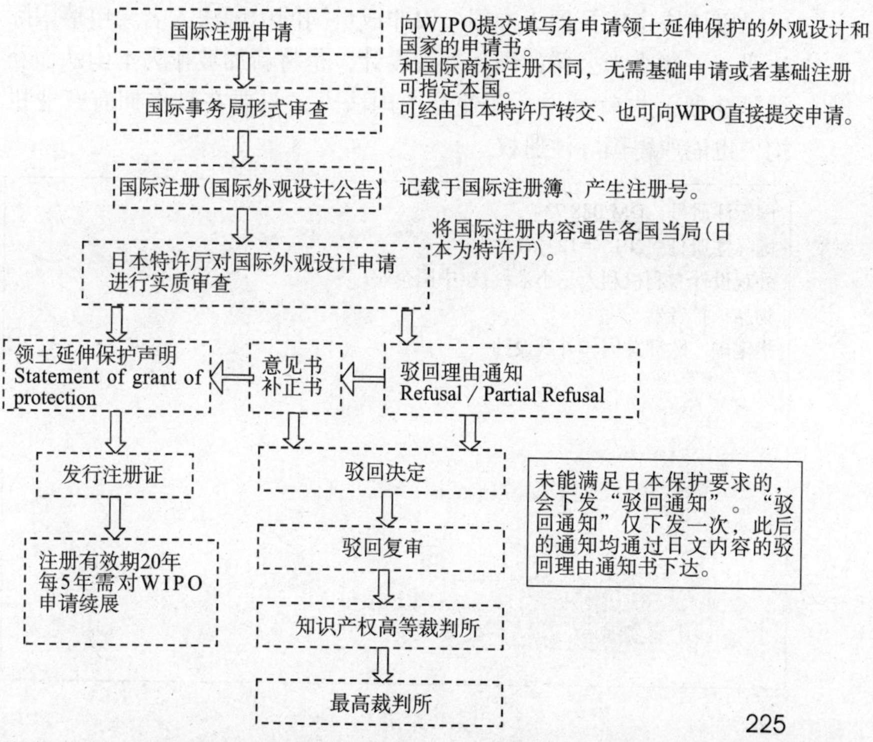

(2) 申请注意事项

① 海牙体系允许一份申请最多包含100项不同的外观设计，只要这些外观设计属于国际分类《洛迦诺分类表》的同一大类。申请多个外观设计、指定日本时，外观设计数目视为其中包含的所有外观设计数。审查也是个别进行，按顺序依次核准注册。

② 日本对《洛迦诺分类表》第32大类的产品(非物品性的图形、表面图案等)不给予外观设计专利权之保护，对此还需留意。

③ 国际申请时缴纳了注册费，因此撤回个别申请、或被驳回注册的，可以要求返还该个别指定手续费。退款申请，应当在撤回或者驳回确定后6个月内进行。

④ 优先权仅能在国际申请阶段主张。优先权证书必须在国际公告日起3个月内和日文翻译一并提交给日本特许厅。

(3) 从中国提交国际注册申请

中国尚不是海牙协定成员国(到2016年9月为止)，因此国际注册效力尚不及于中国。但是，如果在协定成员国拥有营业机构，则可以以该协定成员国为本国，以非成员国的中国法人名义申请国际注册。下述小米公司的国际外观设计，是将新加坡作为本国从而获得了注册。也就是说，即便是中国法人，只要在日本拥有营业机构，也能取得国际注册权。

国际注册号　DM/088 734
国际注册日　2015年12月11日
外观设计专利权利人　小米科技(中国企业)
物品　扩音器
指定国　欧洲共同体外观设计

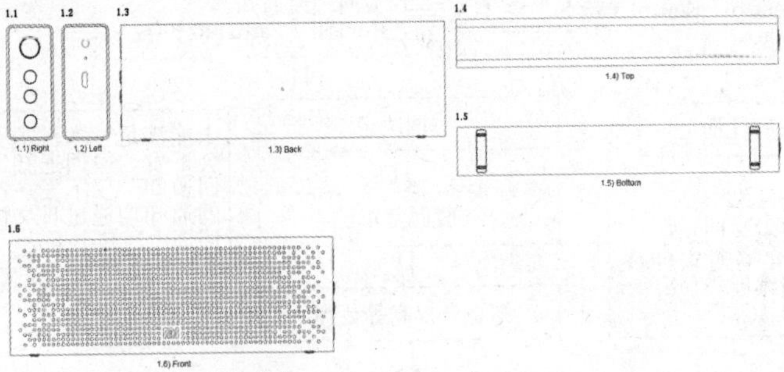

第 3 章

日本企业的收购

1 总论

■1.1 引言

近年来，因日本采取措施积极吸引外资对日投资，致使海外对日投资逐年增加，渐成风潮。

日本贸易振兴机构(JETRO; Japan External Trade Organization)总结了以下5个对日投资的理由[1]。

(1)日本的再次成长

通过采用货币宽松政策、降低法人实际负担税率、设置国家战略特区、放松管制·改革构造等措施，日本开始步入经济复苏、股价上升、赴日游客增加等再次成长的轨道。

(2)成熟的巨大市场

日本的国内生产总值(GDP)位居世界第3(约为500兆日元)，东京都市圈拥有世界最多的人口。成熟的市场被认为是世界的标杆，活跃着多家外资企业。

(3)技术创新的中心

正如GDP中的研究经费所占比重、每万人中的研究人员数量·发明专利成果均为世界第一所展示的，日本拥有研究开发·技术创新的良好环境。

(4)卓越的商业基础设施

网络、通讯、供水、交通等商业基础设施高度完备，日本的商业环境受到全世界的高度评价。

(5)安居乐业的社会环境

和平、治安良好，优良的教育、医疗、居住环境，可以在此安心生活。东京在“世界最宜居的25个都市”中名列第二。

2015年对日直接投资(对内直接投资)额达17兆8315亿日元。其

1「WHY JAPAN? “5 reasons to invest in JAPAN”」 (2014 JETRO)

中，中国(不含香港)的对日直接投资额为4808亿日元，与2014年的2985亿日元相比，有了大幅的提升[1]。2015年，中国企业(上海豫园旅游商城)收购星野集团经营的“TOMAMU度假村”(北海道)，在日本国内受到广泛关注[2]。此外，自2009年中国企业(苏宁电器)收购Laox(家电量贩事业)后，Laox以赴日中国游客为目标客户，通过事业重整，实现了销售额从100亿日元(2011年12月期)至927亿日元(2015年12月期)，当期净利润从亏损17亿日元(同上)至盈利81亿日元(同上)的戏剧性复活，此事至今仍历历在目。[3]

话虽如此，中国的对日投资额仅占日本全部外资投资额的2.7%，还有很大的提升空间。以下，本节将以收购日本企业为例，概览收购的主要法律方法，并浅谈其中主要的注意点。

■1.2 日本企业收购的主要法律方法

在日本国内收购日本企业，可以大致分为(1)取得股份的方法(取得公司的所有权)、(2)取得事业(业务)的方法和(3)其他方法。就各自应采用何种方法，下文将从实务观点的角度进行概括说明，并比较各种方法的差异。

(1)取得股份的方法

该方法是通过取得目标公司股份，确保对该目标公司的支配权，从而实现收购。同属该类型的方法除了认购目标公司发行的新股(新股发行)外，还有①股份转让、②股份交换以及③股份转移的方法。

所谓①股份转让，指通过买卖或赠与等方法直接受让目标公司的股份，取得目标公司的支配权。与此相对，②股份交换及③股份转移都是通过创设以目标公司为完全子公司的母公司的方式，确保

1 参照日本财务省网站（附表6d-3按对内地域分类(月报)）

2 根据相关报道，TOMAMU度假村的原有股份结构为美资基金80%，星野集团20%(星野集团将TOMAMU度假村售予中国企业的理由(http://toyokeizai.net/articles/-/95118)。

3 上述数据均源自Laox本公司的公布(http://www.laox.co.jp/ir/finance/finance_01.html

对目标公司的支配权。具体而言，在②股份交换过程中，收购方通过向目标公司的股东交付收购方的股份等对价的形式交换目标公司的股份，成为目标公司的全资母公司，实现对目标公司的收购。此外，③股份转移过程中，将新设一家拟成为目标公司全资母公司的公司，目标公司的股东将取得新设完全母公司的股份等对价以交换目标公司的股份。③股份转移与②股份交换不同，不能通过向目标公司的股东交付金钱的方式排除其股东地位，因此，一般不常用于收购，而主要用于与目标公司共同设立完全母公司(控股公司)。

①股份转让需分别与目标公司的各个股东进行谈判取得股份。除非当事方之间另有约定，基本上均需支付金钱对价。另一方面，股份转让的情形下，原则上不需要目标公司的参与，只要当事方之间达成合意，取得股份的程序比较简单可行[1]。由此看来，通过股份转让的方式进行收购，适用于经营者具有控制权的企业等股东人数较少且多数股东赞成收购的情形。

与此相对，②股份交换可以根据股东大会的特别决议，将全部股东的股份与收购方的股份进行交换。因此，对于股东人数较多，或欲排除不喜欢的股东将目标公司完全子公司化以实现强有力控制的情形，是行之有效的方法。此外，与股份转让不同，其对价不一定是金钱，也可以收购方股份为对价，因此，经济负担较小也是其优点。但是，从其需经股东大会的特别决议这样的目标公司内部程序，需回购反对股东的股份等方面看来，该程序与①股份转让相比，完成收购之前需要办理的程序较多，一般需要更长的时间。

项目	股份转让	股份交换	股份转移	合并		公司分立		事业转让	资本合作	JV
				新设合并	吸收合并	新设分立	吸收分立			
股份的取得	○	○	○	×	×	×	×	×	○(部分)	○(部分)
转让公司的存续	○	○	○	×	×	○	○	○	○	○

1 但按照惯例，非公开公司的股份转让需取得董事会等的同意(公司法第107条等)。

受让公司的存续	○	○	-	×	○	-	○	○	○	○
目标业务相关的控制权转移	○	○	×	○	○	×	○	○	△	△
权利义务的转移	×	×	×	整体继承				个别继承	×	个案分析
反对股东保护程序	×	○	○	○	○	○	○	×	×	×
债权人保护程序	×	△	△	○	○	○	○	×	×	×

表：各种收购方法的比较

(2)取得事业(业务)的方法

收购时，除了取得经营特定业务的目标公司股份，即取得目标公司整个经营体的方法之外，还有直接取得目标公司所经营的事业(目标业务)——严格来说即取得目标公司权利义务本身的方法。该方法大致可以分为④合并和⑤公司分立。

所谓④合并，即目标公司解散消灭(新设合并的，目标公司与收购方均解散消灭)，由收购方(新设合并的，为新设公司)继承前述消灭公司权利义务的程序。在该程序中，收购方与公司方合为一体，收购方并无计划取得目标公司股份。在这些方面，与(1)的方法不同。但是，目标公司的股东将取得收购方(新设合并的，为新设公司)的股份等对价。此外，采用(1)中所列方法的情形下，基本上目标公司在被收购后还是存续的，而若采用④合并的方法，目标公司的全部权利义务为收购方(新设合并的，为新设公司)整体继承，目标公司的法人格消灭，在这一点上，有很大的差异[1]。从目标公司、收购方的债权人的角度来看，考虑到作为债务人的当事公司的偿还能力将发生重大变化，因此，与(1)的各程序不同，原则上要求履行债权人保护程序：将④合并的计划通知债权人，对存在异议的债权人采取清偿等适当措施。另一方面，在对目标公司及收购方的双方股东将产生重大影响这一点上，与(1)相同，因此，对

1 但也有例外，存在目标公司作为存续公司的合并事例（即“反向合并”）。

于反对④合并的股东，除非该合并对其影响轻微，否则需履行股东保护程序以回购股份。

所谓⑤公司分立，指由收购方(新设分立的，为新设公司)整体继承事业相关的全部或者部分权利义务的程序。该程序不谋求股份的取得而着眼于权利义务的取得，这一点与(1)不同，可归为于与④合并同一类型。此外，需要履行债权人保护程序以及股东保护程序等，该等程序的概略也与合并程序基本一致[1]。

(1)取得股份的方法与(2)取得权利义务的方法之间的重大差异为：(1)中，因为是取得目标公司本身，收购方也必然继承目标公司内在的固有风险。与此相对，非继承整个经营体本身，而是仅取得其权利义务的情形下，收购方可以只继承与必要事业相关的权利义务，因而也就无需承担前述风险。话虽如此，④合并是继承目标公司事业相关的全部权利义务，目标公司消灭，因此，在这一点上可以说事实上近乎于(1)的股份取得方法。但是，(2)的方法也存在缺点，例如并非自动的继承目标公司所持有的许可等，不继承的情形下需要重新取得许可等缺点。

④合并有新设合并与吸收合并。新设合并的情形下，目标公司与收购方的双方股东将获得新设公司的股份。另一方面，吸收合并则未必要向目标公司的股东交付收购方的股份，也可以给予其收购方的公司债、新股认购权或金钱等对价，因此，可以更加灵活地安排收购后的资本构成。实务中，选择新设合并的例子很少，大多数情形下采用吸收合并。

⑤公司分立可以大致分为新设分立与吸收分立。新设分立是将事业相关的全部或部分权利义务分割给新设公司。新设公司的股份全部由目标公司分配而来，新设公司成为目标公司的全资子公司。因此，在这种情形下，收购方仅靠新设分立无法达成收购目的，需结合①股份转让取得新设公司的股份等其他程序实施收购。另一方

1 需注意，与单纯叠加两家公司的全部权利义务的合并相比，将一家公司的部分权利义务分割出来的公司分立，根据分割方法的不同可能会给债权人造成更大的不利影响，因此，公司法对于公司分立中的债权人保护程序进行了更为严格的规定。

面，吸收分立是收购方整体继承事业相关的全部或部分权利义务，未必要向目标公司的股东交付收购方的股份，而可以给予其金钱等对价，在这一点上，又与吸收合并相同。实务上，从可以灵活地只继承与必要事业相关的权利义务这一点上来看，较之于合并采用公司分立的例子稍多。

(3)其他方法

除(1)(2)外，主要还有⑥事业转让、⑦资本合作及⑧合资经营等收购方法。

其中，⑥事业转让从其取得的不是目标公司的股份而为其事业角度来看，与(2)的类型，特别是吸收分立类似。但是，二者在程序及效果上，存在以下不同。第一，该事业相关的权利义务并非如吸收分立一般被整体继承，需要各自履行转移程序。所谓整体继承，是指无需取得相对方的同意[1]而转移全部权利义务(不仅仅是一部分)及合同地位，可以简便地实施权利义务的一揽子继承。然而，对于事业转让之情形，因为不存在这样的规定，继承事业转让的目标权利义务时，需分别取得相对方的同意。第二，正如此等效力强弱所反映的，公司分立程序较事业转让更为严格。公司分立的情形下，除了需股东大会决议外，还需履行债权人、股东、劳动者等的保护程序；而事业转让的情形下，转让全部或重要部分事业只需股东大会决议即可，其他情形甚至无需股东大会决议。因此，就采用⑤公司分立或⑥事业转让时，应综合考虑上述要素，根据实际情形选择适当的方法。

⑦资本合作及⑧合资经营都不是公司法上的用语，而是与目标公司的业务合作相关的手段，如果收购方计划最终收购目标公司，也可将其作为前置步骤。具体而言，⑦是通过持有目标公司的部分股份，对目标公司的经营管理进行一定的干预与监控，与单纯的业务合作相比，旨在建立更牢固的关系。一般而言，会签署资本合作协议，并在协议中规定资本合作的目的及对目标公司享有的权利

1 但是，未经相对方同意不得实施公司分立，认可其享有合同解除权、损害赔偿请求权等的条款依然有效，对于该等合同的继承当然需要分别取得同意。

等。⑧合资经营不是向目标公司出资，而是收购方与目标公司共同出资设立新公司，通过该新公司共同开展业务。

■1.3 收购的法律规制

中国企业收购日本企业时，除了中国国内的法律规制外，还需注意日本国内的对日投资规制。本文将就主要的注意点进行简要介绍。除此之外还有其他各种法律规制，因此，在实际进行收购时，最好与律师等专业人士一起协商推进。

(1)外汇及外贸法(以下简称“外汇法”)的规定

外国法人(包括子公司等存在特别关系的法人)收购日本企业的一定行为，属于外汇法规定的“对内直接投资”，受到一定的规制。

原则性规制为事后报告。例如，取得股份[自从事一定行业相关业务的公司(无论其是否上市)处取得股份，导致出资比例达10%以上的；或自现有出资比例已达10%以上的公司处取得股份的]及认缴股份(在认缴上市公司或非公开市场交易公司股份的次日，该股份占前述公司出资比例达10%以上的)时，在该交易日所属月份的次月15日之前，需采用固定样式通过日本银行向财务大臣及业务主管大臣进行事后报告。同样，向日本国内法人提供超过1年的贷款，且(a)余额在1亿日元以上、(b)该外国法人向该日本企业的贷款余额与其认缴的该日本企业发行的企业债券余额之总和超过了该日本企业负债50%的，与取得股份承担同样的事后报告义务。但是，投资从事武器、航空器、人造卫星、核能关联等业务的日本企业时，需事先备案，自申请起30日内不得实施交易。

此外，外汇法中规定，一次性支付或受领超过3000万日元的跨境钱款时，应于该交易日起10日内向财务大臣进行事后报告。因此，在收购时也应注意，自日本国外向外国法人的日本子公司、日本企业、在日本国内拥有住所等的自然人等支付收购对价的，受领一方需根据外汇法规定进行事后报告。

(2)各类个别法的规制

除了(1)中介绍的规定外，个别的行业法规中存在对外国法人出资限制的规定。例如，航空法中，外国人担任代表、外国人占董事席位三分之一以上、或外国人·外国法人持三分之一以上表决权的公司，不得在日本注册航空器，不得在日本从事航空运输业。货物利用运输业务法(第一类货物利用运输业务登记)、电波法(无线电台开设许可)中也有基本相同的规制。

此外，根据广播法的规定，外国人、外国法人、外国政府等持五分之一以上表决权的公司或前述人员在公司内担任特定职务(对业务执行具有相当影响力的董事)的公司，无法取得广播经营者许可。

如上所述，对于特定业务，需注意在其相关行业法规中有时会存在对外资收购的限制。

(3)在日本国内设立据点时的注意点

收购日本企业时，可以在日本国内设立子公司用以接收。需注意的是，这种情形下，日本子公司的代表人中至少有一位应在日本居住。

此外，外国公司本身可在日本作为外国公司进行登记，登记后可以在日本国内持续进行交易。对于进行过该等登记的外国公司是否可与日本企业进行合并或分立的问题，存在不同的见解。外国公司于日本国内持续进行交易的，可以不设营业所(即所谓外国法人的在日分公司)，但是，没有营业所的，其驻日代表人的住所即被视为营业所所在地。与在日本设立子公司的要求一致，外国公司登记时也需要代表人中至少一人在日本居住。

2 股份取得

■2.1 股份取得

(1)通过取得股份收购日本企业

作为对日投资的一环，收购日本企业可采用的手段之一便是取得该日本企业(以下简称“目标公司”)已发行的全部或可掌握控制权的相应比例(一般指过半数)的股份。

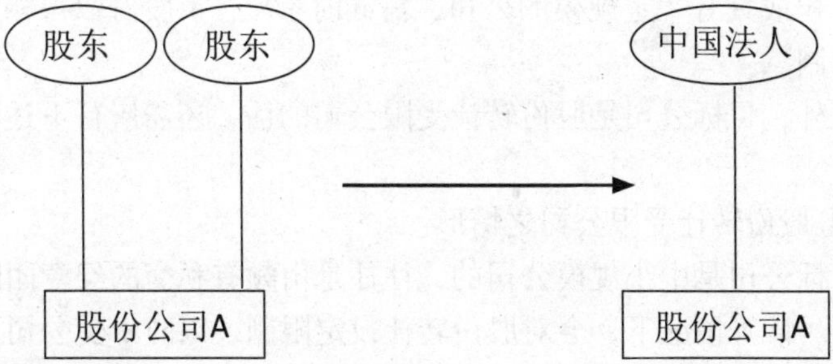

(2)优缺点

从法律程序而言，如本节描述，存在各种各样收购日本企业的方法，若能够收购已开展业务并有一定经营基础的公司，与新设公司从零开始相比，可以缩短时间、降低成本。

此外，若采用取得目标公司股份的方法，无需经受合并、分立等复杂且耗时(具体程序请分别参照各章节)的组织重建等程序，如股东间协商顺利即可在较短的时间内取得股份，这是其优点。

另一方面，如目标公司中存在自己不愿继承的业务、资产或负债，也很难将其排除在外(只能要求目标公司提前将其出售或采用其他收购手段)，特别是存在账外债务的情形，因其可能会对作为标的物的日本企业的盈利能力产生重大影响，是需要重视的问题。

■2.2 股份取得的必经程序

(1)股份收购流程

一般情况下，流程如下：

①了解目标公司的业务，对目标公司的财务状况等进行审计，确定收购方针；

②与现有股东签订股份转让协议；

③进行股份转让，受让股份的同时支付对价；

④请求目标公司修改股东名册。

当然，上述流程的前提是目标公司规模较小，如果目标公司是上市公司或具有一定规模的公司，需同时参照“4 股份取得相关的法律规制”。

此外，目标公司是股份转让受限公司的话，还需履行下述程序(2)。

(2)股份转让受限公司之情形

目标公司是中小规模公司的，往往是由颇有私交的经营团队经营公司。该等情况下，会对股份转让设定限制，以防不受公司欢迎的人成为公司股东、参与公司经营。所谓附转让限制，系指股份公司规定，将“通过转让取得股份的需取得该股份公司的承认”作为其发行的全部或部分股份的内容。如有转让限制，该信息会记载于登记事项证明书上，可事先进行确认。

作为转让对象的股份系转让受限股份的，(i)股东作为出让方，可在转让前向该股份公司请求就是否承认该受让方取得股份一事作出决议。此外(ii)受让方也可在受让股份后，请求就是否承认自己取得股份一事作出决议。前述程序在(1)中③的前后进行。公司股东大会(设有董事会的公司为董事会)决定是否予以承认。公司承认的，(该受让方)的股东身份便被认可；公司不予承认的，必须回购与该股份转让承认请求相关的转让受限股份。

(3)目标公司为母公司主要业务的情形

若股东为法人，该法人(母公司)从事的业务中，目标公司的业务占主要部分的，可能需要追加母公司决策相关程序。即，原则上，转让股份超过母公司总资产1/5的，应经母公司股东大会决议通过。

因此，作为受让方，应与转让方股东确认是否存在上述情形，如属于，应一并确认转让方股东是否已经履行相应的程序。此外，还需注意，因召开股东大会而完成交易的需要一定的时间。

■2.3 取得股份后的公司管理

股份转让完成后，受让方作为目标公司的股东，主要通过股东大会管理目标公司的经营。股东权利详见其他章节的介绍。

股东大会决议的重大事项之一便是董事等管理人员的选任，原则上，如持有目标公司过半数[1]股份，可以安排自己提名的人员担任董事等管理人员。

自2015年2月27日起，股份公司的代表人(日文为“代表取缔役”，相当于中国法下的“法人代表”)不一定必须是日本本国居民，即(任职资格中的)居民条件被废止，在中国等日本之外的其他国家居住的人员亦可担任管理人员。

■2.4 股份取得的相关法律规制

(1)外汇法

选择采用股份取得的方式收购日本企业的，作为外汇法上规定的外国投资者[2]取得公司股份的情形，受到外商直接投资相关法规的规制。具体而言，①受让非上市公司的股份或②受让上市公司10%以上股份的，应通过日本国内的代理人，经日本银行向财务大臣及业务主管大臣进行事后报告或事先备案。需要事先备案的情形，主要是在被投资方的经营目的属于“事先备案类行业”时。请一并参照“本章第1节 总论”。

(2)金融商品交易法

目标公司为上市公司或已提交有价证券报告的，在收购其股份

1 股东大会普通决议的条件为：除章程中另有规定外，需有表决权的股东的过半数出席，经出席股东表决权的过半数通过。

2 需注意的是，即使是日本法人，其50%以上的表决权为非居民、外国法人持有的，或其管理人员的过半数为非居民的，亦有可能属于外国投资者。

时，受到金融商品交易法的规制。即以场外交易等方式获得超过一定比例(视收购等的形式而定，一般为1/3)的目标公司股份的，必须通过公开收购程序。公开收购程序需提交公开收购备案书并进行公告，一般情况下需耗时数月[1]。

此外，与目标公司股份转让相关的转让方或受让方持有目标公司的“内幕信息”的，该股份转让属于“内幕交易”，原则上禁止进行。

另外，持有目标公司股份超5%的，应通过EDINET(需事先进行ID等登录)在5日内提交大量持有报告。

因为金融商品交易法的规制，与本节“4.股份取得的相关法律规制”的其他法律法规一样复杂，所以事先应向日本国内的律师等专业人士作充分确认。

(3)反垄断法

对日投资的中国企业及目标公司都达到一定规模的，需事先向公平交易委员会备案。符合条件①的公司收购符合条件②的公司股份时，在③的情形下需要事先备案。

①的条件：

收购方与其所属集团下收购方之外的公司等在日本国内的销售额之和超200亿日元的。

②的条件：

目标公司及其子公司在日本国内销售额之和超50亿日元的。

③的条件：

持有表决权的比例重新超过20%或50%的。

(4)行业法规(因股东变更而需备案等)

根据相关法律法规的规定，在日本国内从事特定行业(如银行、金融商品交易、贷款、职业介绍、医药制造·销售、通讯、广

1 金融商品交易法第27条第2款有以下规定：提交备案书前，就进行公开收购代理人的选定、公开收购备案书的制作、与财政局的事先商谈。此外，需安排证券印刷公司及公告事宜。公开收购期间应为20-60个工作日，期间结束后，发表公开收购结果，提交公开收购报告，向出售股东发送收购通知等。

播相关等行业），需获得政府机关的许可、认证、批准、注册等(以下统称“许可等”）。

目标公司从事上述须经许可等的业务的，应考虑在股东变更及相应的董事等其他责任人更替时，原先获得的许可等是否会受到影响。

例如，某些广播行业禁止外国人担任董事或持有特定比例以上的表决权，一旦出现前述情况，许可等将被撤销[1]。此外，在其他行业，如贷款公司的股东、董事或贷款业务主管发生变更时，需要进行备案；职业介绍公司的董事或职业介绍负责人发生变更时，也需要进行备案[2]。需要事先确认在股东、董事或责任人变更时是否存在备案义务。

1 除电波法、广播法外，日本电信电话株式会社等相关法律、航空法、货物利用运输业务法中也有同样规定。

2 贷款行业法第8条、第4条第1款各项，职业安定法第32条第7款、第30条第2款各项。

3 JV、股东间协议

■3.1 JV(合资经营)的概要

所谓合资经营，指不仅停留于企业间业务合作，而是由多家(多数情形下是两家)企业通过出资、派遣员工等进行共同经营，因此而设立的经营实体便是合资企业。一般情形下，约定合资经营相关事项的合同被称为合资合同，合资企业为股份公司时，股东间签订的合同被称为股东间协议。

各企业不仅凭一己之力而是选择与其他企业合资经营的理由是多样的。例如，拥有高度技术能力的企业想开展新业务，但欠缺资金、销售能力时，就会考虑与拥有资金、销售能力的企业合资经营。选择合资经营的原因不限于技术能力、资金能力、销售能力，因个案的不同，设备、人员、客户资源、公司信用等也会成为理由。此外，上述例子设想的是多家企业欲弥补各自弱点的情形，实践中并不限于此。即使企业拥有高度技术能力、资金能力、销售能力，也存在新业务初期投入巨大的情形，或者因存在风险，出于分散自身风险的目的而与其他企业合资经营的情形。此外，企业欲于本国之外开展新业务时，也存在不允许外国企业单独出资的情形，此时则可考虑与该国企业合资经营。

如上所述，企业不凭一己之力而是选择与其他企业合资经营的主要原因，除了多家企业强强联合、互助互益，提高事业成功的可能性之外，也有分散创业风险的考量。

另一方面，因合资经营是由多家企业共同经营，各企业无法单独决定合资企业的经营方针。因此，当事方之间须在合资经营开展前，就合资企业的种类、机构设置、董事人数及其比例、合资经营的终止事由等达成一致。

此外，合资企业中存在以下特殊情形。例如，合资企业为股份公司，当事方各持有50%股份的情形下，通过新股发行进行新的融资时，若当事双方同样各出50%的，一切如常；但是，若只有一方认购股份的，各当事方的出资比例平衡就会被打破。公司法上，持有过半数表决权的股东可单独选任自己满意的董事。因此，认购新股的当事方便实质上掌握了合资企业的经营权。对此，作为少数派的当事方为了确保自己能够参与经营，便会就己方选任一定数量董事的权利等寻求双方达成一致。作为少数派的当事方，如果自己无法参与经营，便没必要进行合资经营，也就丧失了参与合资经营的动力，合资经营本身便可能无法成立。因此，需要通过谈判调整各自的利益，就此达成一致。

■3.2 合资企业的组织形态

在日本，合资企业形式除了公司法上的股份公司、合伙公司、合资公司、合同公司4种外，还有民法上的合伙、商法上的匿名合伙、依据特别法设立的有限责任事业合伙(Limited Liability Partnership，以下简称“LLP”)。其中，股份公司、合同公司、LLP的形式多被合资企业采用，因此，以下就该3类进行说明。

此外，采用合伙形式的最大好处在于税务处理。各合伙人(合资企业的出资方)可将合资经营中因设备的初期投资费用、研究开发费用等产生的损失与合资经营以外的损益共同计算，享受税务上的优惠。另一方面，因合伙不具有法人人格，合资企业不能成为权利义务的主体，合资经营相关的权利义务直接归属于各合伙人，导致权利关系复杂。而采用股份公司与合同公司的形式虽然会被征税，但具有法人人格。下表罗列各组织形态的主要不同点。

	股份公司	合同公司	LLP
是否具有法人人格／经营目的的限制	有／因经营目的的不同法人的权利能力受到限制。	同左／同左。	无／不能从事不宜适用有限责任的业务或有可能造成债权人不合理损害的业务等。
设立费用	注册资本不得低于出资额的1/2，因此注册许可税可能增加。	注册资本可在出资额范围内自由决定。	注册许可税只需6万日元。

运营费用	董事、监事及审计师的报酬、股东大会的召开费用、决算公告费用。	可自由经营。	同左。
出资方要件/责任	无限制/间接有限责任。	同左/同左。	合伙人为个人或法人，此外合伙人中至少有1人为符合条件的居民或国内法人。/直接有限责任。
机构设置	必须设置股东大会和董事会。其他机构在满足一定条件的情形下可自由设置。	可自由设置。但管理人员只能是公司员工。	可自由设置。但合伙人均有义务担任管理人员。
管理方式	董事管理公司。董事人选不局限于股东[但不属于公开公司的公司(以下简称“非公开公司”)中可限定董事只能是股东]。	管理人员只能是公司员工。由公司员工进行管理。但章程中可另行规定。	合伙人必须是管理人员。由合伙人进行管理。
管理人责任	对公司承担因懈怠任务导致的损害赔偿责任(公司法中有责任减免的规定)。对第三人承担因故意或重大过失导致的损害赔偿责任。	对公司承担因懈怠任务导致的损害赔偿责任(责任减免原则上由章程自治)。对第三人承担因故意或重大过失导致的损害赔偿责任。	对第三人承担因故意或重大过失导致的损害赔偿责任。
分配规制	盈余分配与库存股份的回购作为一个整体进行规制。发行分类股的公司、非公开公司可根据股东的不同采取不同的措施。	分为资本退回与利润分配两种规制。损益分配可在章程中另有规定。	按合伙财产的分配进行规制。损益分配可在合同另有规定。
章程、合同的变更	需股东大会作出特别决议。	原则上需要全体公司员工的同意，章程中可另有规定。	原则上需全体合伙人的同意，特定事项在合伙合同中可另有规定。

出资份额的转让	原则上可自由转让股份，也有可能会设置转让限制。	原则上转让股权需要其他所有公司员工的同意，但章程中可另有规定。原则上退出自由。	原则上转让股权需取得全体合伙人的同意。只有在不得已的情形下方同意退出，但合伙合同中可另有规定。
法律形式的变更	股东大会多数决可决定合并等组织机构的重组。但组织机构的变更需要全体股东的同意。	特定的组织机构的重组、变更等需要全体员工的同意。但章程中可另有规定。	不可以。
税务处理	向经营实体征税（法人税）。	向经营实体征税（法人税）。	向构成人员征税（合伙税）。

■3.3　合资合同(股东间协议)的内容

以下就以合资经营中常用的组织形式——股份公司为例，就股东间合意（股东间协议）的内容进行说明。

(1)出资比率

各当事方对合资公司出资比率的高低与其对合资公司的影响力直接相关。因此，签订股东间协议时最重要的便是关于出资比率的协商。

股份公司中，因多数事项可以通过股东大会过半数同意决定，在出资比率相同的情形下，存在因僵局导致合资企业的意思决定迟延的可能。因此，较多情形下，一方当事方会持有合资公司过半数的股份。然而，若由多数派的当事方控制经营，则少数派的当事方合资经营的积极性就会降低。所以，于股东间协议中，赋予各当事方选任董事、代表董事的权利或股东大会的否决权等的情形较多，在章程中，也会规定附管理人员选任权的股份、附否决权的股份、提高对股东大会或董事会的法定人数及表决条件、对不同股东采取不同的措施等。此外，对盈余的分红、剩余财产的分配也有约定采取与持股比例不同安排的。

(2)董事会的设置及董事的选任、解聘

在设有董事会的公司中，除法律、公司章程规定由股东大会决议的事项以外，由全体董事构成的董事会有权决定公司的全部事务。董事会的决议原则上由可参与表决的董事的过半数出席，出席董事的过半数通过，然后由代表董事或执行董事根据该决议执行。

另一方面，也存在全部事项基本由股东决定，董事会决议实质上流于形式化的情形。此外，公司若设董事会，原则上需3名董事和1名监事，有时很难选出这么多人才。因此，可考虑选择不设董事会(但公司法上规定有些情形下必须设董事会)。这样，过半数的董事决定公司事务，各董事根据该决定执行。

公司法规定，可通过股东大会的普通决议选任董事，因此，拥有合资公司过半数表决权的多数派可使董事会全体成员都由自己指派。但为了增强少数派合资经营的积极性，多是根据出资比例向董事会派驻相应人数的董事。这种情形下，一般会设置当事各方选任人数的分配规定，同时，达成股东大会上行使表决权相关合意。

解聘董事也可通过股东大会普通决议进行。因此，有必要提前约定解聘权，一般情形下，会约定只可解聘由己方指派的董事。然而，即使违反前述约定做出解聘决议，该等违约行为也不属于股东大会决议的取消事由，仅可请求损害赔偿。但是，因损害的计算困难等事由，有时会提前约定违约金。

代表董事有权代表公司作与公司业务相关的一切裁判或裁判外行为。根据公司法的规定，代表董事由董事会在董事中选定，通常是从多数派派驻的董事中选定。少数派不愿如此安排的，可以约定各公司各选任一位代表董事。

(3)否决权条款

鉴于持有过半数表决权的股东可以通过股东大会的普通决议决定多数事项，少数派可以考虑就特定重要事项，设定须事先取得少数派同意，作为其充分参与合资企业经营的方法。但即使违反前述约定也不会属于股东大会决议的取消事由，因此，可以预先在章程中提高表决条件。这样一来，除非得到少数当事方的同意，否则无法形成决议。

(4)融资

可以选择是让当事方承担追加投资的义务还是原则上由合资公

司自己进行融资。当事方可能不一定具备宽裕的资金，存在追加投资困难的情形。此外，即使规定这样的义务，其罚则也只是违约损害赔偿，因此也会另行规定罚则。

规定追加投资的方法为发行新股的，可能会出现(因新股发行导致)出资比例变动的情形。此时，有必要事先约定出资比例变更的相应条款，如根据原先出资比例确定的董事选任权等需根据新的出资比例进行调整等。

(5)利润分配

根据股东平等原则，分红金额应与持股数量成正比。但在少数派提供了技术、诀窍等对合资公司的经营做出贡献等的情形下，单纯按照出资比例进行分红可能存在不妥。该等情形下，可约定向少数派支付与多数派等额的分红。此外，鉴于公司一开始并不一定有充足的储备金，可以事先约定待储备金达到一定的金额后再进行分红。

(6)股份转让相关合意

根据公司法的相关规定，原则上可自由转让股份，因此各当事方可将自己持有的股份转让，从而解除合资关系。但若一方退出的话，合资经营可能难以为继。为了使当事方不得轻易退出，一般会规定未经另一当事方同意不得转让股份。多数情形下，除股份转让外，还会规定禁止事实上的转让、设置担保等一切处分行为。

在章程中规定转让限制一般并无问题，但只在合同中设置转让限制时则需引起注意。规定(股份转让)需取得其他当事方同意，只要其是以股东间协议的形式作出的，应属于合同自由，但授予公司(董事、董事会等)同意权的约定，除非存在充分的合理性，否则可能是无效的。即，公司具有同意权的约定，从公司制约股东的投资回收机会、董事可选择股东的角度来看，难说属于合同自由的范畴，因其违反股份公司制度的数个基本理念，可能会被认定为无效。

一方当事方欲处分其股份时，为排除其将合资公司的股份转让给对方当事方不受欢迎的第三方的可能性(防止技术、诀窍等为该不受欢迎的第三人所知)，一般情形下，会事先就此与受让方协商一致。

除了就此与受让方协商一致外，也可以考虑事先规定对方享有优先购买权，以排除不受欢迎的第三方取得股份的可能性。

(7)合同的解除、终止

为了在合资经营目的明显无法达成、各当事方间因产生纠纷无法共同经营事业等不得不解散合资经营的情形下，能够顺利地回收投资，需事先规定解散、终止事由等。一般情形下，应事先就“由一方当事方向对方转让股份，合资公司继续存续”还是“分配剩余财产、分摊损失，作解散处理”协商一致。

(8)其他

其他的内容还包括，合资公司进行产品研发的，需事先明确既有的知识产权及新取得的知识产权的归属。此外，鉴于各当事方若经营与合资公司相竞争的业务，合资公司的便没了竞争力，这时可能会规定竞业禁止义务。

4 事业转让

■4.1 何为事业转让

(1)事业转让的含义

事业转让是指，商人或公司向他人转让事业的交易行为。在日本判例上，“事业”意味着“因一定的事业目的而被组织化，能作为有机整体发挥作用的财产”，“事业转让”意味着“通过转让该财产，转让公司使受让人得以继承通过该财产经营的全部或部分营业活动，同时，转让公司在其转让的限度内承担竞业禁止义务”。

也就是说，不仅仅是事业资产、设备或多份合同(债权债务、合同地位等)，事业转让制度实现了包括转让标的事业的技术秘密、信息、信用、员工等在内的整体转让。

(2)事业转让的主体

商人不论其为何种形态(个人或公司，公司包括：合名公司、合资公司、合同公司、股份公司)，均可进行事业转让。但是，股份公司进行事业转让时，因为一定规模的事业转让会影响股东的利益，所以必须履行公司法规定的程序(下述)。

此外，除了正常持续经营的公司以外，特别清算程序中的清算公司、破产程序中的破产人以及民事再生程序的再生债务人，经法院许可，也可以通过财产管理人等进行事业转让。而公司重整程序中的重整公司，原则上必须根据重整计划的规定才能进行事业转让。但是，在重整程序开始后重整计划草案尚未决议通过前，对重整公司的事业重整确有必要的，经法院许可，可以通过重整管理人进行事业转让。

(3)与其他程序的区别

如下文所述，公司合并或公司分立时，虽然需要签订公司合并合同或公司分立合同，且在此之后需花费一定的时间履行该合同及其关联文件的总部留档、债权人保护程序等法定程序，但是，只要完成这些程序，就可以无需经得债权人等合同相对方的同意，而取得公司的全部财产和技术秘密等(公司合并的情形)，或概括性地继承公司分立合同中约定的继承对象的资产及权利义务等(公司分立的情形)。

另一方面，事业转让时，虽然不需要履行上述程序，但是，事业转让的生效日前，为转让构成事业的债权债务、合同地位，需分别取得合同相对方的同意。因此，在寻求同意时有可能被要求变更合同条件。而且，随着转让对象事业的规模增大，谈判的机会也相应增加而使程序繁琐，消耗时间及成本。另一方面，因为可以对合同及资产的继承进行个别调整，从而降低了受让公司从转让公司处继承帐外债务、或有债务的风险。

■4.2 事业转让的程序

(1)事业转让合同的签订

转让方与受让方之间需签订事业转让合同。多数情形下，签订事业转让合同时，会就①转让对象事业的内容，②事业转让的生效日，③转让(或不予转让)资产等内容，④与员工交接等有关的事项，⑤价格、结算日及支付方法，⑥财产的转移时期及手续(登记、注册等)，⑦费用及各项杂税费的负担，⑧竞业禁止义务，⑨转让公司的善良管理义务，⑩声明保证条款，⑪实施事业转让的前提条件，⑫缘于情势变更的合同条件变更，⑬合同解除事由(含反暴力团条款)，⑭损害赔偿，⑮与合同未约定事项有关的协议事项，⑯准据法，⑰管辖法院等进行约定。

下文将以一份事业转让合同为例，就其各条款进行解说。

【范本：事业转让合同】

事业转让合同

株式会社A(以下简称“甲方”)和株式会社B(以下简称“乙方”)，就甲方向乙方转让甲方事业相关事宜，签订以下合同(以下简称“本合同”)。

第1条(事业转让)

1　甲方向乙方转让甲方与●●相关的一部分事业(以下简称“本事业”)，乙方接受该转让(以下简称“本次转让”)。

2　本次转让日为●年●月●日(以下简称“转让日”)。但是，因为手续上的事由或在其他必要时候，在甲乙双方协商一致的前提下，可以变更转让日。

【解说】

以上规定了事业转让合同的目的及转让的效力发生日。本范本以转让甲方的一部分事业为例。

第2条(转让资产等)

1　甲方就本次转让向乙方转让附页1规定的甲方的资产和其合同上的地位(以下简称“本资产等”)，乙方接受本次转让。

2　乙方就本次转让在转让日免责接受附页2中的债务(以下简称“本受让债务”)。

3　除本受让债务以外，无论其为何法律原因，乙方就本次转让不接受所有转让日为止已经发生的债务及因转让日以前原因发生在转让日之后的债务(包括或有负债及账面外的债务)。

【解说】

特指事业转让的对象或不作为对象的资产、合同、负债等。具体的资产等内容经常会被记载在附页中。

第3条(员工的安置)

1　甲方在转移日将从事本事业的员工(以下简称“本员工”)中在转让日之前同意以乙方提出的劳动条件转移到乙方的员工转移到乙方，乙方重新雇佣这些员工。

2　乙方不接受因第1项转移员工从转让人离职而产生的所有的债务。

【解说】

第3条假定因事业转让，受让公司接受转让公司的员工的场景。但是，就像后面所叙述的，因为需要各员工的个别同意，所以事业转让合同上大多是简洁的条款。

第4条（价款及支付方式）

1 本次转让的价款（以下简称“本次转让价款”）是●日元（除去消费税，地方消费税）。

2 以第●条规定的各事项已经完成为条件，乙方在转让日将前款规定的价款全额一次性汇款到甲方另外指定的银行账户。但是，汇款所需费用由乙方负担。

【解说】

第4条规定了价款和支付方式。关于价款，在最初决定价款的基础上，有由于价款和在转让日时资产等时价相比发生差额时调整价款这种做法，也有根据转让日的时价为基准计算价款等而在事业转让合同签订时不约定具体的金额这种做法。

第5条（税收、公共费用，费用的负担）

1 与本事业及本资产相关的税收、公共费用按日为单位计算，转让日前一天之前的部分由甲方负担，转让日及之后的的部分由乙方负担。

2 甲方及乙方，无论本次转让是否实行，本合同及本次转让的交涉、准备、签订、或与其实行相关联各自发生的费用，由各自负担。

【解说】

第5条规定了产生税收、公共费用的情形和关于费用的负担。通常来说，双方为了实现公平，税收、公共费用以转让日前后决定支付的当事人，按日为单位算出负担金额。而且，多数情况下都是由各自负担各自产生的费用。

第6条（资产的交付等）

1 以第●条规定的各事项已经完成为条件，且作为支付第3条规定的本次转让价款全额的交换，甲方在转让日将本资产以现有状态交付乙方。

2 需要进行与本资产的权利转移相关的登记·登录时，甲方应在转让日之前交付乙方登记·登录转移所需必要文件和提供乙方其他必要的协助。

【解说】

第6条规定了本资产的交付。有时也会不约定该规定，但资产的转让和支付价款同时履行。另外，对于需要转移登记或转移登录的资产，因需要对方交付登记或登录所需的必要文件，所以这么规定。

第7条（竞业禁止义务）

乙方在转让日以后也对甲方从事与本事业同一事业无异议。

【解说】

就像后面叙述一样，日本公司法，转让公司只要在当事人没有另外的意思表示下，在同一的市町村的区域内及和其相邻的市町村的区域内，从事业转让日开始20年不能从事同一事业。但本范本中，展示了当事者间达成了免除甲方的竞业禁止义务的例子。

第8条(善良管理注意义务等)

甲方应在本合同签订日到转让日期间，遵守以下各事项。

(1)负有作为本资产善良管理者的注意义务管理本资产。另外，到转让日为止，甲方实行与本事业相关事业的结果，处分本资产，设定担保权等有可能权利关系发生重大变更时，甲方应事先通知乙方，并得到乙方对于该事业实行的承诺。

(2)本资产中与本事业相关的甲方合同上的地位转移至乙方时，由甲方承担费用，为从与甲方签订该合同的第三者处取得该地位转移的书面承诺尽最大的努力。

【解说】

事业转让合同签订日到转让日为止有一定的时间时，就转让对象资产对转让公司课以善良管理人的注意义务。这个范本继续规定了因转让对象资产有可能被转让公司在事业中使用或者因事业而使用，资产内容和权利关系有可能发生重大的变更(使用等导致处分，设定担保权等)，需通知受让公司，并得到其对于是否执行该业务的同意。

而且，在事业转让、合同地位转移时，需得到该合同相对方的同意，但在合同上，有时也会明确把此当做义务或者努力义务进行约定。

第9条(保密义务)

1　甲方和乙方在未经另一方当事人事先书面同意，不得向第三人披露、提供或泄露本合同的存在及与内容相关的一切信息及在本合同签订或履行过程中取得的对方的信息，或用于本合同履行以外的目的，但符合以下各项规定的信息除外。

(1)从对方取得时已为公众所知信息。

(2)从对方取得后因不能归责于己方的事由而为公众所知的信息。

(3)从对方取得时己方已持有的信息。

(4)从对方取得后，从拥有正当权限的第三人处不负保密义务而合法取得的信息。

(5)基于法律或行政上披露的要求，向法院或行政机关披露的信息。

(6)向与负有相同保密义务的自己委托的律师，会计师，投资银行及其他代理人或咨询顾问披露的信息。

2　基于前款产生的义务在转让日后●年内存续，即使本合同被解除也存续。

【解说】

事业转让时，特别是转让公司会在事业转让时向受让公司披露各种信息，所以设定保密义务，防止信息的泄露。该义务大多数情况下在事业转让结束后一定期间内仍有效。有时也会另外签订保密协议。

第10条(声明保证)

1　甲方声明保证以下事项在本合同签订日以及转让日真实准确。

(1) 甲方是依据日本法律有效成立且有效存续的株式会社，以及具有完成现行事业所需权限和能力。

(2) 甲方合法有效签订本合同，且具有履行本合同所需权限及权利。本合同的签订及履行，是甲方目的范围内的行为，且已完成法律、章程及其他公司内部规章制度规定的所有手续(但是，本合同签订日有关本次转让的股东大会的同意除外)。

(3) 甲方就本合同的签订和履行，没有违反法律、章程及其他公司内部规定或没有违反以甲方为当事人与第三方所签订的合同，没有侵犯第三方的权利。

(4) 本合同在甲方及其他合同当事人合法有效签订的情况下，基于该条款，对甲方形成合法有效且有法律约束力的义务，可对甲方进行执行。

(5) 不存在与本次转让及本资产相关联的诉讼、调停、仲裁及其他司法手续、非诉或行政上的审查、审判等手续，且不存在这些纠纷发生的可能性。

(6) 甲方声明目前不存在给付不能的情况，且不存在被申请与此相对的破产手续、民事再生、企业重整、特别清算及类似法律破产手续，且不存在被申请的原因。

(7) 本资产除了本合同或在相关部门登记、登录之外，不存在瑕疵或者担保等的负担。

2　乙方声明保证以下事项在本合同签订日以及转让日真实准确。

(1) 乙方是依据日本法律有效成立且有效存续的株式会社，以及具有完成现行事业所需权限和能力。

(2) 乙方合法有效签订本合同，且具有履行本合同所需权限及权利。本合同的签订及履行，是乙方目的范围内的行为，且已完成法律、章程及其他公司内部规章制度规定的所有手续。

(3) 乙方就本合同的签订和履行，没有违反法律、章程及其他公司内部规定或没有违反以乙方为当事人与第三方所签订的合同，没有侵犯第三方的权利。

(4) 本合同在乙方及其他合同当事人合法有效签订的情况下，基于该条款，对乙方形成合法有效且有法律约束力的义务，可对乙方进行执行。

(5) 乙方声明目前不存在给付不能的情况，且不存在被申请与此相对的破产手续、民事再生、企业重整、特别清算及类似法律破产手续，且不存在被申请的原因。

【解说】

为了合同有效成立，必须保证相关事项的真实准确，比如公司有效设立以及为了履行本合同已经完成公司内部手续等。且有时会在声明保证条款下规定尽职调查结果明确的风险、弥补法律瑕疵及没有其他瑕疵。声明保证事项较多的情形下，有时也会记载在附页中。

第11条（前提条件）

1 甲方在转让日履行本次转让的前提条件，约定为以下各项。但是，甲方可以根据其任意裁量而放弃全部条件或者一部分条件。

(1)前条第2款规定的乙方的声明保证，在转让日全部真实准确。

(2)乙方履行了本合同中转让日以前应履行的所有义务。

2 乙方在转让日履行本转让的前提条件约定如下。但乙方可以任意放弃以下全部条件或者一部分条件。

(1)前条第1款规定的甲方的声明保证，在转让日全部真实准确。

(2)甲方在股东大会上取得对本合同的同意，并向乙方提交该股东大会的会议记录的复印件。

(3)已方履行了本合同中转让日以前应履行的所有义务。

【解说】

在实行事业转让时，有时会约定前提条件。多数是以遵守表明保证事项和已履行本合同上转让日之前应履行的手续和义务为前提条件。

第12条（情势变更导致条件变更等）

本合同签订日到转让日期间，因天灾人祸及其他不可抗力，导致本资产的内容发生重大的变化或其他导致在转让日之前明显无法实现本次转让时，甲乙双方通过协商一致，可以变更本合同内容和条件，或解除本合同。

【解说】

不可抗力等情势变更导致转让日之前的事业转让实现困难时，有时会约定可变更合同条件或解除合同。

第13条（排除反社会势力）

1 甲乙双方在合同签订日和转让日明确承诺自己和自己员工没有以下事由。

(1)为暴力团伙或暴力团伙成员或脱离暴力团伙成员不超过五年的。

(2)和符合前项的人员有密切联系。

2 甲乙双方保证在本合同签订日和转让日没有利用自己或自己的员工或第三人进行以下的行为。

(1)暴力的要求行为

(2)超越法律责任的不正当要求行为

(3)交易过程中使用胁迫的言行或暴力行为

(4)散播流言、利用欺诈、权威损害对方公司信誉和妨害对方公司事业的行为。

(5)其他符合前面各项的行为

3 甲乙双方在明确本合同的相对方有前两款行为时，或违反前两款规定虚假申告时，无需催告和通知另一方，即可解除本合同。

4 甲方或乙方在因前款解除合同时，被解除的一方对于解除合同的一方不得请求损害赔偿，解除合同的一方发生损害赔偿时，被解除的一方应赔偿其损失。

【解说】

近期在日本以切断资金流入暴力团伙和其构成人员及其他的反社会势力，弱化和消除其为目的，在各都道府县条例上不仅规定了若合同相对方明显是暴力团伙、暴力团伙成员及其他相关人员时，应尽量设定可解除合同的“暴力团伙排除条款”，也规定了明知合同相对方是暴力团伙等，仍助长暴力团伙的活动，给予好处时，接受各都道府县劝告，公开的接受行政制裁，根据情况会被处于刑罚。因此，在很多的交易过程中都会设定类似本条的暴力团伙排除条款。

第14条（解除）

1　甲乙双方在对方发生以下事由时，无需催告通知对方即可解除本合同。

(1)对方当事人严重违反了其基于**第10条**规定做出的声明保证条款；

(2)违反本合同中规定的义务的其他行为；

(3)对方当事人被申请进入破产手续、民事再生手续、公司重整程序、特别清算手续及其他相类似的法律破产手续时；

(4)因不能归责于自己的事由，导致转让日之前不能实行本转让的。

2　本合同被解除时，不妨碍甲乙双方依据下一条进行损害赔偿。

【解说】

违反合同和对方信用财力明显低下等导致事业转让难以实现事由发生时，规定可以解除合同。

另外，在日本，签订双务合同的一方破产时，如果双方均未履行该合同的情况下，破产管理人有权利要求继续履行或者解除合同。

第15条（损害赔偿等）

1　甲乙双方如违反根据**第10条**承诺的声明保证，或违反本合同中规定的其他义务，造成另一方损害、损失或费用等(包括在合理范围内的律师费。以下简称“损害等”)时，应立即赔偿、补偿对方损失等。

2　前款的赔偿和补偿的范围应限定于转让日开始的●个月内，向对方当事人书面通知、请求的内容。

【解说】

第15条针对损害赔偿、损失补偿做出了规定。而且，有时会有像本范本一样，给损害赔偿设定了一定的时间限制。另外，在日本公司互相交易过程中基于债务不履行产生的损害赔偿的诉讼时效是可请求原债务履行时开始的5年。

第16条（本合同上的权利和地位转让的禁止）

甲方及乙方，未经对方当事人事前书面同意，不得向第三人转让、继承、处分基于本合同产生的地位、全部或一部分权利义务。

【解说】

第16条展示了基于事业转让合同产生的地位、权利义务在没有对方事前同意前提下禁止转让的例子。

第17条(本合同的变更等)

对本合同的修改和变更未经甲乙双方书面签名(署名)·盖章不可生效。

【解说】

第17条展示了为了让合同内容的变更更加明确化，排除口头和邮件达成的合意，合同变更在未经双方书面签名盖章不发生效力的例子。

第18条(协议)

本合同未规定的事项或对本合同解释产生疑义的事项，甲方和乙方应诚实协商以期圆满解决。

【解说】

因为在合同签订时把未确定的事项，及合同中一般不规定的细节的问题全部规定是不现实的，所以本着合同的宗旨，一般由当事人诚实友好协商解决的例子很多。

第19条(准据法)

本合同的解释和适用皆以日本法为准据法。

【解说】

在日本，大部分都是以日本法为准据法。

第20条(管辖)

甲乙双方基于本合同产生的一切纠纷，约定提交作为第一审专属合意管辖法院的●●地方法院审理。

【解说】

在日本，经常会约定把管辖当事人总公司所在地的地方法院为发生纷争时的第一审合意管辖法院。当然也可以利用仲裁来解决。

作为本合同签订之证明，本合同书制作两份，甲乙双方签名(署名)·盖章后，各持一份。

●年●月●日

甲　东京都港区虎门●丁目●番●号
　　株式会社A
　　法定代表人　X　㊞

乙　东京都千代田区霞关●丁目●番●号
B株式会社
法定代表人　Y　㊞

(附页1)本资产的内容

1. 不动产

(1)土地

(略)

【解说】

特指不动产登记事项证明书记载的所在地、地段编号、土地类别、土地面积。

(2)建筑物

(略)

【解说】

特指不动产登记事项证明书上的所在地、房屋编号、建筑物种类、建筑物构造、建筑面积。

2. 动产

(略)

3. 知识产权

(略)

【解说】

特指在专利局注册的发明等的名称和注册号等。

4. 合同上的地位

(略)

5. 其他

(略)

(附页2)本受让资产的内容

(略)

(2)转让公司的手续

股份公司转让其全部或重要的部分事业时，必须履行下述手续。转让的事业不属于“重要的部分”时，除下述日本公司法手续(A~C)中的董事(或董事会)决定(A)以外，其他手续无需履行。

A 董事决定(董事会决议)

转让公司应通过董事(公司设有董事会、提名委员会等时为董事会)，就与受让公司签订事业转让合同并实施事业转让事宜形成决定。

B 股东大会决议

经董事（或董事会）决定的事业转让合同应获得股东大会特别决议的承认。未经股东大会决议承认的事业转让合同无效。

C 反对股东的股份回购请求

a 股份回购请求是指为使反对事业转让的股东有机会回收投资，反对事业转让的转让公司股东可以请求转让公司以公平价格回购其股份。

但是，在转让全部事业时，如果前述B的股东大会决议同时通过了公司解散决议的，反对股东不得行使其股份回购请求权。因为经解散清算程序后，如果最终尚有剩余财产的，多数情况下股东取得分配。

b 可请求股份回购的股东

可行使股份回购请求权的股东为：①事业转让的股东大会决议之前已通知转让公司其反对事业转让，且于股东大会决议中实际反对事业转让的股东；②于承认事业转让的股东大会中未能行使表决权的股东；③简略事业转让（下述）等未经股东大会的情形下为全体股东（但是，简略事业转让的特别控股股东（下述）除外）。上述股东被称为“反对股东”。

c 股份回购请求的手续

转让公司必须于事业转让生效日的20日前，就事业转让事宜向股东进行个别通知。但是，①转让公司为公司法上的公开公司的，或②经股东大会决议事业转让合同已获承认的，无需个别通知，可以公告[1]形式对应。

反对股东行使股份回购请求权时，必须在事业转让生效日的20日前至生效日的前一天的期间内，明确要求回购的股份数量与种

1 公司章程可以规定以①政府公报公告、②日刊报纸登载、③电子公告中的任一方式进行公告，章程没有规定的应以①方式进行公告。进行政府公报公告时，自申请公告起至刊载为止通常需要2～3周的期间，因此需将该期间预估在内以便对应。此外，进行电子公告时，为调查电子公告是否已合法实施，必须委托电子公告调查机关进行调查，通过该机关于调查后出具的调查结果通知书，可以证明公告的合法性。

类。如果公司发行股票的，应向转让公司提交股票；如果公司实行股份划转的，应申请将回购账号设定为划转目标账号。

公司收到反对股东的股份回购请求后，应就股份的回购价格与股东进行协商，达成一致的，应自事业转让生效日起60日内支付对价。

自生效日起30日内无法达成一致的，反对股东或转让公司可在期间届满日后30日内，申请法院决定价格。在此期间内，既无法达成一致又不向法院提出申请的，反对股东可以撤回股份回购请求。

就价格决定已提出申请，而法院未作出决定之前，转让公司可以公平价格进行支付，但法院决定价格后，必须支付该价格(已经以公平价格进行支付的，则为法院决定的价格与已支付价格的差额)及该价格生效60天后起至支付完毕期间年利率6%的利息。

与股份回购请求相关的股份回购，于事业转让的生效日生效。

(3)受让公司的手续

A 公司法上的手续

a 事业的全部受让

股份公司受让事业的全部时，与转让公司相同，①就该事业的受让应经董事决定(公司设有董事会、提名委员会等时为董事会决议)，②就事业转让合同应获得股东大会特别决议的承认。此时，受让资产中含有本公司股份的，董事应于股东大会上就该本公司股份的有关事项进行说明。

受让公司中存在反对股东的，除一定比例的股东未发出反对通知的简易事业全部受让(下述)以外，需履行股份回购请求的手续。具体的手续内容，与上文2(2)C相同。

此外，受让资产中含有本公司股份的，向反对股东发出通知或公告时，必须记载事业的全部受让及该本公司股份的有关事项。

b 事业的部分受让

另一方面，事业的部分受让时，不论该事业的一部分是否重要，除非其属于事后设立，否则就事业转让合同无需股东大会的承认，也无需履行股份回购请求的手续。因此，仅需经董事决定即可

(公司设有董事会时为董事会决议〈在此之外禁止委托董事〉、设有提名委员会时为董事会决议或受董事会委托的执行董事决定)。另外，股东不得请求股份回购。

B 公平交易委员会备案

为防止事业受让对一定交易领域内的竞争造成实质性限制，事业受让满足一定的法定要件时，受让公司必须就事业受让向公平交易委员会进行备案[1]。

此外，该备案制度不仅适用于事业的全部受让，受让公司为有限责任公司时也同样适用。

具体而言，受让公司的国内销售总额[2]超过200亿日元，且①拟受让国内销售额超过30亿日元的公司的事业的全部时，或②拟受让其他公司的事业的重要部分[3]，且该受让部分的国内销售额超过30亿日元时，必须向公平交易委员会进行备案。

备案受理日起未经过30日的(公平交易委员会认为有必要时可以缩短)，禁止受让事业。

公平交易委员会对备案内容进行确认后，认为其会限制竞争的，将下达排除措施命令，要求不得进行该事业转让。此时，原则上必须在上述期间内事先通知。

另外，考虑到即便无需备案的情形下也存在被下达排除措施命

---

1 具体而言，进行备案时需提交转让公司、受让公司的概要及事业转让的经过和理由，载有转让公司、受让公司的国内市场地位的《关于事业等受让的计划书》，并附上i) 转让公司及受让公司的章程，ii) 事业转让合同复印件，iii) 转让公司及受让公司的最近会计年度的事业报告、资产负债表、损益表，iv) 转让公司及受让公司中保有超过全股东表决权1%的股东名簿，v) 转让公司及受让公司存在与该行为有关的股东大会决议或全体员工同意时，该股东大会决议或同意记录的复印件，vi) 受让公司所属企业联合集团的最终母公司出具的有价证券报告及其他能反映该受让公司所属企业联合集团的财产及损益情况的必要合理资料。

2 “国内销售总额”是指，公司所属的企业联合集团(由公司、该公司的子公司、该公司的最终母公司〈不为其他公司的子公司〉及最终母公司的子公司〈该公司及该公司的子公司除外〉组成的集团)下的各个公司的国内销售额的合计值。

3 是指对转让公司而言的重要部分。原则上，该转让对象部分应具备可以作为独立经营单位运转的形式，从转让公司事业的实际情况来看客观上拥有价值。与公司法467条规定的“事业的重要部分”并不完全一致。

令的可能性，因此，为使事业转让能顺利进行，有时也会通过与公平交易委员会事先协商等方式进行对应。

(4)金融商品交易法上的手续(转让公司、受让公司共通的手续)必须提交有价证券报告的公司可以实施：

①对该公司而言，i)预计资产额将减少或增加净资产额30%以上的事业转让、受让，或ii)预计提交公司的销售额将减少或增加10%以上的事业转让、受让；

②合并基础上，i)预计该公司的合并资产额将减少或增加30%以上的事业转让、受让，或ii)预计该公司的合并销售额将减少或增加10%以上的事业转让、受让。

但是，该公司或该合并子公司的董事(公司设有董事会、提名委员会等时为董事会)决定后，必须将载有其内容的临时报告及时提交内阁总理大臣。

此外，上市公司决定实施满足一定标准的事业的全部或部分转让、受让时，有义务立即披露其内容。

■4.3 简略事业转让、受让、简易事业受让

事业转让满足一定要件时，无需股东大会的承认。下文予以详述。

(1)简略事业转让等

实施事业转让或事业的全部受让的公司持有该转让或受让的相对方的全部股东表决权的9/10(章程规定的比例高于该比例的，依章程规定)以上时(这类转让公司、事业全部的受让公司称为“特别控股公司”)，实施事业转让或事业的全部受让的公司无需经股东大会承认。其被称为“简略事业转让”、“简略事业全部受让”。但是，从特别控股公司以外的股东的投资回收机会的观点出发，必须履行以特别控股公司以外的股东为对象的股份回购请求手续。

(2)简易事业全部受让

作为事业转让的对价，受让公司向转让公司交付的财产的账面

价格的合计值不超过受让公司的净资产额[1]的1/5(章程规定的比例低于该比例的，依章程规定)时，就该事业受让，受让公司无需经股东大会承认(转让公司仍需完成通常的事业转让手续)。其被称为“简易事业全部受让”。

实施简易事业全部受让时，受让公司必须于该事业受让的生效日20日前将事业全部受让事宜，以及受让资产中含有本公司股份的事项一并通知股东(公开公司的情形下公告即可)。

通知或公告起两周内，受让公司内拥有可行使表决权股份中一定数量股份的股东就该事业受让向受让公司发出反对通知的，在事业受让生效日的前一天为止，必须获得股东大会的承认。股东无人反对自不必说，反对股东未达到一定比例的，也不得请求股份回购。但是，发出反对通知的股东达到一定比例，且在股东大会上也存在表示反对的股东时，这些股东可以请求股份回购。

■4.4　事业转让的其他规制

(1)竞业禁止

除非当事人间另有意思表示，否则自事业转让日起20年内，转让公司不得在同一市町村及其相邻市町村内从事同一事业。因此，如果双方达成一致，则可以通过延长或缩短该期限、免除竞业禁止义务等形式，加重或减轻其义务范围。

但是，在达成不得从事同一事业的特别约定的情形下，该特别约定仍存在仅限于自事业转让日起30年内有效这一上限。

此外，转让公司不负竞业禁止义务的，也不能以不正当竞争的目的从事与转让事业相同的事业。

---

1 “净资产额”是指，算定基准日［事业全部受让的合同签订日（合同约定与合同签订日不同时〈仅限于合同签订日至生效日前的时间〉，依合同约定）］的①注册资本，②资本公积金，③利润公积金，④公司法446条规定的盈余金，⑤最终事业年度末的评价、换算差额等，⑥新股认购权的账面价格的合计值，减去⑦本公司股份及本公司新股认购权的账面价格的合计值后所得的金额。但是，受让公司在算定基准日时为清算股份公司的，则为资产负债表中的资产项计入金额减去负债项计入金额后所得的金额。

违反竞业禁止义务的，可以基于债务不履行或侵权行为请求损害赔偿或事业停止。

(2)因沿用商号而产生的受让公司责任

受让公司继续使用转让公司商号的，受让公司负责偿还因转让公司的事业而产生的债务。但是，受让事业后及时在其总部所在地就其不负责偿还转让公司债务进行登记的，则无需承担该责任；就其不负责偿还转让公司债务已向债权人等第三人发出通知的，则对该债权人等第三人无需承担该责任。

受让公司负责偿还转让公司债务的，对事业转让日起2年内未请求或未预告请求的债权人，该期限经过后转让公司的责任归于消灭。

(3)受让公司的债务继承

即使受让公司不继续使用转让公司商号，如果其发出公告称其继承因转让公司的事业而产生的债务，则转让公司的债权人可要求受让公司予以偿还。

此种情形下，对公告日起2年内未请求或未预告请求的债权人，该期限经过后转让公司的责任归于消灭。

(4)恶意事业转让的撤销

转让公司明知将侵害不为受让公司所继承的债务的债权人（“残存债权人”）仍转让事业的（“恶意事业转让”），残存债权人可以受让公司继承的财产价值为限，要求其履行该债务。但是，受让公司在事业转让生效日时不知道侵害残存债权人的事实的，残存债权人不能要求受让公司履行债务。

另外，受让公司对残存债权人承担债务履行责任的，残存债权人自知道该事业转让侵害其自身时起2年内未请求或未预告请求的，或自事业转让生效日起经过20年的，该责任归于消灭。

■4.5　继承的各项资产、合同的注意点

(1)不动产

不动产的所有权可以当事人的意思而转移，可以因事业转让合同而转移至受让公司。但是，为对抗第三人权利，受让公司需向管

辖该不动产的法务局完成所有权转移登记。

(2)动产及其他资产

动产的所有权也可以当事人的意思而转移，可以因事业转让合同而转移至受让公司。此外，原则上，受让公司因接受该动产交付而具备第三人对抗要件，但是在适用《与动产及债权转让的对抗要件相关的民法特例等有关的法律》时，也可以借助动产转让登记。

另外，针对该动产设有登记制度时(汽车、船舶、飞机等)，作为第三人对抗要件，需要履行转移登记手续。

除此以外，就发明专利、实用新型、外观设计、商标、种苗法上的品种等知识产权而言，为使转移生效，需要向特许厅进行转移登记。

(3)债权、债务

受让债权时，作为第三人对抗要件，转让公司需向债务人发出载有确定日期的通知，或取得债务人的载有确定日期的承诺书。在适用《与动产及债权转让的对抗要件相关的民法特例等有关的法律》时，也可以借助债权转让登记。

继承债务时，如果是与转让公司一并继承债务的，无需债权人同意，但是如果转让公司免除债务而由受让公司予以继承的，因债务人的财力等发生变化，为保护债权人，故需取得债权人同意。

(4)员工(劳动合同)

转让公司的员工，不因转让公司与受让公司间的约定而被自然继承的，需取得该员工本人的同意。根据判例，进入公司时的总括性同意并不足以构成该同意，而是需要事业转让时的个别具体同意。

对不予继承的员工，如果继续雇用的，因涉及岗位变更，故需事先予以说明。如果随着事业转让而考虑解雇剩余员工的，不能以其从事的事业不复存在为由进行解雇，而需根据与裁员解雇相同的标准判断其有效性。即i)是否存在应进行解雇的经营必要性，ii)转让公司是否为避免解雇已穷尽所有努力，iii)解雇人员的选择标准是否合理，iv)针对工会及员工的说明与协商是否充分。

在继承员工时，受让公司既可以原样继承转让公司的劳动合同，也可以要求员工从转让公司离职后重新签订劳动合同。实务中，转让公司要求员工出具载有转籍公司(受让公司)、转籍日期、转籍后的待遇等的《转籍承诺书》，而受让公司向该员工交付载明劳动条件的文书的做法较为多见。不论何种情形，维持转让公司的劳动条件而继承员工的，受让公司在今后变更劳动条件时，应注意避免构成不利变更。

(5)许可等

为从事该事业需取得主管部门的许可或进行登记的，因该许可或登记不能继承，故受让公司在受让事业时，必须重新向主管部门进行许可或登记的申请和备案。为防止许可取得需要花费时间而导致事业开始前产生空白期，应注意提前与主管部门进行交涉，并事先收集必要文件。

5 合并

■5.1 总论

5.1.1 意义

合并是两个以上的公司(当事公司)通过签订合同进行的行为，具有被部分当事公司或者新设公司整体继承的效果。

5.1.2 种类

合并分为吸收合并与新设合并。吸收合并是指由合并后存续的公司(存续公司)继承经合并而消亡的公司(消亡公司)的全部权利义务。新设合并是指由经合并而设立的公司(新设公司)继承经合并而消亡的公司的全部权利义务。

5.1.3 效果

(1)权利义务的继承

①概要

通过合并，存续公司或者新设公司整体继承消亡公司的权利义务。即使签订了以不继承消亡公司的全部或部分债务为内容的合并合同，该合同也是无效的。

因此，消亡公司存在未支付加班费等账外债务或系争案件的潜在账外债务时，由于存续公司或者新设公司将全部继承，因此需要留意。实务中，为了减轻存续公司或者新设公司继承计划外的账外债务等风险，一般消亡公司会对存续公司或者新设公司做出以下声明或保证：消亡公司不存在已披露债务之外的债务。

②合同地位

通过合并，存续公司或者新设公司当然也整体继承消亡公司的合同地位。

但是，合同当事人之间，有时会规定因合并等而发生公司支配权的变更时，合同相对方取得解除合同的权利，或者消亡公司需要提前通知(所谓的Change of Control条款)。对于消亡公司的业务存续所不可或缺的合同中附加Change of Control条款的情形，由于预计的业务可能因合并而无法存续，因此附加Change of Control条款时，为了让合同相对方认可合并一事，有时需要采取一定的措施。

③雇佣合同

通过合并，存续公司或者新设公司当然整体继承消亡公司的合同地位，存续公司或者新设公司也继承与员工的雇佣合同。因此，如前所述，也会继承账外未支付的加班费等。

同时，即使原样继承之前的雇佣合同，实际中也会产生人事劳务管理问题。

例如，在存续公司与消亡公司中消亡公司的劳动条件较为有利时，如果将存续公司的劳动条件调整至消亡公司，则为有利劳动条件的变更，不会产生特别的问题。但是，将消亡公司的劳动条件调整至存续公司时，对于消亡公司的员工来说为不利劳动条件的变更，需要依据劳动合同法履行相应程序。

另外，伴随合并，也会因亏损部门的清理、分店的统合撤销而进行人员裁减，仅以合并为理由解雇员工不具有合理性，进行相应程序时需要关注滥用解雇权的法理等。

④许可

因实施组织重组交易，关于公司迄今为止获得的许可，存在需要向管辖的主管机关履行备案等程序的情形。虽然在股份转让、股东发生变更的情况下也存在无需重新办理的情形，但是，如合并等给组织本身带来变更时，几乎均需要前述备案等一定的程序。

实务中，一般会制作许可清单，并向主管机关询问合并时是否需要办理相应程序。

(2)消亡公司股东的继承

新设合并中，必定会向消亡公司股东交付新设公司的股份以取代消亡公司的股份。

与此相对，吸收合并中，既可以交付存续公司的股份，也可交付其他财产。例如可以交付金钱、存续公司母公司的股份等。

因此，在新设合并中，消亡公司的股东必定作为股东被继承，而在吸收合并中，消亡公司的股东未必被继承。

■5.2 普通合并程序

公司为办理普通合并程序，需要签订合并合同、备置合并合同，经过股东大会的承认，进行债权人保护程序并进行合并登记。其中部分程序有所不同的简易合并以及简略合并，将在下文进行论述。

5.2.1 合并合同

因合并为当事人约定，因此需要当事公司的代表人签订合并合同。

由于合并合同对于股东等的影响重大，因此法律规定了合并合同中应记载的如下事项(并非不允许记载下述事项以外的事项)：

(1)合并条件

规定合并时存续公司或者新设公司取代消亡公司的股份而向消亡公司的股东进行交付的股份、金钱、其他财产的数量·金额或者其计算方法。存续公司或者新设公司交付股份时，需要规定资本金及资本公积金的金额等相关事项。

另外，还规定如何分配存续公司或者新设公司向消亡公司股东交付的股份(合并比例)等。

(2)组织及体制

规定新设合并的目的、商号、总部所在地及可发行股份总数等其他章程中规定的事项、设立时董事等的姓名。

(3)吸收合并的生效时期

规定吸收合并时合并的生效日。

与此相对，由于新设合并在新设公司的设立登记日生效，因此无需在合并合同中规定生效日。

5.2.2 合并合同的备置

由于合并合同需要经过股东大会的承认决议，且合并程序中存在瑕疵时可能被提起合并无效之诉，因此，为有助于上述判断，该吸收合并的各当事方自吸收合并合同等的备置开始日起至生效日后经过六个月之日为止，必须将记载合并合同以及对方当事公司的计算资料等内容的书面文件备置于总部。

5.2.3 股东大会

(1)股东大会之日

股份公司为了签订合并合同，需要获得各当事公司股东大会决议的承认。当存在可能因合并而受损的某一类型股东时，还需要该类型股东的股东大会的承认。

该合并决议需要在合并合同记载的生效日的前一日之前做出。

(2)决议要件

以承认合并合同为内容的股东大会决议，需要经过特别决议。特别决议是指，需要能够行使表决权的股东表决权的过半数出席，并经已出席的该股东表决权的三分之二以上同意的决议。

(3)反对股东的回购请求权

反对公司合并的消亡公司股东以及存续公司股东可以向公司请求以公平价格回购自己持有的股份。

将要行使股份回购请求权的股东，需要在做出合并决议的股东大会之前向公司通知反对合并决议之内容，并表示将在该股东大会上反对合并。

此时的“公平价格”存在争议，一般为包括合并所导致的协同效果的价格。

5.2.4 债权人保护程序

(1)程序

由于合并为整体继承对方当事公司的债权债务，对方财产状况的不佳将给偿还能力带来重大障碍，债权人可能受到不利影响。因此，需要履行债权人保护程序。该债权人保护程序必须在合并生效日前完结。

公司应当将合并事项、对方当事公司的商号及住所、公司计算文件相关事项、债权人在一定期间内可以陈述异议的内容在政府公报上进行公告，并且向已知的债权人进行特别催告。但是，通过章程规定登载时事相关事项的日报或电子公告进行公告时不需要上述催告。

(2)效果

债权人在上述规定期间内未陈述异议时，视为认可了公司的合并合同。

与此相对，债权人在规定期间内陈述异议时，被异议的公司应当对陈述异议的债权人进行偿还，或者提供相应的担保，或者以使之受偿为目的将相应的财产信托给信托公司等。

5.2.5 登记

(1)吸收合并

股份公司进行吸收合并时，生效日起两周以内，在存续公司的总部所在地，消亡公司应当进行解散登记，存续公司应当进行变更登记。

如上所述，吸收合并在合并合同中规定的日期生效，合并登记并非生效要件。

(2)新设合并

股份公司进行新设合并时，于①承认合并的股东大会决议日、②对股东进行股份回购请求权的通知及公告之日后几日内(根据合同决定)、③债权人异议程序完结之日、④当事公司协商一致确定之日中较迟之日起两周以内，于新设公司的总部所在地，消亡公司应当进行解散登记、新设公司应当进行设立登记。

与吸收合并不同，新设合并经设立登记生效。

(3)登记费用

吸收合并的登记许可税为因合并而资本金增加额的千分之一点五。与此相对，新设合并的登记许可税为新设公司资本金的千分之一点五，一般来说吸收合并可以较低地抑制登记许可税。

■5.3 简略合并、简易合并

5.3.1 简略合并

吸收合并的一方当事公司持有其他当事公司总股东表决权的十分之九以上时(持有表决权十分之九以上股份的公司称“特别控制公司”，被持有公司称“从属公司”)，从属公司不需要股东大会的承认。其他程序与普通合并相同。

另外，特别控制公司的股东不享有股份回购请求权。

5.3.2 简易合并

进行吸收合并时，合并时交付的存续公司的股份数乘以每股纯资产得到的金额以及合并时交付的存续公司债务等其他财产的账面金额的合计额不超过存续公司纯资产的五分之一时，不需要存续公司的股东大会决议。但是，存续公司进行简易合并的通知以及公告之日起两周以内，持有法务省令所规定数量股份的股东通知公司其反对简易合并时，不能进行简易合并，需要通过股东大会决议批准合并合同。其他程序与普通合并一致。

另外，存续公司的股东不享有股份回购请求权。

■5.4 停止、无效之诉

5.4.1 停止

股东在合并①违反法律或章程，或者②简略合并中合并条件明显不当，且股东可能受到不利影响时，可以向公司请求停止该合并。

合并合同违反法律的情况，包括合并合同中没有法定记载事项、反对股东不履行回购请求程序等。

因此，为了避免股东提出停止请求，圆满地进行合并程序，当然应当在不违反法律或者章程规定的前提下慎重推进合并程序。

5.4.2 无效之诉

股东、董事、监事等仅可以在合并生效之日起六个月以内通过诉讼的形式主张合并无效。

合并的无效原因在法律中并无规定，而是交由解释确定。例如，合并合同中无法定记载事项一般为合并无效的原因，而合并比例不公并非合并无效的原因。

因此，为避免股东等提出合并无效之诉，圆满地进行合并程序，首先应当在不违反法律或者章程的前提下慎重推进合并程序。

6 公司分立

■6.1 公司分立的意义、目的

公司分立中存在吸收分立与新设分立两种。

首先，吸收分立是指股份公司或者合同公司将有关其业务的全部或部分权利义务交由分立后的其他公司继承。

另外，新设分立是指一个或两个以上的股份公司或者合同公司将有关其业务的全部或部分权利义务由因分立而设立的公司继承。

多元化经营企业为了实现经营的效率化，利用公司分立作为将部分业务交给其他公司(子公司)，或者将业务完全剥离后出售给集团外的其他企业，或者与其他公司的同一业务部门合并组成合资企业的手段。

■6.2 公司分立的程序

(1)公司分立的特色

公司分立具有将分立公司的权利义务以一般继承的方式转移至继承公司、设立公司的效果，但对于分立公司的债权人、劳动者等的权利义务相对方来说可能存在不利之处，因此，存在上述人员的保护程序等特色。

首先，进行公司分立时的一般流程介绍如下。

(2)吸收分立合同、新设分立计划的制作

吸收分立中分立公司与继承公司之间签订吸收分立合同，新设分立中分立公司制作新设分立计划。

在吸收分立合同、新设分立计划中存在以下法定记载事项，该事项必须进行记载。

首先，①作为公司相关事项，需要当事公司的商号、总部所在地。同时，在新设分立中，新设分立计划需要记载设立公司的目的、商号、总部所在地、可发行股份总数以及其他章程中应规定事项等。另外，还需记载②由继承公司、设立公司继承的权利义务相关事项、③分立对价等分立条件、④其他事项(公司分立的生效日等)。

(3)提前披露事项的总部备置

吸收分立、新设分立的各当事公司为了判断股东是否会在股东大会上承认公司分立合同或计划、以及债权人是否会对公司分立陈述异议等，以提供必要信息为目的，应当将记载下述提前披露事项的书面文件(或者电磁记录)自一定的备置开始日起，至分立生效日后经过6个月之日为止的期限内，备置于总部：

①吸收分立合同、新设分立计划的内容；

②分立条件的适当性等相关事项；

③对方当事公司的计算文件等内容；

④该当事公司的重要后发事项等内容；

⑤分立公司、继承公司、设立公司的生效日后债务履行预期的相关事项；

⑥各提前披露事项的内容发生变更时变更后的该事项。

各当事公司的股东及债权人在营业时间内随时可以请求阅览记载上述提前披露事项的书面文件等，同时，在支付公司规定费用的条件下可以请求交付其誊本或抄本等。

(4)公司分立的承认决议

在吸收分立中，分立公司及继承公司在公司分立合同中规定的吸收分立生效日的前一日之前，关于公司分立合同，需要经过股东大会的特别决议[拥有该股东大会中可以行使表决权的股东表决权的过半数(章程中规定三分之一以上的比例时，为章程规定的比例以上)的股东出席，并经出席股东的表决权的三分之二(章程中规定超出此比例时为章程规定的比例)以上同意]。

另外，在新设分立中，分立公司在新设分立登记之前，就公司分立计划需要经股东大会特别决议承认。

(5)反对股东的股份回购请求权和新股认购权回购请求权

公司分立时，反对分立的当事公司股东可以向该公司请求以公平的价格回购自己持有的股份。这是为了将公司分立这种给公司组织的基础带来本质变更的行为经股东大会多数决得以实现的同时，给予反对股东以从公司退出的机会，同时向选择退出的股东适当分配企业价值。

并且，为了确保股东行使该回购请求权的机会，公司分立的当事公司存在向拥有股份回购请求权的股东进行通知或公告的义务，吸收分立的情形下于生效日20日之前，新设分立的情形下于新设分立计划被承认的股东大会决议之日起两周以内，需要向该股东进行记载以下法定事项的通知：

吸收分立情形下的分立公司：①进行吸收分立之意、②继承公司的商号及住所；

吸收分立情形下的继承公司：①进行吸收分立之意、②分立公司的商号及住所、③分立公司持有的继承公司股份通过吸收分立被继承公司继承时，该股份相关事项；

新设分立情形下的分立公司：①进行新设分立之意、②其他分立公司及设立公司的商号及住所。

(6)债权人异议程序

公司分立中，由于会给公司的债权人带来重大影响，因此需要对债权人进行规定的债权人异议程序。

具体而言，原则上在政府公报上进行公告后，分立公司对无法向公司分立后的分立公司请求其履行债务的债权人，继承公司对全部债权人，均需要进行个别催告。

应进行公告以及个别催告的事项为：①进行吸收分立或者新设分立之意、②对方公司的商号及住所、③分立公司及继承公司的计算文件相关公告或者个别催告之日中较早之日的最终业务年度相关资产负债表要点等、④债权人可以在一定期间内(公司可以在不超过一个月的期间中决定)陈述异议之意。

关于债权人异议程序的时期，生效日之前完成即可，虽然关于开始日期没有规定，但由于自个别催告到达日起需要一个月的异议申诉期间，因此需要预估该期间发送个别催告。

债权人在异议申诉期间未陈述异议时，视为该债权人承认了公司分立，但陈述了异议的情形下，除即使进行公司分立也不可能损害上述债权人的情形外，都应当进行偿还。另外，关于是否存在损害债权人的可能，应综合考虑债权额、偿还期、公司的财务情况等进行判断。

(7)劳动者异议申请程序

根据吸收分立合同、新设分立计划的规定，原则上雇佣合同在未取得每个劳动者的同意的情形下也被继承公司、设立公司所继承。

但是，由于公司分立关系到劳动者的重大利益，①公司应当于承认吸收分立合同、新设分立计划的股东大会召开日的两周以前，向一定的劳动者书面通知法定事项。同时，②一定的劳动者，就劳动合同的继承或者不继承，拥有陈述异议的权利，在行使了该权利的情形下，无论分立合同、计划的内容如何，都将按照提出了该异议的劳动者的申请，继承或不继承劳动合同。

(8)公司分立的生效及登记程序

公司分立中，作为公司分立对象的权利义务一般于生效日当天被继承公司、设立公司所继承。

并且，在吸收分立中，生效日起两周以内，继承公司以及分立公司应于继承公司的总部所在地进行公司分立的变更登记。

另外，新设分立的情形下，应于①批准分立决议之日、②股份回购请求权的通知或公告日起经过20日之日、③债权人异议程序终了之日等日期中较迟之日起两周以内，于设立公司的总部所在地，分立公司进行变更登记，设立公司进行设立登记。新设分立经设立公司的设立登记生效。

(9)事后披露事项的总部备置

作为继承公司、设立公司所继承的分立公司的权利义务及其他分立相关事项，分立公司以及继承公司、设立公司有义务于公司分立生效日后及时与对方当事公司共同制作记载(记录)下述事后披露事项的书面文件(电磁记录)，并将其于公司分立的生效日起6个月以内备置于总部。此系为向公司股东、债权人等提供判断是否提起分立无效之诉的信息。

吸收分立中分立公司以及继承公司的事后披露事项为：①生效日、②分立公司中停止请求程序等的经过、③继承公司中停止请求程序等的经过、④继承公司由分立公司继承的重要权利义务相关事项、⑤进行分立相关变更登记之日、⑥其他分立有关的重要事项。另外，新设分立中分立公司及设立公司的事后披露事项为：①生效日、②分立公司中停止请求程序等的经过、③设立公司由分立公司继承的重要权利义务相关事项、④其他分立相关重要事项。

并且，如股东、债权人等其他利害关系人提出阅览或者誊本、抄本交付请求，公司应当同意。

■6.3 简易分立

公司分立中，对于给分立公司或者继承公司股东带来的影响轻微的事项，允许在不取得股东大会的承认决议的情形下进行分立，该分立被称为简易分立。

作为简易分立的要件，分立公司中继承对象资产的账簿价额应为分立公司总资产额的五分之一(章程中规定更小的比例时按照章程规定的比例)以下。

另外，继承公司中，分立对价的价额(①作为分立对价交付的继承公司的股份数×该股份每股的纯资产额、②作为分立对价交付的继承公司的公司债务、新股认购权或者带新股预约权的公司债务的账簿价额以及③作为分立对价交付的继承公司的股份以外财产的账簿价额的合计金额)应为继承公司纯资产额的五分之一(章程中规定更小的比例时按照章程规定的比例)以下。

满足以上要件的情形下，在分立公司或者继承公司中不需要股东大会，并且也不认可反对股东的股份回购请求权。

■6.4 简略分立

在吸收分立中，一方当事公司为其他方的特别控股公司时，原则上不需要从属公司的股东大会决议，这称为简略分立。

特别控股公司是指单独或者与全资子公司一起持有A公司全部股东表决权90%以上的B公司。

满足以上要件的情形下，不需要从属公司的股东大会决议，特别控股公司也不享有对从属公司的股份回购请求权。

■6.5 股东制止公司分立

为保护因公司分立而受到不利影响的股东，①公司分立违反法律或章程，且该股东可能受到不利影响时(简易分立的情形除外)，或者②该公司满足简略分立要件的情形下，依照分立公司或者继承公司的财产状况及其他情形，分立对价的约定显失公平，且该股东(从属公司的股东)可能受到不利影响时(简易分立的情形除外)，股东在公司分立生效之前，可以制止公司分立。另外，公司分立违反法律是指：①吸收分立合同或新设分立计划的内容违法、②吸收分立合同或新设分立计划等相关文件等的不备置或存在虚假记载、③吸收分立合同、新设分立计划的承认决议中存在瑕疵、④未履行法定的股份(新股认购权)回购请求程序、⑤未履行法定的债权人异议程序、⑥不满足简易分立或简略分立的要件却进行了相关程序等。

如上所述，将要进行公司分立时，需要注意是否存在该制止事由。

■6.6 公司分立的无效

公司分立的分立程序中存在瑕疵的，为分立无效的原因。

作为无效原因的具体例，如①股东大会中公司分立合同或计划承认决议的撤销、无效或不存在，②未制作分立合同或计划或者缺少必要记载事项等分立合同，计划的制作违反法律时，③未履行债权人保护程序时，④未备置记载分立内容的书面文件等情形。

公司分立的无效仅可通过诉讼进行主张，原则上自分立生效日起6个月以内，仅①生效日作为公司分立当事方的公司股东、董事、执行官、监事、清算人，②公司分立后各公司的上述人员、其破产管理人，③未承认公司分立的债权人可以提起诉讼。

吸收分立时被告为分立公司和继承公司，新设分立时被告为分立公司和设立公司双方。

确定公司分立的效力为无效时，该判决的效力及于第三人，但无溯及力。

因此，确定吸收分立无效时，分立后归属于继承公司的财产为各当事公司共有，债务为连带债务。

另外，确定新设分立无效时，设立公司解散，分立后归属于设立公司的财产、债务归于分立公司。

7 股份交换、股份转移

■7.1 股份交换

7.1.1 股份交换的概要

(1)股份交换的意义

股份交换是指股份公司将其已发行的全部股份转让给其他股份公司或合同公司。

为换取全资母公司的公司股份或金钱等对价，全资子公司的股份公司的股东持有的股份全部转移给全资母公司，从而达到创设完全母子公司关系的目的。因此，股份交换可以被作为企业收购、现存子公司的完全子公司化等的手段加以利用。

过去只承认完全母公司的公司股份作为完全子公司的股份的对价，因此使用了“股份交换”这一名称。但是，如下文所述，随着法律的修改，股份交换的对价不再限于完全母公司的公司股份，现金、公司债券等其他的财产作为股份交换的对价也得到了认可，因此，现在“股份交换”这一名称已经没有太大意义了。

尽管存在通过取得其他公司股份来收购企业的方法(例如，TOB等公开招股)，但在公开招股时，如有股东反对，则因不能取得股份而不能成为完全子公司。与此相不同的是，在股份交换的情况下，即使存在反对股东，只要履行了规定的程序，则可以强制转移股份成为完全子公司。

(2)外国公司进行股份交换的可行性

对于中国企业等外国公司能否直接作为当事公司进行股份交换，存在不同意见，在实务中也被认为存在很大困难。因此，尽管外国公司不能通过股份交换的方法将日本的企业直接子公司化，但可以通过在日本国内设立完全子公司，并通过该子公司进行股份交换的方式实现股份交换。这被称为三角股份交换，将在下文进行详细叙述。

7.1.2 股份交换的程序

(1)程序的概要

在进行股份交换时，主要是按照以下的程序办理：

① 签订股份交换合同

② 对股份交换合同等进行的事前公示(备置)

③ 股东大会批准通过股份交换合同

④ 收购反对股东等的股份等

⑤ 债权人保护程序

⑥ 股份转移生效

⑦ 股份交换相关文件的事后公示(备置)

(2)程序所需时间

从签订股份交换合同到股份交换生效，通常需要2个月，最短1个月。

7.1.3 股份交换合同

(1)股份交换合同的概要

在进行股份交换时，首先，股份交换的当事方公司之间需要签订股份交换合同。法律未规定合同必须采用书面形式，但实务中通常都采用书面形式。

因签订股份交换合同属于执行重要事务，因此在设有董事会的公司，在签订合同前需要先经董事会通过。

股份交换合同中必须规定的法定事项有：①股份交换当事方公司的商号及住所；②向完全子公司的股东支付的对价内容；③与②的配额相关的事项(交换比率)；④(在完全子公司发行新股认购权的情形下，交付完全母公司的新股认购权时)对该新股认购权人交付的完全母公司的新股认购权的内容等；⑤与④的配额相关的事项；⑥股份交换的生效日。股份交换合同中，没有规定上述法定事项或规定的内容违法时，原则上会导致股份交换无效。

在这些法定事项之外，还可以就股份交换条件的变更、解除相关事项，截止股份交换生效时的公司财产管理相关事项等任意事项进行规定，可以在不违反法令的范围内根据需要来约定相关事项。

(2) 股份交换的对价(与外国公司进行股份交换)

除完全母公司的股份之外，还可以交付金钱、公司债券、新股认购权、附新股认购权的公司债券等其他财产作为支付给完全子公司的股东的对价。如前所述，尽管外国公司不能直接进行股份交换，但可以将外国公司的股份作为股份交换的对价，通过在日本设立子公司进行股份交换，这被称为三角股份交换。

具体而言，即在日本设立完全子公司，该子公司与收购对象公司之间签订股份交换合同，约定将外国公司的股份作为收购对象公司的股东的股份对价，据此实施股份交换后，收购对象公司的股东成为外国公司的股东。与之相对，收购对象公司成为其在日本设立的完全子公司的完全子公司(孙公司)，以达到企业收购的目的。

7.1.4 事前公示(备置)

除股份交换合同的内容，对公司法实施细则中规定的交换对价的合理性等相关事项，需要事先在当事公司的总部进行备置。

具体而言，从下述①至③中较早的日期(①至③都不符合时，在签订股份交换合同之日起满两周)开始到股份交换生效开始后6个月内进行备置：

① 在股东大会批准通过股份交换合同的两周前的1日；

② 为收购反对股东等的股份等的通知日或公告日中较早的1日；

③ 为进行债权人异议程序的公告日或催告日中较早的1日。

7.1.5 股东大会对股份交换合同的承认

股份交换合同原则上需要取得当事公司股东大会的特别决议的承认。特别决议是指，可以行使表决权的股东表决权的过半数(章程中规定三分之一以上的比例时，为章程规定的比例以上)的股东出席，并经出席股东的表决权的三分之二(章程中规定超出此比例时为章程规定的比例)以上同意的决议。

此外，还存在当事公司是种类股份发行公司，股份交换的对价是限制转让股份或是附取得条款的股份等情况，此时决议的要件可能会更加严格。

当符合简易股份交换或简略股份交换时，不需要取得股东大会的承认。简易股份交换与简略股份交换将在下文进行叙述。

7.1.6 反对股东等的股份等的回购请求权

(1) 股份等回购请求权的概要

因股份交换会给现有股东造成重大影响，因此原则上认可反对股份交换的股东具有请求以公平价格回购自己所持股份的回购请求权。出于同样的宗旨，完全子公司发行新股认购权时，其新股认购权的回购请求权也被认可。

拥有股份回购请求权的股东，是指符合下述任一条件的股东：

① 在股东大会召开前向公司通知其反对股份交换，并在股东大会中也表示反对；

② 不能在股东大会行使表决权的股东；

③ 股份交换合同不需要经股东大会批准时的股东。

此外，在下述情形下，认可新股认购权的收购请求权：①股份交换合同中未约定当初的发行条款下应有的待遇的，以及②没有在发行阶段约定发行条款的。

(2)程序

1)对股东等的通知

当事公司，应当在股份交换生效日20日前，告知各方股东股份交换一事及向完全子公司的股东告知完全母公司的商号及住所，向完全母公司的股东告知完全子公司的商号及住所。对于新股认购权，仅需通知完全子公司的新股认购权人。

但是，当事公司是公开公司或股份交换合同已取得股东大会承认时，可以公告的方式代替通知。

2)反对股东等的股份回购请求

可行使股份等回购请求的股东行使股份回购请求时，应当自股份交换生效日20日前至生效日前一日为止，向公司表明行使回购请求的股份种类(新股认购权的内容)与数量后进行请求。

3)公司对股份等的回购

在反对股东提出符合法律规定的股份等的回购请求时，公司必须以公平价格回购收到回购请求的股份。

关于公平价格的具体计算方法，公司法中并未做规定，首先应当是由公司与反对股东等进行协商。协商期间为股份交换的生效日起30日以内，协商不成时，可以在股份交换的生效日起60日以内请求法院决定回购价格。

7.1.7 债权人保护程序

(1)需要启动债权人保护程序的情况

在股份交换程序中，原则上不需要启动债权人保护程序，但在下述两种情况下，需要启动债权人保护程序：

① 完全母公司继受取得完全子公司的附新股认购权的公司债券；

② 完全母公司向完全子公司的股东交付的对价是完全母公司的股份之外的其他财产。

(2)对象债权人

1)完全母公司继受取得完全子公司的附新股认购权的公司债券：

① 完全母公司的所有债权人(完全母公司实施债权人保护程序)；

② 附新股认购权的公司债券的债权人(完全子公司实施债权人保护程序)。

2) 完全母公司向完全子公司的股东交付的对价是完全母公司的股份之外的其他财产：

完全母公司的所有债权人(完全母公司实施债权人保护程序)。

(3)债权人保护程序的概要

当存在对象债权人时，必须启动债权人保护程序。债权人保护程序通过在公报上就公司法中规定的债权人可以在一定的时间内提出异议等事项进行公告的同时，对债权人采取个别催告的方式进行。但章程中有规定的，可以在登载时事相关事项的日报或电子公告进行公告的方式代替个别催告。

因债权人保护程序要求异议申诉时间为公告之日起1个月以

上，因此，最迟需要在股份交换生效日的1个月以前启动债权人保护程序。

没有进行必要的债权人保护程序时，除了会构成股份交换的无效事由，也可能会导致对董事等处以罚款。

(4)公告等的记载事项

债权人保护程序中的公告，需要记载下述事项：

① 进行股份交换的意向；

② 完全母公司的商号及住所(完全子公司进行公告时)或完全子公司的商号及住所(完全母公司进行公告时)；

③ 与完全母公司及完全子公司的计算文件相关的事项；

④ 债权人可以在一定期间(一个月以上)提出异议。

(5)对异议的应对

债权人提出异议时，原则上当事公司应当向债权人清偿债务或提供相应的担保，或以使债权人受到清偿为目的向信托公司等托管价值相当的财产。

但是，在设有充分的担保等不会危害该债权人利益的情形下，无需进行债务清偿。

7.1.8 股份交换的生效日

股份交换在股份交换合同中约定的日期生效。

如在生效日之前还未获得股东大会的承认或没有完成债权人保护程序的，则股份交换不生效。

因此，如在股份交换合同约定的日期之前还没有完成这些程序时，则当事公司需要在生效日之前协商变更生效日。

7.1.9 事后公示(备置)

当事方公司须在股份交换生效后及时共同将记载了下述①至⑤事项的书面资料于各自的总部备置6个月：

① 股份交换的生效日；

② 完全子公司的股份回购请求、新股认购权回购请求、债权人保护程序等各程序的过程；

③ 完全母公司的股份回购请求、债权人保护程序的各个程序

的过程；

④ 通过股份交换转移到完全母公司的完全子公司股份的数量；

⑤ 其他与股份交换相关的重要事项。

7.1.10 简易股份交换、简略股份交换

(1) 简易股份交换

当完全母公司向完全子公司的股东交付的股份交换的对价只占完全母公司的净资产的五分之一以下时，可以通过简易股份交换程序，不需要得到完全母公司的股东大会承认。但在符合下述①至③时，不仅需要获得完全母公司的股东大会承认，且在完全母公司是种类股份发行公司时，还需要种类股东大会的决议：

① 完全母公司出现股份交换损失；

② 完全母公司的全部股份被限制转让，且限制转让的股份被作为股份交换的对价；

③ 完全母公司就股份交换事项发布通知或公告后两周内，持有法务省令规定的股份数量的股东就反对股份交换发出通知。

(2) 简略股份交换

在单独或与其全资子公司、持有全资的法人共同持有占90%以上全部表决权的，可进行简略股份交换程序，不需要被控股公司股东大会的决议。但当完全母公司的全部股份被限制转让，限制转让股份作为股份交换的对价时不能进行简略股份交换程序，并且在完全母公司是种类股份发行公司时，需要种类股东大会的决议。

(3) 股份交换停止请求

在进行简易股份交换、简略股份交换时，股东可以在符合下述①或②时请求停止股份交换。

① 股份交换违反了法令或章程

② 与当事公司的财产状况或其他的情况相较，股份交换合同中约定的对价支付或配额相关的事项显失公平。

7.1.11 股份交换的无效

股份交换合同违反法律规定或股份交换程序不合法时，会导致

股份交换合同无效。主张股份交换合同无效的，只能提起诉讼。起诉方限定为当事公司的股东或债权人等，必须在股份交换的生效日起6个月以内提起诉讼。

法院判决股份交换无效时，今后的股份交换不再具有效力。

■7.2 股份转移

7.2.1 股份转移的意义

股份转移是指一个或两个以上股份公司将其已发行的股份全部转移给新设立的股份公司。

股份转移是通过已成立的股份公司的股东将其持有的股份全部转移给新设立的股份公司，已成立的股份公司的股东作为转移的对价取得新设立的股份公司股份的方式，达到创设完全母子公司关系的目的，可用于已成立的公司创设控股公司。

因股份转移与股份交换存在很多相似部分，因此，以下集中对股份转移与股份交换的区别进行说明。

7.2.2 股份转移计划的制作及承认

在股份交换中，需要签订股份交换合同并得到股东大会的承认，与此相对，在股份转移时，需要制定股份转移计划并得到股东大会的承认。

在股份转移计划中必须规定的法定事项有：①设立完全母公司的目的、商号、总部所在地及可能发行的股份总数，以及其他章程中规定的事项；②完全母公司设立时的董事及监事等的姓名等；③向完全子公司股东交付的完全母公司股份相关的事项，以及完全母公司的资本金及公积金的金额相关的事项；④与③的配额相关的事项；⑤向完全子公司股东交付公司债券、新股认购权或附新股认购权的公司债券时，与之相关的事项及与配额相关事项；⑥完全母公司向完全子公司的新股认购权人交付完全母公司的新股认购权时，与该完全母公司的新股认购权相关的事项及其配额相关事项。

7.2.3 事前公示(备置)

除股份转移合同的内容外，对于公司法实施细则中规定的转移对价的合理性等相关的事项，需要事先在当事方公司的总公司进行备置。备置开始日以及期限与股份交换相同。

7.2.4 反对股东的股份等的回购请求权

在股份转移中，反对股东或新股认购权者也可以请求以公平价格回购自己持有的股份。

完全子公司需要在股东大会通过股份转移计划之日起2周以内，向股东等就股份转移的事项及其他的完全子公司及完全母公司的商号、住所进行通知或公告，在该通知或公告日起20日以内，请求回购的股份种类(新股认购权的内容)及数量明确后，公司应当按照公平价格回购相应的股份。股份回购于完全母公司成立之日生效。

7.2.5 债权人保护程序

股份转移中债权人保护程序的对象仅指附新股认购权的公司债权人。债权人保护的程序与股份交换基本相同，但公司债权人必须依照公司债权人会议的决议陈述异议。

7.2.6 股份转移的生效日

股份转移的效力于完全母公司设立之日起生效。此外，进行股份转移时必须进行股份转移登记。

7.2.7 事后披露(备置)

当事方公司在股份转移生效后应及时共同将记载有以下①至④内容的书面资料等在各自的总部备置6个月：

① 股份转移的生效日；

② 完全子公司股份回购请求、新股认购权回购请求、债权人保护程序等各程序的过程；

③ 通过股份转移转移到完全母公司的完全子公司的股份数量；

④ 其他股份转移相关的重要事项。

7.2.8 简易股份转移、简略股份转移

在股份转移中，不认可简易股份转移及简略股份转移的程序，股份转移计划必须经过股东大会决议。

7.2.9 股份转移的无效

当股份转移的计划违反法律规定或股份转移程序不合法时，股份转移无效。

股份转移无效的程序及无效判决的效果与股份交换基本相同，但有权起诉人中不包括债权人及破产管理人。

第 4 章

日本的房地产投资

日本的房地产投资

中国企业、个人或由中国企业控股的日本企业在日本购买房地产或者投资房地产时，原则上不需要取得相关政府的许可。但是，所购买的房地产须遵循日本房地产的各种法律法规(详细内容如下所示)，将房屋出租租赁时，也须遵循多项法律法规。因此，在日本购买和投资房地产时，需要与房地产公司或者律师确认不同性质的房地产的相关法律法规。

■1. 日本房地产的相关法律概要

在日本建造房屋时，必须遵循《城市规划法》、《建筑标准法》等多项法律。在房屋的设计阶段，需向行政部门提交《房屋建筑申请书》，行政部门(建筑主管部门)或民间的指定检验机构审核其是否符合相关法律法规。在未取得行政部门的批准前禁止施工。另外，施工完成后，行政部门将审核其是否按设计规划进行施工，审核通过后签发审核证书。

另外，有一些房屋不符合相关法律法规的要求，出售此类房屋给第三方时，因为房屋本身是违法建筑，很有可能不能获得银行贷款。这样，房屋也将难以转手出售。

《城市规划法》中，将土地使用分区划分为12类。除了规定了建设用地、不可建设用地，还规定了高度地区对高度的限制标准(高度地区：建筑物的最高高度或最低高度有某些限制的地区)、防火地区的预防火灾险情标准等。

同时，《建筑标准法》规定：根据地区来制定建筑覆盖率和占地面积，以及多项斜线(道路斜线、北侧斜线)规定作为对高度的规定，还制定了多项有关安全方面的规定。

另外，日本制定了有关建筑景观的限制条件的各项条例。其中规定：依据建筑所在地和建筑的构造、规模等，来制定相应的景观标准。所以在购买土地或者建造房屋时，需向建筑公司、设计师、房产公司的专家等进行确认。在日本，签订房产买卖合同时，若卖方是住宅用地交易责任人或者住宅用地交易责任人通过中介公司交易的情况，卖方必须向买方通过书面的形式写明“重要事项说明书”，以说明所出售的房屋在法律上受到何种限制，并由专业人员向买方进行说明。

另外，在购置房地产后，若进行租赁业务时，《借地借家法》有关于结束居住用租赁相关的国土交通省的方针或者租赁纠纷防止条例(指东京的情况)等内容，这方面的内容将在后文进行描述。

■2. 登记制度

日本实行房地产登记制度。法务省管辖的法务局中，分区域保管着有关各区域的房地产记录册(房地产登记簿查册表、设计图、土地面积测量图、建筑设计图等)。房地产登记簿查册表中记载土地的所在地、地号、土地面积等信息，同时也记载房屋的室号、房屋性质、构造、建筑年数、占地面积等信息。另外，在所有权一栏中，还记录着产权人姓名、地址、产权转移记录及其原因，其他抵押记录及产权暂定转移登记等无需登记的项目。除产权之外的相关权力的事项栏里，记录着抵押权或者租赁权的设置、变更、转移、消除(但是，关于租赁权，即使《租赁法》没有登记，违反的情况也在增加)。因此，只要获取房地产登记簿查册表，就能获取有关该房地产的基础信息。

另外，设计图指的是，一种收集地号的地图形文件。不论该土地还是它的相邻土地的地号都可以利用设计图进行查询。

在日本房产交易买卖时，在进行产权转移的登记手续时必须由负责相关登记手续的司法代书人(类似于中国的中介或者律师事务所)陪同。登记手续完成后，平成17年(2005年)前会发行产权证书。平成17年(2005年)后，由于房地产登记法的改定，目前变更为发行12位英文字母和数字组合的号码。

■3. 产权、租地权

在日本，土地所有权一般是土地占有、处置、使用和收益的权利(土地、建筑各自作为不同的不动产，土地、建筑各自拥有各自的产权)。

租地权是利用其他土地权力中的一种。租地权的种类有租赁权、地上权和地役权，大部分为租赁权。

租赁权指的是，以将他人所有的土地作为自己的房屋为目的，房屋承租人支付金额(租赁费用)进行租赁的权力。根据《借地借家法》等法律，该权力(租赁权)受到强力保障。根据《借地借家法》，原则上租地权的有效期规定为20年以上(木制等非坚固建筑)或30年以上(钢筋混凝土制等坚固建筑)。到期后，将被强制进行更新，所以除了超过一定时间内不支付借地费用以外，实际的租地权将永久持有。

综上，租地权受到法律法的严格保护，当租地权自身(拥有租地权的房屋)作为交易对象时，其交易金额为土地价格的60%~70%。但是，如果进行租地权买卖时，一般情况下都要求土地持有方作出承诺，支付承诺转让费用。

关于产权房和租地权房的比例，在日本绝大部分都是产权房，租地权房仅占总数的5~10%(产权房：在自己的土地上盖自己的房子；租地权房：在他人的土地上盖自己的房子)。

另外，在日本的公寓基本都是“区分所有建筑物”。“区分所有建筑物”指的是，一栋建筑物由多个产权人共同拥有，其中包括各产权人单独拥有的部分(专用部分)和全体产权人共同拥有的部分(共用部分)。共用部分指的是，入口和走廊、电梯、阳台(避难走道包含于共用部分中)、外壁和窗等。此外，建筑物所在土地也由全体产权人共有，或由全体产权人共同组建的管理组织拥有。

■4. 担保物权

向金融机构贷款时可将房地产用于抵押，行使“抵押权”或“根抵押权”。

向金融机构贷款用于购买不动产时，多使用“抵押权”。向金融机构长期进行非固定的债券的担保时，多使用“根抵押权”。“抵押权”及“根抵押权”均可在房地产登记簿查册表上查询。原则上，即使行使以上担保权，也不会限制对房地产的使用(抵押权：有固定数额，规定还款期限的贷款；根抵押权：没有固定数额，仅有上限金额，可在还款期限前累计不超过上限金额的贷款)。

■5. 建筑的构造、抗震标准

日本的建筑物的构造分为木造、铁骨造(S造)、钢筋混凝土造(RC造)、铁骨钢筋混凝土造(SRC造)。公寓、办公室、商业建筑物等多为RC造或SRC造，家宅和小型公寓等建筑物多为木造。

根据修改后的《建筑标准法》的规定，日本的房地产分类两类，1981年5月31日以前审核通过《房屋建筑申请书》的房屋区归为旧抗震房地产，其后则归为新抗震房地产。在地震多发的日本，对新抗震房地产的需求必然增加，价格也有上升的倾向。此外，向金融机构贷款时，若使用旧抗震房地产用作抵押，金融机构的贷款审批会较为困难。但是，最近行政机关开始积极地开展关于抗震级别的审查工作，扶持抗震房屋改建工程，抗震改建的建筑物也逐渐增加。

■6. 买卖相关当事人

在日本买卖房地产时，通常以通过行政许可经营的宅邸建筑交易公司(房地产公司)作为中介进行交易(信托银行、金融机构也会从事房地产业务)。虽然房地产公司会在房地产买卖前，调查必要的相关项目，但很多情况下，较大型的买卖则会让专业调查公司进行调查(专业公司会在投资者准备投资，或金融机构准备承包前，为事先正确地掌握投资对象的风险收益而进行多项调查)，由房地产鉴定师估价，再由律师调查其权利关系。

在房地产交易中必须制定交易合同。一般情况下，是由房地产公司制定，大型交易和权利关系较为复杂的情况下，大部分由律师制定。

此外，还会由司法书士进行登记，由测量师进行土地面积的测量，由建筑公司等进行购买后的修葺等。所涉及的相关人员非常繁杂。

■7. 日本的房地产投资对象

日本主要的房地产投资对象如下：

独栋高级公寓	单人公寓	房型基本为1间房间+1间厨房。 可以分割成许多小型房间来得到更高的投资回报率。 这种类型的投资，在房地产投资中最有人气。
	家庭公寓	房型为1LDK、2DK、2LDK、3LDK等面向家庭的房型。 因为选择此类房型的住户一旦入住就会住很久，属于比较稳定的投资（数字为房间数，L：起居室，D：餐室，K：厨房）。
	混合公寓	混合以上两种房型。 大多情况下整栋楼里的高楼层为家庭公寓，低楼层为单身公寓。
独栋大厦	办公大楼	办公大楼最重要的是离开车站的距离和其便利性。 如果其便利性不佳，会导致难以出租，所以不推荐投资。
	商务大楼	商务大楼最重要的一点就是要离车站近。虽然它的收益率比办公大楼好，但是容易弄脏，所以管理起来很麻烦。并且能否出租给餐饮相关的用户需要根据供排水容量、管道来决定。
独栋公寓	独栋公寓	价格适中（多为小型楼盘）。 由于是木制结构，很容易产生噪音问题。 需要频繁地进行装修维护。
区分所有建筑物	单人间	价格更便宜，投资起步门槛低。 由于是按户出售、租赁的公寓，所以必须另外支付管理费、房屋维修公积金给管理机构，到手的租金会变少。（NET收益额〈实际收益额〉降低）
	家庭间	购买价格为3000多万日元～6000万日元左右，比投资整栋公寓便宜，但因为房屋是整体出租，所以如果没有人住就没有收入。 适合长期居住的人。

独门独院	租赁式独门独院	位于市中心的带有停车位的租赁式独门独户很受欢迎。 但是，其维护费可能会比高级公寓要高。另外，相比购买价格，它的租金收入并不看好。
其他	民宿住房	因为访日的外籍人士激增，导致预订酒店特别困难，所以民宿住房最近也多了起来。虽然AIRBENDB等也在经营此项业务，但目前在日本，此行为大部分情况下都属于违法行为。并且由于是将公寓的一间房间作为民宿使用，所以邻里会经常产生矛盾。 目前，国家法律正对此放宽，并制定相关的新规。预计在短时间内将在全国解除限制。 一旦法律出台使之合法化后，可将独栋高级公寓作为出租对象。 民宿住房的收益率可能会很高(根据运营公司情况不同)。
	土地	可将土地建成投币式停车场。 仅作为方便车辆进出的停车场，不需额外开销。 地价升值时还能够资本增益。

另外，考虑投资房地产时，注意以下补充内容。

【补充1】

关于面积的表示方法	1坪＝3.30578㎡　　1坪＝2帖(一块榻榻米的大小) 1帖＝900cm×180cm 例：西式房间6帖＝3坪(3.3×3＝9.9㎡) ※一般情况下，用坪来表示土地的面积

【补充2】

房间的面积	在东京，房间面积普遍有以下几种情况： 单人房(1房・1K)＝18㎡～22㎡ 家庭房(2DK・2LDK)＝40㎡～60㎡ 家庭房(3DK・3LDK)＝55㎡～75㎡ (数字为房间数，L：起居室，D：餐室，K：厨房)

【补充3】

收益率的计算方法　A:表面收益率(总收益率) / 租金等全部收入÷购买价格所得到的收益率

B:NET收益率(实际收益率) / (租金等全部收入－运营所需费用)÷购买价格所得到的收益率

※预估收益率，指在有空房的情况下，推算此空房招租后收到租金的假定收入

※确定收益率，指已确定为满房的情况下计算的租金等收入

2016年目前的平均收益率参见下表。

独栋楼盘 (高级公寓・大楼)	建10年以内的RC造	3~4%左右
	建11~30年以内的新抗震RC造	5%左右
	旧抗震RC造	7%左右
	S造　新抗震	7%左右
公寓	新楼盘	5%左右
	旧抗震	7%左右
区分所有建筑物	单人新房	5%
	单人旧房	7~8%
	家庭新房	5%左右
	家庭旧房	6%左右

【补充4】

需要事先告知的房屋　曾发生过事件、事故、火灾的房屋。

尤其是曾发生过自杀或杀人事件的房屋很难借给日本人。

如果发生过以上情况的，必须事先告知。

如有暴力团相关人员入住也需要告知。

■8. 购买房地产的主要流程

购买房地产的流程主要如下。从签订合同到成功购买为止的时间根据买卖双方商议决定，如没有特殊情况，一般为1个月~1.5个月左右。

寻找房地产 ↓	■ 考虑所要购买的房地产的种类和地区。
参观房地产 ↓	■ 实地参观房地产。如果是空房，最好检查一下空房的内部情况。
购买前的准备工作 ↓	■ 参观后，如果对该房地产满意，可以做购买前的准备。 ①检查购买资金计划； ②详细检查其合法性(检查是不是违法建筑物等)； ③填写购买申请书，商议购买条件。 随后，向卖方表示自己有购买的意向，并提交申请。买方在此购买申请中向卖方商议价格和交货时间。需要注意的是，在日本很多情况下忌讳大金额的讨价还价。
同意双方的买卖条件 ↓	■ 当买卖双方同意了买卖条件(金额、时间等)，就可以决定签署合同的日期。 签署合同日期一般为买卖同意双方的条件后的一星期以内。
事先说明有关合同和房地产的内容情况 ↓	■ 在签署合同前，需要双方确认合同内容和重要事项说明书(有关楼盘情况的说明书)。
签订合同 ↓	■ 在卖方、买方、中介公司均在场的情况下支付押金。签署买卖合同。 一般情况下，最好本人去日本签约。非本人签约的情况下，需要事先准备好委托书。
付款、交货 ↓	■ 一般情况下，由司法书士的陪同下在金融机构里，进行付款和交货(以下内容也同时在同地点进行)。 同时办理以下项目，且需本人亲自去日本办理。 ①付尾款　②办理产权转移手续　③设置买方的抵押权　④注销卖方的抵押权　⑤交货(交接钥匙)　⑥结算固定财产税、都市计划(规划)税　⑦结算管理费、修缮公积金　⑧通知入住者　⑨通知房屋管理公司
完成登记	■ 司法书士将会寄送登记完成证书(登记识别号)。

■9. 买卖合同的主要项目

日本的不动产买卖合同上同条款，主要包括以下内容。

(1)定金

房产的买卖交易中，一般情况下，签约时买方应向卖方支付费用的10%~20%左右作为定金。截止买卖双方协商的定金解约期前，买方可以通过放弃押金的方式或通过支付双倍定金的方式解约。通常在买卖合同里将其作为定金解约条款。

(2)瑕疵担保责任

在不动产交易中，卖方需承担民法上的瑕疵担保责任，如有房产中隐藏的瑕疵(主要为漏雨、白蚁问题，供排水管漏水、故障等)，买方可解除交易合同或索取损害赔偿。当房地产交易方为卖方时，索赔有效期间为交易日起2年以上(对买方有不利的特别条款时无效)，卖方为个人时，索赔有效期间大多为3个月左右。

这些瑕疵担保责任，当买方事前已经知道有此瑕疵时，卖方不承担责任。所以卖方需以书面形式告知买方已知瑕疵事项。

(3)贷款特别条款

房地产买卖合同中，当向金融机构贷款购买房地产时，签署合同时还需加上使用贷款的特别条款。在日本，以房产作为抵押贷款进行购房资金申请时，在签署交易合同后，需附交易合同的复印件。所以，在签署合同时，还不能确定是否能够申请到贷款。因此在一般情况下，会在合同上附加使用贷款的特别条款。

使用贷款的特别条款指的是，万一全部贷款或部分贷款不被金融机关认可时，截止贷款批复日期(根据买卖双方协议)为止，能够解约的条款内容。并且这种情况下，仅将无利息返还已支付的押金，并没有其他罚款。

(4)房屋交接前的损失、损毁

从签署买卖合同至房屋交接日为止，若因自然灾害或非买卖双方的责任而导致交易房产毁灭消失时，双方可解约。该情况下，卖方应返还买方已收取的定金。

另外，交易房产损毁时，卖方应修复交易房产并交付买方。修复困难或需要花费大量费用进行修理时，可以提出解约。

(5)违约金条款

买卖双方因对方怠慢履行债务的义务时，可向对方索取违约金。违约金的金额由买卖双方事先协议制定，一般为交易额的10%~20%。不论实际产生的损害金额是多少，对方都不得提出增减违约金额。

另外，定金也作为违约金的一部分。

(6)非反社会势力条款

该条款规定买卖双方各自为非暴力组织和暴力组织相关企业，且不得将房产用于暴力组织和暴力组织相关企业。违反该条款时的违约金将比上述规定的一般违约金多。

由于各地都制定实施了《暴力组织排除条例》，因此该条款基本在所有的房产买卖合同、租赁合同里均有记载。

■10. 购买房地产的各项费用

购买房地产的各项费用参见下表。

中介手续费		交易价格×3%＋6万日元(国土交通省规定) 支付日期：签合同期时交一半、 房屋交房结算时交另一半。
印花税	贴在合同上	贴在买卖合同上的印花，根据买卖金额有所不同。 买卖价格1000万日元以上～5000万日元以下：10000日元 5000万日元以上～1亿日元以下：30000日元 1亿日元以上～5亿日元以下：60000日元 支付日期：签合同时。
	贷款合同 ※使用贷款时	贴在贷款合同(金钱消费借贷合同)等上的印花税票。根据贷款金额有所不同。 贷款金额：1000万日元以上～5000万日元以下：20,200日元左右 5000万日元以上～1亿日元以下：60,200日元左右 支付日期：贷款合同签署时。

登记费用	产权转移费 抵押权办理费	由买方承担办理产权转移和抵押权所需的登记费用。 金额根据楼盘的估价和办理抵押权费用有所不同。 另外，登记费用的大部分是登记许可税。 税费：土地＝固定资产税评估额×1.5% 建筑＝固定资产税评估额×3% 办理抵押权费＝债权金额×0.4% 支付日期：房屋交房结算时。
	登记费用	当所购买的房产是新建（独门独户、高级公寓等）建筑时所需的费用。 由买方承担建筑物自身的登记费用。 独门独户大概需要10～11万日元左右。 支付日期：房屋交房结算时(也可以是登记申请期间)。
贷款经费 ※使用贷款时	办公手续费	使用贷款购买房产时，需向金融机构支付办公手续费，其费用根据金融机构有所不同。 支付日期：房屋交房结算时（还贷期间）。
	保证金	担保公司为确保贷款金额而产生的费用，根据贷款金额和还贷年限有所不同，支付给担保公司。 另外，有时会出现利息上调的情况，所以此时不能全额付款。 支付日期：房屋交房结算时。
	团体信用保险费	该保险用于万一债务者本人死亡时，能够全额还贷。 一般不需要特别增加利息。保险费根据贷款金额来定。 支付日期：房屋交房结算时。
	火灾保险费	如果使用贷款，很多情况下必须投保火灾保险。 一般为全额支付还贷年限的所有保险费，但根据金融机构的不同，也有可能会要求每年投保一次。 金融机构多会指定保险公司。 支付日期：房屋交房结算时。
结算费用	固定资产税等结算费用	买卖双方于交货日期，以天为单位结算楼盘每年所需的固定资产税、都市计划（规划）税。 支付日期：房屋交房结算时。
	管理费等结算费用	买卖高级公寓时，同上以天为单位结算其所需的管理费、修缮公积金、其他使用费等。 但是，当产权人变更手续没在管理公司的日程内时，以2个月的金额来结算。 支付日期：房屋交房结算时。

税费	房屋购置税	购买房地产后，都道府县税事务所将寄送纳税通知单。 税费：用于居住／土地＝固定资产税评估额×3% 建筑物＝固定资产税评估额×3% 用于居住以外／土地＝固定资产税评估额×3% 建筑物＝固定资产税评估额×4% ※土地有相关税务减免政策，即税率扣除固定资产税评估额的1/2（有时间的限制）

【其他】

购买二手房时，买方将于交货日期起，以天为单位从卖方处承接日开始结算租金、管理费。另外还要从卖方处承接押金和保证金。

此外，如果买方要延续使用卖方的管理公司时，管理所需的经费（电梯管理费、供排水设备管理费）等也将以天为单位进行结算，房屋交接手续完成后所产生的费用由买方支付。

■11. 购买时所需的资料

以下是在日本购买房地产时所需的资料。

(1)个人（在日本没有住所的情况下）：

宣誓供述书（名字、出生年月日、户籍所在地、住址、居民编号。以上内容经本人确认无误后，并由中国国内的公证人盖章。日本有房地产登记制度，以一户为单位记录产权人的姓名和地址）

护照（附有正面照片的身份证明）

印章（也可以签字，但最好提前准备好印章）

(2)个人（已在日本登记的外籍人士）：

外籍人士登记证

外籍人士记载事项证书原件（发放之日起3个月之内）

印章证书（发放之日起3个月之内）

公章

(3)法人（在日本没有设立办事处、分公司）：

宣誓供述书（记录公司的总公司、商号、法人代表，并由中国国内的公证人盖章。）

公司公章

法人代表护照

(4)法人(在日本设立有办事处、分公司)

公司商业登记簿副本

公司的印章证书(发放之日起3个月之内)

公司公章

公司的印章证书

法人代表或交易者的护照

■12. 其他手续

- 外汇法规定，如是居住在国外的外籍人士，必须在购买房地产后20天以内通过日本银行向财务省作有关的事后报告。

- 关于支付房屋购置税，支付固定资产税、城市规划税，需选择一名在日本的纳税管理员进行支付申报(在每年的收支时以及出售时)。此外，关于纳税管理，需要支付额外的费用。

- 在交易前，应事先把汇款打进办事处或分公司在日本设立的银行账户、有信用的纳税管理者或管理公司的存款账户里。

■13. 租赁业务

购买房地产后，如需开展租赁业务，必须执行下述工作。居住在国外的人如需开展租赁业务，需要将以下所有事项都委托给专门的业务公司进行办理。

购买后的工作
- 入住者变更通知手续以及签订租赁合同
- 开始建筑物管理业务(或承接)

一般管理工作
- 征收租金、管理费等
- 对建筑物进行定期检查
- 对应房客的投诉
- 修理故障和问题
- 支付必须的管理费用
- 空房招租，陪同参观

- 和新房客签订租赁合同
- 更新手续
- 退房的对应和结算
- 安排恢复原状工程

业务委托费用基本是所收取费用的5~6%＋消费税(目前为8%)。

当居住在国外的人(非日本居住者)要进行房地产投资时，需要委托指定的纳税管理人处理以下事项。此时会产生额外的费用。

纳税管理人工作	• 代支付固定资产税、都市计划(规划)税 • 代执行每年的申报 • 代执行出售时的申报

■14. 出租方在租赁业务中主要承担的费用

房东在开展租赁业务中主要承担以下费用：

出租方在租赁业务中主要的开销(用于居住)	签订合同时：中介手续费1个月+税(支付给房地产公司)。 入住期间：如设备发生故障时所需的修理、更换费用。 更新时：更新手续费0.5个月+税(支付给房地产公司)。 退房时：恢复原状工程费(更换壁纸、榻榻米等)。 管理手续费：委托房地产公司进行管理运营时会产生的费用，一般是所收租金的5~6%+税。 保险费：房东和房客各自投保。 固定资产税：持有房产时所产生的固定资产税、都市计划(规划)税。 其他：持有整栋建筑时所产生的建筑物整体的管理、检查费用。(电梯检查、防灾设备检查、供排水设备检查、清洁费等)

■15. 租赁业务

(1) 对承租人的保障

日本对于房地产的承租人通过《借地借家法》进行大力保障。

原本，租赁权是一项较弱的权利，但《借地借家法》中的部分条款作为强制条款，优先使用在租赁合同的各项条款中。例如，即使房地产的租赁合同期满，一般情况下也会被强制更新条款，从而保护了承租人的租房权利。此外，在裁决上，只要承租人不违反合同规定的义务，没有故意破坏承租人、出租人的信赖关系，出租人单方面解除房地产的租赁合同是不被认可的。

(2) 租赁交易中的款项

房地产租赁中，签订合约时和合约有效期内需支付多项费用(根据地域，所支付的款项会有些许不同)。

①房租、共同支出

房租多指，承租人在截止每月指定日期前预付的次月费用。另外也有可能会在所支付的房租中加上共同支出或管理费等用于共用部分管理的费用。在每月中途退租时，普遍以天为单位计算房租等费用。

②押金

押金是指，承租人向出租人保证会支付房租、不损害房屋现状的费用等。在签约时所支付的费用，在用于居住在东京圈的情况下一般是1~2月左右的房租，在用于店铺的情况下一般是3~12个月的房租，具体由出租人决定。

另外，合同终止后，会扣除未付房租和损害房屋现状的费用等承租人必须承担的费用，并返还余额。根据地域不同，押金制度也有所不同。

③酬谢金

酬谢金是指，签约时承租人所支付的费用，多为1~2个月左右的房租。另外，酬谢金在退租时不予返还。

④更新费用

更新费用是指，租赁合同更新时承租人所支付的费用，多为1~1.5个月左右的最新租金。

⑤房屋恢复原状义务所需费用

租赁合同终止后，承租人须将租借的房地产恢复至租赁开始时的状态。承租人须将租赁合同开始后所更改的部分、新增的部分返还原样。

另外，一般情况下，特别条款中还规定了承租人，不仅要将业务用建筑（店铺、办公室）中承租人新增、更改的部分恢复原状外，还要修复常年老化的部分。居住用建筑则需根据国土交通省的方针及条例，一般情况下，特别条款还规定了承租人不仅需要恢复常年老化部分，还须承担房屋清扫的费用。需要留意的是，在合同里大多会另行规定恢复原状的范围和方法。

(3)担保人、担保公司

在日本签约租赁合同时，承租人的债务必须有担保人做保证。对担保人的基本要求是在日本的亲戚等，且与承租人有相同的收入。如担保人无法满足以上条件，可使用担保公司。担保公司是指代替担保人保证承租人债务的私营企业，在利用担保公司的情况下，需接受审查。担保费用是合同中所规定的1个月左右的费用，因为每年都需要更新，所以还需支付1万日元左右的更新费用。

(4)其他

承租人大多需投保《承租人赔偿责任保险》（火灾保险）。每2年的费用约为1.5万日元~2万日元。保险条款包括对承租人的家财补偿、补偿因火灾等引起的出租人的房屋损害、因漏水引起的楼下住户的补偿费用等内容。

另外，出租的房屋曾遭遇过事故、火灾等情况时，在招租时，必须告知新住户（有些租客心里会纠结一些物品的瑕疵，如不提前告知，有可能会被索取精神赔偿）。

(5)管理

持有一整栋建筑的情况下，须对入住者进行管理和对建筑进行定期管理。以上项目，如是一般规模的房产可由房产公司对应。但如果是规模较大的房产则必须由资产管理公司负责入住者的管理和运营管理，并委托物业公司等专业公司或大型房产公司进行房屋建筑的管理。

必要的管理中所需诸多费用，包括合同管理，征收房租及拖欠管理，更新手续，退租手续，建筑、设备的定期检查，内外装修的报价、下单、施工管理，定期清扫，维护管理等。

■16. 其他各种费用

(1)拥有不动产期间的各费用

拥有不动产期间的各种费用主要是以下几项：固定资产税、城市规划税、维护修缮费用、管理费用、火灾保险费用、地震保险费用等。根据管理的物品，管理的内容，其管理费用也不同。

独栋式建筑的维护费有许多种。电梯定期检查、供排水设备定期检查、供电·变电设备检查、消防设备检查等的费用都作为物业费支付给物业管理公司。

另外，“区分所有建筑物”（指的是一栋楼里的各个单元）和“一户式建筑”除了固定资产税、城市规划税之外，“区分所有建筑物”还需支付公寓管理组织制定的管理费和修缮公积金。

(2)拥有不动产时的税金

不动产持有者需缴纳固定资产税和城市规划税。2016年4月1日开始的税额概要如下：

固定资产税：固定资产税评估额*1.4/100(标准税率)

城市规划税：固定资产税评估额*3/1000(标准税率)

另外，根据税减政策，不同土地和住宅用房屋的税金相比上述税金会有所减免。

通常情况下，税金的缴纳通知单会于1月1日寄送给产权人。如果正好在不动产交易中，则在交易当日以天为单位结算买卖双方的费用。

出租人若没居住在日本时，原则上承租人有义务支付总金额的20.42%(所得税20%、复兴特别所得税0.42%)作为源泉扣缴。但也有例外情况，就是当房产承租人是个人，并且居住者就是此承租人或此承租人亲属时，不需要支付源泉扣缴。房产的承租人是法人时，法人有义务支付源泉扣缴。

非日本居住者收到日本房屋的租金后，需赴日本申请。如向不动产承租人征收源泉扣缴时，根据申请，仅结算征收的源泉扣缴部分。

此外，非日本居住者还必须选定在日本的纳税管理人，每年进行申请并缴纳固定资产税、城市规划税和房屋购置税（源泉扣缴：指以所得支付者为扣缴义务人，在每次向纳税人支付有关所得款项时，代为扣缴税款的做法。实行源泉扣缴的最大优点在于可以有效保护税源，保证国家的财政收入，防止偷漏税，并简化纳税手续）。

第 5 章

外商投资政策和产业指南

摘 要

吸引外资是“安倍经济学”(Abenomics)的一个重要支柱。安倍执政以来实施的“安倍经济学”中的“三支箭”政策［1］——提出了扩大对外贸易、吸引海外投资的具体数值指标，计划到2020年将日本接受海外直接投资额扩大1倍，即从2012年的17.8兆日元增加到35兆日元。在2015年3月的促进外商直接投资的政府部长级会议上，安倍又做出了吸引外商投资的“5个承诺”［2］。

当前在国家“一带一路”战略和自贸区战略的推动下，中国经济步入新的发展阶段，由资本净输入国变为资本净输出国。在国家“走出去”政策的鼓励下，越来越多的中国企业也正准备进入日本市场，通过投资日本企业获得更多的技术和经营资源，这可以对中国的经济转型和产业升级起到有效的推动作用。但由于日本的政策、市场以及社会文化的特殊性，中国企业的日本投资之路面临着机遇和挑战。

本章概述了外国企业对日直接投资的现状，介绍了外商投资环境和投资促进产业，并详细列举了中央和地方政府对外商投资的奖励政策和优惠措施。本章还对中国企业对日投资动向进行了梳理，分析了中国企业投资日本的热点，并以此为更多准备走出去的中国企业进入日本市场，在日本市场顺利展开商务活动提供有益的参考。

关键词：日本；走出去；海外直接投资；安倍经济学；投资环境；投资政策；产业指南；优惠措施；投资动向

1 日益扩大的对日直接投资

日本经济在经历了“失去的十年”、“失去的二十年”之后，采取了一系列政策措施，走上漫长的经济复苏之路。2008年的美国次贷金融危机发生以后，日本经济同样受到了很大影响，经济增长持续走低。2011年的东日本大地震引发的海啸及核泄漏事故，又对日本经济造成了重大冲击。日本经济界因此投入大量资源，开展灾后重建工作。

传统上，日本是一个资本输出国，不是一个吸收外资的国家。为了刺激经济增长，日本政府自90年代初开始积极致力于吸引外国企业来日投资，希望这些对日直接投资能起一个催化剂作用，通过贸易与投资给企业活动注入活力、给日本经济带来生机。1994年，日本设立了由首相任主席、经济相关的各内阁官僚为成员的“对日投资会议”(the Japan Investment Council)，下设多个分会，主要研究扩大外商对日本的投资。2003年政府提出“投资日本(INVEST JAPAN)”战略，并在政府相关部门内设置了对日投资服务窗口(Invest Japan office)、促进对日投资。2012年“安倍经济学”的成长战略又提出了吸引外资的具体数量目标，计划到2020年将日本接受海外直接投资额从2012 年的17.8兆日元增加到35兆日元，增加了两倍。安倍政权“三支箭”政策对经济进行了大规模的改革，改善了就业、提高了工资、促进了消费，使日本基本上摆脱了通货紧缩的困境，进入了“经济良性循环”。

2014 年，海外对日直接投资额大幅增加，首次超过20兆日元，达到了23.3兆亿日元，比2013年增长了19.4%(图表5–1)。近几年来海外对日直接投资额占GDP(国内生产总值)的比例一直徘徊在4.0%左右，2014年上升至4.8%。但是与主要先进国家和亚洲新兴经济体国家相比还处于较低的水平。如果按地区划分的话，欧洲

10.9兆亿日元占46.8%，位居首位。北美6.8兆亿日元占29.4%，亚洲3.6兆亿日元占15.5%。其中中国对日本的投资额为615亿日元(约30 亿元人民币)。虽然比去年同期增加了29%，但在日本外资投资额中仅占1.5%，列第17位。从所投资的行业来看，金融和保险业最多，为7兆7380亿日元，运输机械和设备占2兆7813亿日元，电子机械及器材占了2兆3090亿日元(图表5–2所示)。

外国企业在日本开展商务活动，一般先设立分支机构或子公司(日本法人)，这些形态在法律性质上虽有所不同，但都必须在法务局注册。根据日本经济产业省实施的“2014年外资企业动向调查”结果显示，在被调查的3151家企业中有70%的外资企业在东京注册。如果加上附近的神奈川县、千叶县、琦玉县和茨城县，大约有80%的企业设立在关东地区。公司总部设立在三大都市圈(关东、近畿、中部)以外的外商企业只占全体企业的3%(图表5–3所示)。

图表5–1 海外直接对日投资额状况

来源：日本经济产业省《贸易白皮书》2015年版，P332的数据制作

排名	行业	投资金额(亿日元)	比率(%)
1	金融保险业	77,380	37.9
2	运输机械和设备	27,813	13.6
3	电子机械及器材	23,090	11.3
4	批发零售业	16,461	8.1
5	化学医药制造业	11,209	5.5
6	服务业	6,712	3.3
7	通讯业	6,444	3.2
8	一般机械设备	4,451	2.2
9	玻璃土石制造业	3,620	1.8
10	房地产业	3,552	1.7

图表5–2 对日投资金额排名前10位的行业(2014年末)
来源：日本财务省“日本国际投资状况”的数据制作

排名	地区	企业数	比率(%)
1	东京都	2131	67.6
2	神奈川县	299	9.5
3	大阪府	168	5.3
4	兵库县	81	2.6
5	爱知县	67	2.1
6	千叶县	66	2.1
7	琦玉县	59	1.9
8	静冈县	33	0.9
9	福冈县	29	0.7
10	茨城县	21	0.9
	合计	3151	

图表5-3 外资企业注册地区分类
来源：日本经济产业省“2014年外资企业动向调查”的数据制作

2 日本投资环境的改善

自2012年12月安倍政府执政以来，日本政府积极推动引进外资政策。“安倍经济学”射出的“三支箭”，即通过“大胆的货币政策”（第一箭）消除了通货紧缩的心态，用“灵活的财政政策”（第二箭）创造了有效的需求，用放松监管来“唤起民间投资实现经济成长战略”（第三箭）。为了让日本有一个“世界上最佳的经商环境”，日本政府积极进行税制改革，放宽各种限制措施，如调低企业所得税、设置国家战略特区、改革医药/医疗器械、电力/能源和其他领域等措施，扩大了商业机会。

2015 年9 月，安倍政府又推出了以“强劲的经济”、“育儿支援”及“社会保障”这3个领域为重点的新“三支箭”，目标是将GDP扩大到600兆亿日元，希望出生率达到1.8，将因“看护离职”的人数降到零。安倍政府期望通过新“三支箭”，推动经济增长，使日本迈向“一亿总活跃社会”［3］。在2015年3月的对日直接投资的内阁官僚会议上，安倍做出了以下吸引外商投资的“5个承诺”：

(1)克服日常生活中的语言障碍(在零售商店、饭店等公共场所有外语表示)；

(2)改善网络连接环境(增加免费公共无线网络)；

(3)地方机场做好接纳商务机的准备(Customs, Immigration, Quarantine)；

(4)充实海外归国子女的教育环境(国际学校)；

(5)加强政府与外国投资大企业的对话(建立企业担当制，形成吸引外资网络)。

2016年2月，日本正式签订加入跨太平洋伙伴关系协议(Trans-Pacific Partnership Agreement，TPP)，在贸易、投资、知识产权保护等多项领域中，促进亚太地区的贸易自由化。日本政府还通过推进RCEP(东南亚区域全面经济伙伴关系)、日中韩FTA、日本欧盟间EPA等经济合作，促进多边关系的自由贸易，推进日本企业的海外发展以及对内直接投资。对于日本的外国直接投资增加的原因，日本经济复苏被看作是最大的因素。

经济产业省实施的“欧美亚外资企业对日投资关心度调查”(图表5–4)的结果显示，完备的基础设施、巨大的市场规模是吸引外资的重要原因。

（1）完备的商业基础设施

日本的商业基础设施非常完备和先进。无论是交通运输和物流网络，还是通讯、服务和水电等基础设施，都能让投资者感到满意。日本所具有的完善的基础设施为商务活动提供了有力的支持。

在世界经济论坛“2014-2015年全球竞争力报告”中，日本的商业环境得到了高度的评价。“商业成熟度”项目位居世界第一。日本在“制度”、“基础设施建设”、“初等教育、健康和卫生”、“商品市场”、“金融市场”等方面评价也很高，综合排名从2012年的第10位重新回到了第6位，可以说日本正在重新获得国际竞争力。(图表5–5)

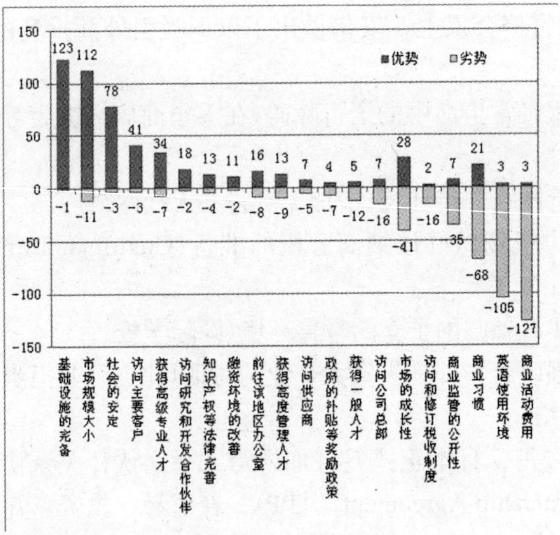

图表5–4 外资企业对日投资关心度

来源：经济产业省“欧美亚外资企业对日投资关心度调查”(2014年3月)的数据制作

	2010-11	2011-12	2012-13	2013-14	2014-15
日本综合	6	9	10	9	6
制度	25	24	22	17	11
基础设施	11	15	11	9	6
宏观经济	105	113	124	127	127
初等教育、卫生保健	9	9	10	10	6
高等教育	20	19	21	21	21
商品市场	17	18	20	16	12
劳动市场	13	12	20	23	22
金融市场	39	32	36	23	16
技术力	28	25	16	19	20
市场规模	3	4	4	4	4
商务成熟度	1	1	1	1	1
创新	4	4	5	5	4

图表5–5 日本的国际竞争力排名
来源：世界经济论坛 “国际竞争力排名报告” 的数据制作

（2）成熟的巨大市场

据统计，日本的GDP约为500兆日元，经济总量大、人均收入高,拥有很强的经济实力，作为一个成熟的消费市场前景广阔。美国经济杂志“Fortune”发表的2014年世界500强企业中，有57家公司的总公司位于日本［4］。

日本已经结束了长达20年的经济下滑，再次步入了成长轨道。“安倍经济学”通过大规模金融缓和税制改革及各种限制放宽等政策，以期日本经济实现再次成长。政府致力于招商引资及吸引旅日游客，通过放宽签证条件及扩大LCC(廉价航空)开航等措施，力争实现开放市场，扩大商机。2013年的旅日游客人数突破了1000万人，2015年达到了近1974万人［5］，预计2020年东京奥运会之际将达到4000万人。

（3）丰富的高科技人才

日本以"科学技术立国"为目标，每五年制定"科学技术基本计划"，并以此不断推进科学技术的创新和发展。第五期科学技术基本计划［6］(2016年4月至2021年3月)中设想了在这一期间内可能发生的社会经济变化，并提出振兴科学技术的相关建议。其中以建设"世界上最适于创新的国家"为目标，提出了"Society 5.0"这一新概念。Society 5.0是继狩猎社会、农耕社会、工业社会、信息社会之后出现的新一代社会形态，其命名充分体现了科技创新引导社会变革的含义。该计划指出，将"超智能社会"作为未来的社会形态进行共享，并将其作为"Society 5.0"推进实施。

日本科技发达，每年投入大量的科研经费，具有世界最高水平的研究经费和研究员人数［7］。2012年，日本的科研经费达到17兆1100亿日元，占GDP的3.57%，居世界各国之首。按研究主体分类，企业等机构为12兆100亿日元、大学为3兆4340亿日元、非盈利团体及公共机构为1兆6659亿日元。从事研究工作的人员有68.3万人(图表5–6)。

日本积极推进科技研发及创新，每年申请众多的专利，并一直保持着较高的市场份额。日本拥有24名诺贝尔获奖者(物理学奖11人，化学奖7人，生理学/医学奖3人，文学奖2人，和平奖1人)。日本专利厅(JPO)发表的《专利厅现状报告2016》中公布的数据称，2015年该厅所受理来自专利合作协定(Patent Cooperation Treaty)加盟国提出的PCT国际专利申请件数达43097件，为历史最多。各项数值显示，日本知识产权战略的国际化进程在加快、水平也在不断提高。专利申请人中以日本国籍登记的人数占世界第一位。

日本的教育比较发达,各种专业性技术人才的资源极为丰富,因此对日投资不存在人才短缺问题。

排名	研究费(亿美元)	研究费占GDP的比率(%)	研究员个人研究费(美元)	研究员人数(万人)	一万人中的研究员人数	技术转移收入(亿美元)
1	美国 4,570	韩国 4.15	美国 344,708	中国 148.4	韩国 64.1	美国 389
2	中国 3,365	日本 **3.87**	德国 280,248	美国 126.5	日本 **53.8**	日本 **297**
3	日本 **1,802**	德国 2.85	日本 **263,883**	日本 **68.3**	加拿大 45.0	英国 262
4	德国 1,010	美国 2.73	中国 226,743	俄罗斯 44.1	德国 43.9	德国 124
5	韩国 689	法国 2.33	意大利 224,800	德国 36.0	英国 40.5	法国 20
6	法国 552	中国 2.08	韩国 214,195	韩国 32.2	美国 40.3	加拿大 14
7	俄罗斯 407	英国 1.63	法国 208,231	法国 26.5	法国 40.2	意大利 13
8	英国 399	加拿大 1.62	加拿大 160,466	英国 25.9	俄罗斯 30.8	俄罗斯 ▲ 17
9	意大利 265	意大利 1.26	英国 153,689	加拿大 15.7	意大利 19.5	韩国 ▲ 52
10	加拿大 246	俄罗斯 1.12	俄罗斯 92,366	意大利 11.8	中国 10.9	中国 (未发表)

图表5–6 科技指标的国际比较(G8、中国、韩国)
来源：日本总务省2015年科学技术研究调查结果的数据制作

(4)安全、安定、法制健全的社会

日本是世界上人均寿命最长的国家。男女平均寿命为世界第1位(女性平均寿命为87岁，位居世界第1位，男性平均寿命为80

岁，位居世界第8位）。新生儿（1岁及以下）的死亡率为OECD各国中第二低。日本具有完善的医疗基础设施。每1000人口的病床数为13.4，在OECD各国中位居第一。护士人数充足，护士与医生之比在 OECD各国中位居第一。

日本的治安好、社会稳定，外国企业对日本的生活环境给予高度评价。虽然近几年来，日本首相更迭频繁，但整体政策情况稳定（除2009年至2012年由民主党执政以外）。同时，日本是一个法制健全且执法非常严格的社会，政策透明度较高，一切行为依法办事，因此在日本投资的合法权益将受到法律的严格保护。

3 外商投资政策和优惠措施

日本政府自20世纪90年代初开始致力于吸引外国企业来日投资。2013年6月发布的“日本复兴策略”中制订了“在2020年将对国内直接投资金额加倍增长至35兆日元”的目标。2014年6月的“日本复兴策略改订版”中，启动了对日直接投资推进会议项目。根据外企的需求，政府还制订了一系列奖励政策和优惠措施来改善投资环境，积极推进对日直接投资。

3.1 外商投资政策的改善

（1）下调法人税

与OECD(经济合作与发展组织)成员国和一些亚洲国家相比，日本的企业所得税一直处于较高的水平。高水准的法人税率会导致日本企业向海外转移，造成日本产业空洞化。下调法人税，降低税收负担是促进海外投资的有效手段。

在2015年度的税制改革中，实现了法人税从2014年的34.62%下调至32.11%。为进一步提升日本企业竞争力，日本的法人税今后还将逐年下调。2016年将下调至29.97%，2017年将进一步下调至29.74%。(中国现在的企业法人税是25%)

（2）政府监管改革

日本政府大力进行政府监管改革。改革审批制度、简化各种手续、缩短审查期间、扩大市场开放和创业机会。政府积极放宽供电、供气、供热等能源系统、农林水产业、医疗保健等领域的限制，促进海内外企业进入该市场。

为降低电力成本、减少温室气体排放量，日本政府对电力系统进行了大力度的改革。继2016年4月实现电力零售市场全面自由化后，2017年还将实现天然气零售市场全面自由化。在农林水产业方面，日本政府通过农地集聚、密集化与农业生产法人化等，推进大规模农业生产，为农林水产从业者扩大加工、流通、销售业务提供大力的支持。在医疗领域政府促进再生医疗相关的新法律制度的实施。

（3）建立国家战略特区

为加强产业的国际竞争力，政府通过指定国家战略特区以及集中推进税制改革等措施，力争于2020年之前实现对日投资额倍增计划。地方政府已成为吸引外资的主要驱动力。但由于部分地区尚未形成产业集聚，对外国企业的吸引力还不显著。为振兴地方经济、发展先端产业，政府大胆地进行放宽限制及制度改革，将东京圈（国际商务、创新基地）、关西圈（医疗创新、人才基地）、新泻市（大规模农业基地）、兵库县养父市（山区农业改革基地）、福冈市（支持创业的就业改革基地）、冲绳县（国际观光基地）6个区域指定为“国家战略特区”［8］，期待产业集聚效果。2015年9月又追加指定了仙北市、仙台市和爱知县3个地方创生特区。2016年1月，第三次追加指定了广岛县、今治市、千叶市（扩大了东京圈）、北九州市（添加到福冈市），形成了10个战略特区。（图表5–7所示）

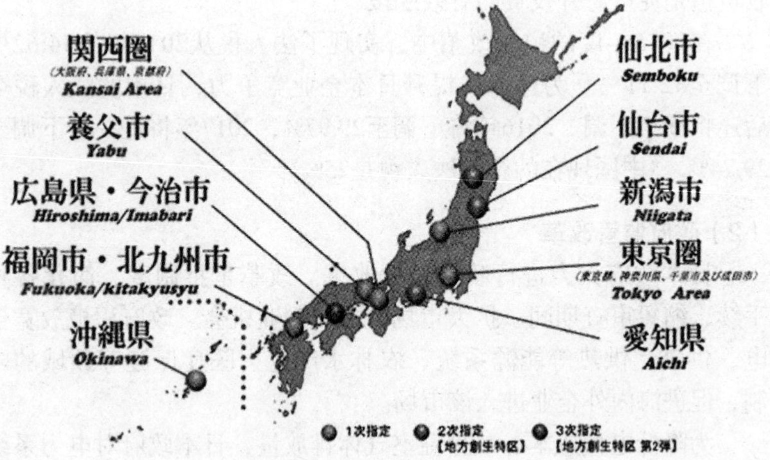

图表5–7 国家战略特区
来源：首相官邸，国家战略地区网页

3.2 国家政府对外商投资的优惠措施

为吸引外国企业对日投资，日本政府研究和探讨了对外商投资企业的优惠措施，包括各种政府补贴、减免税、简化技术人员出入国的签证审查等手续，同时设立以JETRO为一元化促进投资咨询服务的窗口。摘自JETRO的网站资料(https://www.jetro.go.jp/invest/support.html)［9］，介绍几个有关外企投资的优惠措施。

（1）为激活地方经济投资选址促进事业补贴（国际创新基地设立支援事业）

概要	对象经费	补贴率
为吸引企业研发等高附加价值部门进入日本，从海外带来先进的经营资源的同时，让日本成为全球价值产业链中处于高端位置为目的，在再生医疗领域和物联网领域中设立创新基地、在日外企和日本企业共同进行实证研究、事业化可行性调查实施时补助经费。	1. 设立国际创新基地事业(设计费、设施购买费、租金、设备器材费、劳务费等) 2. 实际研究事业(研究人员的工资、出差费、外包费、实验费、翻译费、设备费等) 3. 事业可行性调查费(研究员的工资、出差费、外包费等)	1.1/3 2.2/3 3.全额补贴(上限1000万日元)

（2）亚洲据点促进法

为促进跨国公司的研发中心和亚洲总部落户日本，日本对获得认定的跨国公司提供支援，并于2012年11月实施了“亚洲据点促进法”。

内容	对象
1. 资金调配支援(针对中小企业) 2. 专利申请快速审查(22个月→约2个月) 3. 减免专利申请费(减免50%) 4. 缩短投资手续(30天→2星期) 5. 在留资格迅速审查(1个月→10天)	设立研究开发中心或统括事业的跨国公司

（3）企业“地方公司强化税务制度”

近年来，各地方政府为吸引外国企业，也纷纷推出了奖励制度。对于将总部从东京23区迁至地方，或者强化地方公司、扩充总部职能的企业提供税务支援措施。

	地方公司的扩充(地方企业的总部职能强化)	由东京23区迁至地方
支援对象地区	除东京圈、中部圈中心部、近畿圈中心部的地区	
就业促进税制度	1. 每增加雇佣1人则税收抵免50万日元(以前的40万日元加上地方公司的10万日元)。 2. 即使公司法人全体的就业增加率不满10%，1人也可抵免20万日元的税额。	1. 每增加雇佣1人则最高抵免80万日元税额(以往的扩充型50万日元加上地方公司的30万日元)。 2. 对于上记1项中的30万日元，如果继续雇佣则抵免最多可持续3年。 3. 对于2项中即使公司的雇佣没有增加，由东京转移至地方的人员也可适用。
购买办公室的税金减免	特别偿还15%或税额抵免4%(2年)	特别偿还25%或税额抵免7%(2年)。
地方税的减免补助	地方省市在固定资产税、房产取得税实施减免时，填补部分地方交付税的减免额。	地方省市在固定资产税、房产取得税、事业税实施减免时，填补部分地方交付税的减免额。
详细资料参照	企业强化地方公司税务制度 平成27年(2015年)度税制改正(第6页)	

(4)特区支援措施

名称	概要	政府主管部门
国家战略特区	国家规定的特区监管特例措施、税务制度(法人税等措施)、财政、金融上的支援措施。	内阁府地方创生推进室
综合特区	指定区域内规章制度的特例措施、税务制度(法人税等措施)、财政、金融上的支援措施。有“国际战略综合特区”和“区域振兴综合特区”2种。全面支援区域内综合性、战略性的挑战。	内阁府地方创生推进室
复兴特区	对选址落户在灾区的企业实施放宽管制、优惠税收等支援措施。	复兴厅

（5）应对竞争力强化法的税收优惠措施

名称	促进提高生产效益的设备投资税收制度
概要	对于投资先进设备的税收制度
对象设备	“高端设备”和“能够提升改善生产线的设备”
税收制度措施	1. 实时偿还或最高抵免5%税额 2. 特别偿还50%或抵免4%税额
适用时间	2014年1月20日～2016年3月底 2016年4月1日～2017年3月底
主管部门	经济产业省生产性税制咨询窗口

（6）研究开发税收制度

名称	研究开发税制
概要	按私营企业用在业务上的实验研究经费的一定比例，可以从当年度法人税（国税）中抵扣。由4种制度构成。
现状	在2015年修改版中，实现了对企业开放式创新的推进： – 抵扣率大幅度提升； – 按总额计算的金额加上按开放式创新型计算的特别金额，确保30%抵扣上限； – 扩大对象费用（中小型企业的知识产权使用费等）。
主管部门	经济产业省产业技术环境局 技术振兴产学合作促进课。

（7）有关接收外国高级人才优待措施

为了应对日本因少子、高龄化而引起的劳动生产人口减少，日本政府积极采取各种措施，促进发挥外国人才的作用。自2012年5月导入了外国高级人才积分制度后，2013年12月又对其进行了扩充，提高和增加了研究业绩与专业学位的积分，降低了可携带父母或佣人等条件。2015年4月还设立了新的在留资格。

名称	高端人才积分制度
概要	为积极推进接受外国高级人才，把达到一定分数的外国人认定为“高级人才”。获得认定即可在出入国管理制度上享受各种优惠待遇。

现状	放宽高级人才积分制的审核条件（年收入标准和研究成果等）（2013年12月）。 对于外国高端人才，设立了无限期滞留期间的新资格（2014年6月立法，2015年4月执实行）。
主管部门	法务省入国管理局外国人在留综合情报中心

譬如如下条件就能满足高级人才认定所需的70积分，可以享受高端人才待遇。

硕士学历：	20分	
7年工作经验：	15分	合计：**80**分 > **70**分标准
600 万日元年收入：	20分	（可以享受高端人才待遇）
学术论文发表：	25分	

（8）雇佣促进税务制度

名称	雇佣促进税务制度
概要	该制度在适用期间中，雇佣5人以上（中小企业2人以上）且人员增加10%以上等一定条件的公司，可抵免部分法人税。
税制措施	每增加1名雇佣者扣除40万日元税额。限度为当年的法人税额10%（中小企业为20%）。
适用期间	2014年4月1日～2016年3月31日期间内开始的各事业年度
主管部门	厚生劳动省职业安定局就业政策课 企划担当

（9）其他政府补助金

支援在东日本大震灾中受到海啸浸水地区和核污染地区建立工厂（制造业）、物流机构、实验研究机构、呼叫中心等企业，通过就业和创业振兴地区经济。支援对象经费则用来购买土地、房屋建造、采购生产设备等初期工厂的建设经费。

同时，在海啸浸水地区和受到核污染的福岛县内设立企业时，国家也将给与补贴和税收优惠。

3.3 地方政府对外商投资的优惠措施

日本政府鼓励地方政府给外资企业提供优惠政策。2003年5月起各省市政府设立了对外引资窗口，地方政府同样实施对外资企业的优惠措施。参照各地方政府网站和摘自JETRO网站资料，对各地方政府对外商投资支援措施做一些介绍(图表5–8)。

省市	补贴名称	概要
福岛县	外资企业投资支援事业	补助一部分租金、咨询费、设立办事处所需经费(注册、取得在留资格)。(补助率3/4、上限2800万日元/公司)补贴对象为医药品、医疗器械、再生资源、机器人等相关产业，第一次在福岛县内生产、研发、销售等选址落户的企业。
千叶县	千叶县外资企业办公室等租金补贴	租金补贴(1/3×1年，上限金额为：员工1–5人为60万日元、5人以上为180万日元)。
千叶市	千叶市租赁型企业选址促进事业补贴(外资企业租赁选址事业)	租金补贴(1/2×3年 ※累计300万日元上限)，法人税的减免(1/2×3年)。
东京都	设立亚洲总部特区办事处的补贴	补助一部分设立办事处等的经费(一部分经费为支付给行政书士，行政书士为代理个人或企业法人同政府部门打交道，处理登记、报批、办理执照、项目审批等业务的专职人员)，人才介绍公司金额的1/2以内，每家公司的补贴上限为500万日元。
神奈川县	外资企业选址促进支援补贴	工厂或研究所的租金补助(1/3，上限300万日元，6个月)。
静冈县	外资企业等办公室租金补贴	租金补助(1/2以内×1年、限额为50万日元)。
新泻县	外资企业等选址促进事业补贴	租金补助(1/2以内×3年)。
新泻市	外资企业落户促进补贴	注册费用(上限金额为1件15万日元)以及租金(1/2×2年，上限每月5万日元)。

爱知县 岐阜县 三重县 名古屋市	落户名古屋圈地区的外资企业支援	支援落户名古屋地区的外资公司的起动经费： 1. 成立公司的各项费用； 2. 招聘广告费、房产中介手续费、市场调查费 每家公司1、2的上限为50万日元。
三重县	外资企业亚洲办事处选址补贴	补贴外资企业建设工厂所投入金额的20%（补贴上限为5亿日元）。
大阪府	大阪府企业选址促进补贴（促进外资企业落户补贴）	针对在大阪府内新设总部职能或亚洲办事处的外资企业，补贴部分投资金额（办公室建设费用的5%，或企业办公室租金的1/3，有限额）。
	O-BIC外资企业进入支援事业	负担费用（注册费用上限10万日元，在留资格取得费用上限5万日元）。
兵库县	促进新兴事业、雇佣创造型产业集聚促进补贴（针对外资企业办公室租金补贴）	租金补助（1/2内×3年，1500日元/平米/月、1年上限为200万日元）。
神户市	外国、外资企业的办公室租金补贴	租金补助（1/2内×3年，1500日元/平米/月、1年上限为200万日元）。
福冈县	访问福冈的补贴	补贴一部分旅费（补贴对象：汽车、IT·半导体、生物、环境、机器人等行业的外资企业中，计划落户福冈县的企业）。 1. 从福冈县外国内其他地区来的路费，每家公司上限为10万日元； 2. 从除欧美地区以外来的路费，每家公司上限为20万日元； 3. 从欧美地区来的路费，每家公司上限为20万日元。
	设立日本法人等支援补贴	补贴部分注册费用（补贴对象：汽车、IT·半导体、生物、环境、机器人等行业的外资企业，负担注册费用的1/2，上限15万日元）。

福冈市	福冈市落户补贴(针对亚洲商务的外资企业)	(落户重点地区时)购买时，补助土地费用的30%，购买建筑物、机械设备的10%(上限30亿日元)。租赁时，补助建筑·器械设备年租赁费用的1/3，补贴四年(累计上限1亿日元、每年上限额2500万日元)。
	福冈市选址落户补贴	补贴外资企业首次落户日本经费的1/2(市场调查、证书取得注册、翻译、人才招聘等经费，上限为300万日元)。
熊本县	熊本县企业选址落户促进补贴(外资企业)	针对五个行业(半导体、汽车、环保、食品&生活、社会体系相关)的研究开发或从事制造业的外资企业，补贴投资金额的5%(上限为1.5亿日元)。

图表5–8 地方政府对外商投资的优惠措施
来源：根据各地方政府和JETRO网站的数据制作

4　日本鼓励外商投资行业指南

与亚洲新兴工业化国家和发展中国家不同，亚洲各国吸引的直接投资多数是依靠其相对低廉的劳动力成本优势的劳动密集型加工业，而日本鼓励引进的是关于汽车、信息、医药品、医疗器械、再生能源、机器人等高附加价值产业为中心的投资，并提供政府补贴和税务支援。以下摘自JETRO引资手册介绍的几个“有吸引力的行业”［10］供参考。

（1）环境、可再生能源领域(太阳能电池等）

可再生能源(Renewable Energy)主要包括太阳能、风能、水能、地热、生物能源等在自然界中可以不断再生、继续利用的能源。可再生能源对环境无害或危害极小，作为地球温室效应对策，它的开发利用已在全世界范围内取得了很大进展。

日本在2011年3月11日发生的东日本大地震，造成东京电力福岛第一核电站发生了前所未有的大规模的核事故以后，使得能源问题进一步显现。由于日本火力发电的能源绝大多数靠进口，出于“低价格能源”和减少二氧化碳排放量的环境需求，日本政府积极推广绿色能源，鼓励再生能源的发展。

可再生能源的高成本导致在价格上很难与常规能源竞争，必须通过政府辅以特殊的能源政策，才能促进可再生能源的发展。为此，日本于 2012 年 7 月开始实施“固定价格收购制度”。该制度规定，对于可再生能源(太阳能、风能、水能、地热、生物能源)发电的电力，电力企业必须在国家规定的期间内，按固定价格进行收购。随着可再生能源《固定价格收购制度》的实施、《可再生能源等导入推进基金事业》(Green New Deal基金制度)的导入等，日本可再生能源、二次电池领域的市场环境不断地得到完善。尽管如此，还远远不能满足日本能源发展的需求。

（2）生命科学领域

少子、高龄化现象的日益加剧已成为日本严重的社会问题。它直接导致日本人口减少、劳动力供给不足，成为抑制经济增长的主要因素。与其它发达国家相比，日本65岁以上人口的比例高，再加上“慢性病就医次数多、患病率高、需要看护”的75岁以上老人比例的增加、“无法得到家庭 照顾”的独居老人的增加、“先进医疗、看护技术所带来的医疗费价格的提高”等问题，直接加重了医疗卫生、福利保障等社会保障系统的负担。为了解决这些问题，日本政府在“日本复兴战略”中将“预防疾病与看护，实现健康长寿的社会”作为目标，推出了以增强健康/医疗相关产业的国际竞争力政策。此外，政府还在2013 年6 月由内阁会议决定的“制度改革实施计划”中，确定了实现“健康长寿社会”的4 项重点措施(图表5-9)，加强对医疗相关市场环境的整顿。

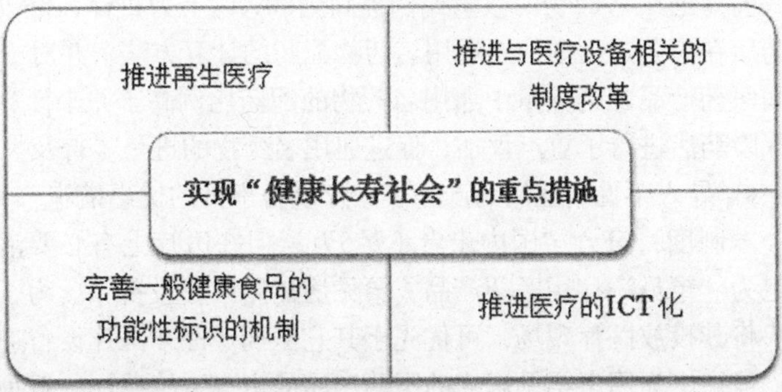

图表5–9 “健康长寿社会”的4 项重点措施
来源：2013 年6 月14 日内阁会议决议通过的“制度改革实施计划”制作

日本政府放宽再生医疗及医疗设备相关的各种限制，实现各种手续的简洁化、迅速化，促进新药品的研发及通用名药品的普及，制定用于罕见病症的治疗药品、医疗设备的指定制度，发布确保生物仿制药的质量、安全性、有效性指针等。随着上述制度改革的推进，日本生命科学领域的市场环境将日益规范。

● 放宽再生医疗与医疗设备相关限制

目前，日本政府正着手推进制度改革，以实现再生医疗产品与医疗设备审批手续的简洁化、迅速化。2013年4月26日，“再生医疗推进法” 颁布实施。在此之前，再生医疗中使用的细胞与培养加工是由指定医疗机构进行的，现正在推进民间企业的参与，一般企业也能接受同类委托。2013 年 5 月 24 日，“药事法修正案”由内阁会议通过决定。另外其他相关的限制也在不断地放宽。如在再生医疗产品与医疗设备方面，通过扩大民间第三方机构的认证实现其快速普及等。

● 促进新药品的研发及通用名药品的普及

为了研发创新性新药及非医保用药，日本政府导入了“促进解决新药研发 / 非医保用药等问题的加算制度”，在事实上认可了通用名药物上市前维持新药药价的行为。此外，政府还以在2018 年3月底前将通用名药物的数量比例提高到60%以上为目标，修改了保险药店在配药过程中使用通用名药物配药的计算方法，并对 3 个月期间医药产品配药数量中通用名药物的配药比例高于原来计算对象的保险药店进行了重点评估，促进通用名药物的进一步普及。

● 导入罕见病症用药产品、医疗设备审批的优惠措施

本制度将符合“国内患者不足5万、但在医疗上有必要治疗”指定为“罕见病症用医药产品 / 罕见病症用医疗设备”。为了能够尽快将其投放医疗现场，可优先于其它医药产品 / 医疗设备进行审批。被指定为用于罕见病症的医药产品的审查手续费比一般种类医药产品更少。该领域尤其能够发挥外资企业的优势，今后外资企业在该领域中能发挥更大的作用。

● 导入生物仿制药的相关指南，整顿市场环境

生物仿制药的开发与化学合成药品不同，难以证明其效果的案例不在少数，因此需要制订与化学合成药品不同的新的评估指南。日本政府于2009年3月制订了“确保生物仿制药的质量、安全性、有效性的指针”。该指针公布实施后，越来越多的企业相继进入到了生物仿制药市场。

日本在世界医药产品市场及医疗设备市场中分别有10%左右的占有率，市场规模仅次于美国，位居世界第二。现在，众多外资企业进入了日本市场，纷纷活跃在生命科学市场中具有魅力的医疗设备市场、医药产品市场、再生医疗市场领域中。

（3）信息通信技术（ICT）产业

日本的信息通信产业在全行业中所占比例为10.7%，为日本全行业中规模(实际国内生产总值)最大的产业。与其它“电气机械”、“运输设备”等产业相比，信息通信技术产业的增长率在全行业中也最高。从1995年至2010年的15年中，“信息通信产业”的平均年增长率达到了3%。

日本国内的IT投资受世界经济形势，尤其是金融危机的影响曾一度陷入低谷。近年来受到整体经济大环境变化的影响，开始逐渐呈现复苏倾向。在数据中心市场，呈现出硬件与软件共同增长的良好趋势。据矢野经济研究所“2013 数据中心业务的现状与投资动向”的报告显示，在硬件方面，由于IT运营商对数据中心的投资，预计数据中心的总建筑面积将得到持续扩大。软件方面，预计2010年度至2016年度的数据中心类服务的年平均增长率(CAGR)将达到5.4%，2016年度的市场规模将达到1兆559亿日元。另据矢野经济研究所的报告显示，2013年度至2018年度的日本IT外包市场的年平均增长率一直保持在0.7%，2018年度的市场规模将达到3兆9509亿日元。由此可见日本IT外包市场规模巨大，今后日本的数据中心市场还会进一步的扩大。

另外，作为云计算领域的延伸，大数据市场行业的前景非常广阔。大数据的挖掘和应用可以有效地提高生产效率，创造出大量的市场价值。因此如何分析大数据并将其运用到市场营销上来倍受关注。今后以数据分析为中心，扩大销售额、支持经营决策为目的的投资将日益活跃。大数据将应用到企业获得竞争优势，带动行业结构变革、城市基础设施中去。特别是针对企业内部庞大的数据进行收集、分析、加工，从而帮助企业作出决策的BI (Business intelligence)业务在大数据市场中占据了重要的地位。

ERP(Enterprise Resource Planning)系统是建立在信息技术基础上，以系统化的管理思想，为企业决策层及员工提供决策运行手段的管理平台。一般来说，IT 投资会略延迟于市场景气动向并追随其发展，因此随着市场景气度呈上升趋势，企业的IT 投资也会更加活跃，对ERP的投资也会稳步增加。再加上日本企业为了加强海外业务、优化供应链，应用 IT 技术的意识很强，因此在海外基地导入 ERP或整合全球ERP的需求不断加大的前提下，呈现巨大的发展空间。

在政府制定的与ICT相关的“制度改革实施计划”中，将逐步推进如下几点：

(1)“个人信息保护法”被认为阻碍了大数据的应用发展。今后将增加相关政策的制定，明确个人信息数据的范围和“个人信息保护法”的限制标准。

(2)为推进医疗的ICT 化，重新审理一般医药品网络销售规定、推动远距离医疗、病例电子化和处方电子化等项目。

今后，“大数据”、“物联网”、“人工智能” 等领域在日本将会成为成长市场。从企业的IT投资倾向中可以看出，“ERP市场”今后也有扩大的潜力。外国企业在日本国内需求扩大的领域能够发挥重要作用。

(4)观光旅游业

以繁荣地区经济、创造就业机会、增进国际间相互理解为目的的日本观光立国，正在不断地加强。

“安倍经济学”三箭齐发，使股票指数上涨，而日元贬值又吸引了大量全球游客。目前访日游客数量超过了1900万人。为了应对2020年东京夏季奥运会，在2020年访日游客数量目标定为4000万人。日本正在逐步放宽签证发放条件，扩大免税店规模，积极加强对海外的宣传力度，吸引更多的外国游客来日旅游。

旅游业将会成为激活日本经济的一个越来越重要的产业。今后，进一步扩大国内外的人口流动和交流，吸引国内外游客到日本全国各地观光旅游，对推动地方经济发展、增强社会活力有着极为重要的意义。此外，政府将扩大免费的公共无线网络环境，为各地方推广旅游业提供更好的环境。

酒店、日式旅馆作为地方旅游业的主干，政府将致力于提供更多住宿信息，让游客能有所比较，便于选择。政府还放宽了民宿标准，解决了因大量外国游客赴日旅游，引起的住宿设施不足的问题。之前，私人住宅接待游客住宿，需要在住宅内设置前台、满足一定的住宅人均面积等条件。今后，符合一定条件的民宿就可以有偿提供给外国游客。入住民宿(民泊)成为众多旅日自由行游客的一种选择。因海外进入的人流增加使旅游市场需求旺盛，有助于外国企业投资航空线路、宾馆、旅行社等行业。

5　日本的外商投资限制性行业

外国企业依据日本《公司法》成立的独资、合资公司均视为日本国内企业，在所适用的《公司法》中与日本企业没有区别。日本政府对外资企业与本国企业一视同仁，实行平等主义，享受国民待遇。

在现行投资制度中，确切地说日本没有对投资行业采取明确禁止或鼓励的条文规定，只局限于对投资行业进行事前审批申报和事后报告的区分。日本对外国投资者的投资进行审批所依据的法律是《外汇及外贸管理法》（简称“外汇法”）。1992年以前的外汇法对外国投资实行事前审批制度。1992年以后，为了给外国的直接投资有更多的自由化，改为事后报告制度。1997年，日本再次修改《外汇及外国贸易管理法》，更名为《外汇及外国贸易法》。外汇法以外贸自由原则为基本理念，在经济合作与发展组织（OECD）规定的资本流动自由化代码（OECD代码）［11］等国际投资规则的范围内，对以下涉及国家安全、妨碍公共秩序、公众安全的行业，以及日本要保护其自由化行业的外国直接投资进行审查和监管（事前审批制度）。

(1)有关国家安全的行业：

飞机、武器、核能、宇宙开发以及可能转为军事用途的制造业。

(2)公共秩序的行业：

电力、煤气、供热、通信、广播、水道、铁路等旅客交通行业。

(3)公众安全的行业：

生物制造行业，安防行业等。

(4)外国直接投资可能会影响日本经济的行业：

农业、林业和渔业、石油工业、皮革和皮革产品制造业、航空运输业、航运业。

对上述领域的投资，必须事先向财务大臣和主管大臣提出申请。审查结果将另行通知，有可能会被要求变更投资内容或者被要求终止或修改申请。如不在上述领域的投资，只需在15天内向财务大臣和主管大臣报告。

除上述规定以外，以下几个相关法律也会影响到外国企业的投资。

- 日本电信电话株式会社(NTT法)：禁止NTT的外国人拥有超过该控股公司日本电信的三分之一投票权(间接投资也不行)。禁止外国人担当东日本电报电话公司、西日本电报电话公司和区域公司在内的董事职位。

- 电波法：外国人、作为企业代表的外国人、外国人董事超过三分之一的企业、外国人投票权超过三分之一的企业不发无线电台执照。对于基层广播电台，条件改为五分之一。不适用业余广播台、电台的通讯运营商等。

- 广播法：参照基层广播的外资规定。

- 航空法：外国人、作为企业代表的外国人、外国人董事超过三分之一的企业、外国人投票权超过三分之一的企业拥有的飞机不给登记。航空运输也同样条件。

- 货物运输事业法：外国人、外国人为企业代表，外国人董事超过三分之一的企业、外国人的投票权超过三分之一的企业，不允许登录第一类货运代理业务和第二类货运代理业务(按照国际货代甚至外国资本的货代企业)。

日本政府为了促进外国资本对日投资，正在推进结构改革并放宽限制，不断地致力于为外国投资者提供良好的投资环境。过去开放程度较小的电信、医疗等外商投资限制性行业，现在也均可接受外国资本的导入，这将有助于日本经济的振兴。

6 中国企业对日投资动向

日本以其高度发达的经济水平、良好的商务环境以及巨大的市场需求受到越来越多的海外企业的投资青睐。近年，中国经济的崛起加上日本各行业的投资环境的逐渐转好，中国企业对日本直接投资快速增长，并呈现出新特征。

（1）并购投资制造业，实现跨越式成长

中国的对日并购其目的多在于为了获得日本企业的技术、品牌、制造出有竞争力产品，在激烈的竞争市场中获得优势，实现企业跨越式发展。

● 2002 年1月上海电气集团并购了日本秋山印刷机械公司，引进了秋山印刷机械的先进技术，开发出国内第一台双面多色印刷机械。

● 2002 年海尔集团和三洋电机结成战略联盟，随后以合资或全资方式成立分公司。2011 年7 月，海尔集团并购了隶属松下集团的三洋电机公司的洗衣机、冰箱等家电业务部门。通过并购，海尔集团获得了三洋拥有的先进家电技术、品牌和销售渠道，扩大了其海外销售份额。

● 2006年8月2日，无锡尚德宣布收购了日本最大的光伏制造商之一的MSK公司。合并后尚德获得MSK领先的产品和太阳能系统设计能力，产生巨大的协同效应。

● 2010年5月山东如意服装收购日本知名企业Renown，获得RENOWN所拥有的品牌等关键性经营资源。

● 2011 年1 月，联想集团并购日本NEC电脑部门，扩大了世界市场份额，使企业得到飞跃成长。

● 2016年3月30 日，美的集团宣布，美的将出资537亿日元收购东芝的家用电器业务，同时美的将获得东芝品牌 40 年的全球许可，双方将加强战略合作。2015年美的白色家电全球市场份额名列第二。收购东芝白色家电业务后，美的可以利用东芝的品牌和渠道扩大在日本和东南亚的销售，加快推进全球战略。

随着日本引进外资政策的进一步深化及各地方政府吸引外资各项具体措施的实施，中国企业对日并购的行政手续将更简化，有利于获取日本制造技术、品牌效应和管理经验，进入日本市场。

（2）对日投资向零售业、服务行业等非制造业转向

除了传统的日本的先进技术、研发能力和国际品牌是吸引中国企业投资的主要因素之外，日本巨大的消费市场也越来越吸引中国投资者。以往对日投资多集中于制造业，最近几年对日投资呈现出向零售业、服务业等非制造业转向的趋势，中国企业开始在日本进行商品采购、酒店运营和开设饮食店等［12］。

● 2009年6月，苏宁电器收购日本LAOX公司，成为其最大股东。通过收购使苏宁能够学习日本零售行业的经营体系和经营经验，为苏宁拓展海外市场铺路。随着这几年赴日外国游客人数的不断增加，LAOX在日本创下了良好的销售记录。

● 在餐饮领域，2006年9月，内蒙古小肥羊餐饮连锁有限公司进军日本，合资开设了小肥羊火锅店。2015年秋季，火锅连锁店"海底捞"的四川海底捞餐饮在东京池袋开设了第1家分店并以细致周到的待客服务为卖点，预计今后还会继续扩大开店。

● 1993年创建于广东顺德的快递公司顺丰速运，2011年在日本设立营业网点，最近与日本的互联网购物中心乐天公司合作，以在日本购物的中国游客等为对象，提供能轻松完成向中国配送的服务。

（3）旅游、房地产成投资热点［13］

近年，伴随中国出现境外旅游消费热，特别是"安倍经济学"下的日元贬值，使中国赴日游客剧增。赴日旅游需求扩大，使日本的旅游业、房地产投资魅力大增。

● 春秋航空在日本设立的航空公司，大幅度增加了中国至日本的航线。2012年11月，上海春秋国际旅行社又打入日本市场。日益增多的外国游客让日本酒店难承其重。2016年3月28日春秋集团发布“跨界” 投资日本酒店行业，春秋集团将投入约200亿日元，在今后3～5年里在日本15～20个地点开设酒店，希望以提供从机票到住宿的一条龙服务来吸引客户。

● 2015年11月11日，经营商业设施的上海豫园旅游商城宣布将出资183亿日元(约合10亿元人民币)收购北海道的一家大型滑雪场星野TOMAMU度假村。此前，上海豫园旅游商城的大股东复星集团在日本投资了IDERA资产管理公司，通过其地产投资平台购入了位于东京品川的原花旗银行的办公楼。

● 绿地集团为进入日本房地产市场，2015年9月21日，与日本瑞穗金融集团(FG)签订了业务合作备忘录，开始在日本进行房地产投资。12月24日，绿地集团宣布，与日本最大免税连锁企业LAOX公司联合出资6000万美元，收购位于千叶县的一个商业中心，以满足中国游客的购物和住宿需求。此举标志着绿地正式进军日本市场。

上述投资只是中国企业利用中国人赴日旅游需求猛增这一商机的一例。受日元贬值和中国人访日旅游热潮的影响，摸索投资日本房地产的热情还在不断升温。中国资本在著名风景区并购日本旅馆、度假宾馆等案例也呈增加趋势。

结语

近年来，日本中央和地方政府对吸引外资持积极态度，相继出台一系列放宽限制的措施，加上日本法律制度完善，社会稳定等优势，日本的投资环境已有了相当的改善。如日本的地价、劳动力成本已有大幅下降，日本的税率也降至与其他国家相同水平，外商投资企业的数量也在不断增加。

日本政府为适应经济全球化和提高国际竞争力的需要，日益重视引进外来资金、技术、人才和管理经验。长期以来其主要任务是为日企提供海外投资咨询服务的JETRO也承担起负责招商引资的新重任，为外国企业进入日本提供全方位一体化服务。这些措举无疑为外国企业提供了难得的机遇。

当前外国企业对日本青睐的行业绝大多数集中在金融保险、运输机械和电子器材领域。未来的几年内，中国企业对日本的投资也将继续增长。中国企业考虑到自身拥有的经营资源和工业基础等特点，ICT、制造业、商业、服务业、房地产等产业仍将是中国对日投资的重点，对日投资呈现出从制造业向零售业、服务业等非制造业转向的趋势。对于准备拓展日本市场的中国企业来说，根据自身发展的战略目标，正确地选择投资产业和地区至关重要。

参考文献

[1] 首相官邸．“三支箭”的经济政策．2016-5-1.

http://www.kantei.go.jp/jp/headline/seichosenryaku/sanbonnoya.html.

[2] 首相官邸. 吸引外商投资的5个承诺. 2016-5-1.

http://www.invest-japan.go.jp/promotion/promise_ja.pdf.

[3] 首相官邸. 一亿总活跃社会. 2016-5-1.

http://www.kantei.go.jp/jp/headline/ichiokusoukatsuyaku/index.html#plan

[4] Fortune “Fortune global 500 2014”. http://fortune.com/global500/ 2016-5-1.

[5] 日本政府观光局(JNTO)统计发表. 2016-5-1.

http://www.jnto.go.jp/jpn/news/data_info_listing/pdf/160119_monthly.pdf

[6] 内阁府.第五期科学技术基本计划. http://www8.cao.go.jp/cstp/kihonkeikaku/index5.html

[7] 文部科学省. 科学技術指標2015.

[8] 首相官邸．国家戦略特区．http://www.kantei.go.jp/jp/singi/tiiki/kokusentoc/ 2016-5-1.

[9] JETRO. 地方政府对外资企业的优惠措施。https://www.jetro.go.jp/invest/support.html 2016-5-1.

[10] JETRO. 对日投资产业“有吸引力的行业”.

[11] OECD Codes of Liberalisation of Capital Movements and of Current Invisible Operations: User's Guide (Japanese Translation).

[12] 日本经济新闻中文版. 中国服务领域企业开始积极投资日本.2016/03/15.

[13] 日本经济新闻中文版. 中国企业扩大对日本不动产投资. 2015/11/18.

作者：高桥文行. 日本竞争情报学会. taka@tk.jue.ac.jp

附 录

1 日本的日常商务礼仪文化

■1.1 作为日本文化的礼仪礼法

“礼仪”的核心是对于对方的“体贴尊重”，能够站在对方角度考虑问题，不让自己的行为举止给对方带来不愉快。这种通过“动作”表现出的敬意与体贴传递给对方，双方才有可能实现“善意的沟通”。

日本“茶道”与“花道”中的“礼仪礼法”等日本文化，已然走过一千几百年的历史，与时代共同发展变化并传承至今。例如，被称作“倾伞”(下雨天，在狭窄的小路上与人擦肩而过时，彼此将伞向对方倾斜，以免互相碰到)的优雅“礼仪”，诞生于江户时代(17世纪)，在今天依然被传承和遵守。

“礼仪礼法”注重“精神性”，寓“心”于“形”，向对方传递“蕴藏行为之下的内心”。“礼仪礼法”的基础就蕴藏于下面这些日常行为之中。

■1.2 日常礼仪

日常生活中的基本“礼仪礼法”是不给别人添麻烦，以及可以润滑人际关系的“问候”等。

家庭中的行为举止被概括为“亲密而不失礼”。从家人之间的礼仪礼法中，又延伸出面向他人的“礼仪礼法”。

另外，孩子的家庭“教育”中包含着许多基础的“礼仪礼法”。父母应做出榜样，将孩子教育成在学校与人和谐相处，在社会上不给他人添麻烦，能够关怀身边人的孩子。

■1.3 问候

在日本，彼此认识或见过面的人，在清晨一定会互道“早晨好”，以此开启愉快的一天。通常由地位较低的人主动发出问候。

上午或下午，应向人问候“你好”之后，再开始工作。另外，参加会议或中途加入时，也应该向大家问候“大家好”。

夜晚拜访他人或与他人见面时，通常问候“晚上好”。与人道别时，通常互道“晚安”。

综上所述，与他人接触时，应根据“时间”做出相应的“问候”。另外，与认识的人在途中擦肩而过时，也应简单问候“早晨好”、“你好”、“晚上好”等。

其次，中途离开会议，或比其他员工先回家或离开公司时，无论何时，都要道一声“我先走了”或“大家辛苦了，我先走了”后再离开公司。

在需要保持安静或声音无法传到的地方，可以“用目光示意”或“轻轻点头示意”。

综上所述，与人同行或一道工作时，首先要互致问候，这就是日本式礼仪。明明彼此认识，见面时却沉默不语，在日本这是非常不礼貌的行为。

在日本，“问候”是维系人际关系的必需品，是重要的“礼仪礼法”。也许听起来像是在玩文字游戏，我对于“问候(aisatu)”的理解是这样：“a”是温暖的情感，“i”是无论何时何地，“sa”是自己主动，“tu”是持续不断。

■1.4 在公共场合的行为

在公共场所，应该避免大声讲话。例如在巴士、电车、地铁、新干线、飞机等公共交通工具上，应该尽量低声讲话，以免影响别人。

另外，日本的电车里是禁止使用手机的。特别是“专座”附近，有些公交机构甚至规定必须关闭手机电源。“专座”是为老年人、伤员、孕妇、病人等准备的专座。专座上可能有安装了心脏起搏器的乘客就坐，而其他人手机发出的电波可能会对他们的身体产生不利影响。因此公交机构要求乘客们在专座附近关闭手机电源。

其次，父母和引领者在公共场合应该多注意“小孩子”的行为举止。在车内跑来跑去，弄撒食物饮料等行为，在日本会给别人造成极大困扰。因此父母或其他监护人带孩子出门时，请注意不要让孩子困扰他人。

另外，在电车或巴士的上下车处，为了乘客能顺利“上下车”，规定“下车乘客”优先，“上车乘客”应该空出车门位置，为“下车乘客”留出空间。

如果不这样规定优先顺序，上下车乘客彼此拥挤推搡的话，会产生碰撞等矛盾，给彼此带来不愉快，并造成时间的浪费。另外，乘车时持大件行李的乘客，应避免将行李放在上下车门位置，以免影响其他乘客。

最后，乘车时如看到有乘客搬运大件行李较为费力，为了大家能够顺利出行，应该尽量予以帮助。

■1.5 商务礼仪

(1)拜访礼仪

遵守时间(注意应该提前5分钟到达)是必须的。万一因为交通路况等问题发生迟到，务必联络对方，告知迟到的原因与预计到达时间。在会谈之前交换名片时，应由提出拜访的一方主动呈上名片。即使与上司同行，也应该以拜访对象为尊。

(2)会议、会谈的礼节

参加会议或会谈时，应提前做好准备，不要忘记东西。在研讨会等大型活动的会场内见到认识的人，务必上前打招呼，如果有同行者，也应进行介绍。

发表、发言、提问等听从会议主持人的指示，注意不要大幅度拖慢会议进程。

会议中不要窃窃私语，手机也应调成振动模式或关闭电源，以免影响他人。不得不接电话时，务必招呼一声“抱歉”，然后离开会议室接电话。另外，会议中因为急事不得不中途离开时，应该说明理由，然后安静离开，不得影响会议进程。(不便说话时，也可以递上留言纸。)

会议上分发的资料请务必带走。即使开会时已经阅读并理解的资料，留下资料离开也是非常不礼貌的。资料凝聚了制作方的努力、智慧与时间，严禁把它当作笔记纸或当场丢弃等行为。

(3)宴会礼仪

①坐席宴会

如果宴会已指定座位，请就坐于指定位置，若已有客人先到，请务必进行问候。即便是不认识的人，也一定是宴会相关方，请做自我介绍。如不是指定坐席，请按照主办方的指示入座。

即便到得早，也千万不要自己随便坐在上座的位置。这是非常不礼貌的。如果举办方没有特别指示，请根据参加者的情形，正确判断适合自己的位置。

入座后，在举办者或干事宣布宴会开始之前，不要随便开始吃喝。即使桌上已摆上凉菜，在主办者提议进行干杯之前，请不要动筷子。(等待时，可以饮用桌上的茶水。)

宴会开始后，彼此斟酒也是一种交流，能够活跃气氛。

不能饮酒的人可事先告知主办方，以免令斟酒者扫兴。

在宴会上，除特殊情况外，应尽量选择一些愉快的、正能量的话题。特别是日本人，应该尽量避免一些极其私人的话题。

宴会结束后，主办方会送客。即使身为被招待方也应在主宾离席后起身离席告别。

②立餐宴会

入场时如被递上饮料，或者有自取饮料的提示，可以饮用饮料。否则在主办方发出指示之前，应该避免饮食。

在派对、庆祝晚宴、庆典后的晚宴中，应该特别留意晚宴进程，在主办方及来宾致辞时，应该洗耳恭听。通常致辞结束后，由干杯提议者简单讲话，之后晚宴才开始。

立餐晚宴上，大家可以随意拿取自己喜爱的食物，但是拿得太多剩下，或掉落残渣等行为是没有教养的。多拿几次不要紧，但注意吃多少拿多少。另外受欢迎的食物前面可能会排起长队，请按顺序排队，不要插队。

彼此交流后，宾客原则上可以自由离场。但是通常主办方会有提示宴会结束的问候或指示，最好等主办方做出问候或提示后再离场。另外，离场时不要忘记向主办方道谢。(即使是需要付参加费的宴会，也应该对主办方或干事心怀感激。）

⑷与上司或地位高的人同行或乘车时的礼节

汽车（出租车）上，后排靠里的位置（驾驶员后面的位置）是上座。上司或客人坐上座，地位最低的部下坐在副驾驶位置。与上司外出时，在外出地使用的资料、礼品等由部下来拿。在新干线上，列车行进方向的靠窗位置是上座，与行进方向相反的靠走廊位置是下座。另外，部下还需要掌握日程，确认到达时间与路线。

⑸与上司或地位高的人对话的礼仪

应避免谈论公司八卦、指责公司策略的失误以及他人隐私。对于上司的提问请做出正确回答。如果敬语不够娴熟，使用礼貌易懂的语言回答也是没有问题的。但是应该避免朋友式的讲话方式，不要过多使用省略语或术语。牢记对方地位较高，注意沟通对话不能失礼。

⑹培养后辈

①作为前辈的关怀

当初自己也是得到了前辈、上司与同事的指导和帮助，才成长为今天的自己。现在，自己站在了培养后辈的立场上，请牢记自己被培养时的经历。“关怀体贴”是培养后辈的“形式”之一。解释不明之处、承担失误的责任等，想必你从前辈那里得到过许多具体的帮助。继续对后辈提供帮助，也就实现了组织文化的传承。

另外除了对实际工作的指导外，精神层面的呵护也很重要。不妨偶尔约后辈一道吃饭，或下班后一起聊聊天。

②后辈的立场

后辈是职场新人或中途入社的员工，现在他们站在“接受指导的立场”。即使结束研修，掌握了所需知识，他们依旧经验尚浅。进入实际工作时，大部分人都处在暗中摸索的状态。

他们对工作抱有许多烦恼与不安，还需要拼命适应新环境，因此工作上难免出现失误，给其他员工及客户带来麻烦。在日本的职场，有句话叫作：“指导后辈，需要睁一只眼闭一只眼！”意思是说“培育后辈要宽容宽大，对小错误不要太苛刻”。人都会成长的。请温柔呵护后辈，对他们既严格要求，又若家人般温暖照顾吧。

■1.6 对社会弱势群体的关怀

与视听觉障碍者、临产孕妇等需要帮助的人接触时，不要忘记对他们施以关怀帮助。

即使无障碍设施、专座、导路标示等已经齐备，这些弱势群体的朋友依然需要周围人的关怀。对于这些朋友，无论他们是何种国籍、是否相识，都不要忘记对他们伸出温暖的援助之手。

2　对日投资签证实务

■2.1　入境手续

中国大陆目前没有和日本签订关于签证互免的协议(持香港或台湾护照可以短期免签入境日本)，因此哪怕在日本逗留一天也需要办理赴日签证。

根据日本驻中国大使馆官方公布的信息，希望赴日的外国人必须持有有效的护照，并拥有回国或居住国的再入境权利及资格。原则上必须预先在日本驻中国使领馆办理与入境目的相符的签证，签证手续需要通过日本驻中国使领馆指定的代办机构办理，原则上不接受个人的直接申请。手续和所提交的材料根据访问日本的目的、逗留时间等有所不同，且时不时根据日本官方的政策有所变动，因此在办理前的资料准备阶段应当向指定代理机构确认为妥。

在抵达日本的出入境口岸时，经入境检查人员检查无误后，会在护照上加盖“入境许可”字样的印章，并决定在留资格和居留期限。

■2.2　签证和在留资格的关系

在入境和在留手续方面，签证和在留资格较易混淆。

2.2.1　签证

签证是进入日本以及在日本短期逗留的许可。签证的审核和颁发机构为日本驻外使领馆。签证审查主要针对申请人入境日本是否会对日本的社会、治安等带来影响。日本驻外使领馆经审核后认为签证申请人在签证所载范围内进入日本国内不会发生问题的则向该申请人颁发签证，反之则会拒签。目前，日本为吸引中国游客不断放宽签证政策，除有特殊情况(在申请人所在国或日本有犯罪记录、曾在日本有非法滞留的记录等)，短期签证比较容易申请。

2.2.2 在留资格

在留资格是对长期逗留日本(90天以上)的许可。因此，除办理短期商务、探亲访友之外，需由日本国内的邀请人(单位)在法务省入国管理局为签证申请人办理相关的“在留资格认定证明书”。获得在留资格是外国人在日本合法长期逗留的前提，即拥有可以从事“出入境管理和难民认定法”所规定活动的资格。外国人在日本居留期间可以从事的活动范围必须与在留资格相符合，若想从事其在留资格规定之外的有收入的活动，需要事前变更在留资格或在日本法务省入国管理局获得“从事资格外活动的许可”。

■2.3 签证和在留资格的取得

签证要在日本驻外使领馆申请。原则上在留资格可以和签证一起申请，相关材料申请、提交通过日本驻外使领馆转交日本法务省入国管理局，但该流程效率低、耗时长。由于在一般情况下获得在留资格会被认为已符合进入日本国境的条件，在向日本驻外使领馆提交在留资格证明书后可以很快获得签证，因此在实务中，先向日本法务省入国管理局申请在留资格，然后凭在留资格证明书去日本驻外使领馆获得签证的做法比较普遍。

■2.4 日本驻中国使领馆的管辖

(1) 日本驻华大使馆(北京)：除以下各地之外的所有地区

(2) 驻上海总领事馆：上海市、浙江省、江苏省、安徽省、江西省

(3) 驻广州总领事馆：广东省、福建省、广西壮族自治区、海南省

(4) 驻重庆总领事馆：重庆市、四川省、贵州省、云南省

(5) 驻沈阳总领事馆：辽宁省(大连市除外)、吉林省、黑龙江省

(6) 常驻大连办事处：大连市

(7) 驻青岛总领事馆：山东省

■2.5　短期逗留

在对日投资的过程中有许多筹备工作，例如寻找合适的办公场地，和并购对象的管理层就并购事宜进行会谈等等。此时需要在日本逗留的时间一般不会超过90天，可以通过申请“短期逗留”入境并逗留日本，开展相关商务活动。申请“商务”相关的短期逗留是最符合访问目的的，但是相关申请材料比较繁琐。由于日本是非常好的旅游目的地，很多商务人士在赴日参考、考察之外也会造访日本的名胜古迹，因此也可以考虑申请“旅游观光”相关的短期逗留，在观光旅游的同时开展商务活动。由于最近的赴日旅游浪潮，旅游签证的申请已经流程化，十分便利。

此外，日本政府最近出台了一系列吸引中国公民的多次入境政策，可以考虑申请。相关条件、准备材料需要咨询日本驻中国使领馆指定的代理机构。

➢ 面向相当高收入者的多次往返签证(有效期为5年，每次赴日可逗留最长不超过90天)

➢ 赴冲绳县及东北三县旅游的中国个人游客的多次往返签证(有效期为3年，每次赴日可逗留最长不超过30天)

➢ 对商务目的及文化、知识类人士发放的多次签证(有效期为3年，每次赴日可逗留最长不超过90天)

■2.6　工作在留资格

2.6.1　对日投资相关的主要工作在留资格

在完成对日投资后，若派遣中国员工至日本工作则需要替相关员工申请工作相关的在留资格(90天以上的长期逗留)。目前，主要的工作在留资格如下表所示：

在留资格类别	针对对象
投资、经营	在日本投资设立公司的个人、或受聘于日本公司的高级经营管理人员。
集团公司内部转勤	从国外关联公司调职至日本关联公司工作的员工。
技术	在日本公司的研究开发部门从事相关研发工作的人员。

人文知识、国际业务	在日本公司，从事人文学科领域的业务活动，或从事需要以外国文化为基础的业务活动的人员。例如，在日本公司的法务部从事中国法务相关工作的人员。
技能	在日本公司从事属于特殊产业领域的需要熟练技能的业务活动的人员。
法律、会计业务	外国法律事务律师、外国注册会计师以及具有其他法定资格的人员。

2.6.2 投资[1]、经营在留资格

投资在留资格的最短期限为4个月，主要是方便外国人到日本办理章程、公证、认证等公司设立手续而设，当公司成立后，可以更换为1年的长期投资在留资格。日本法务省入国管理局在审批时主要注重三点：(1)投资的存在、(2)投资的规模、(3)投资的可持续性。为了证明"投资的存在"，申请人一般需要提交场地租赁合同等证明文件。为了证明"投资的规模"，申请人一般需要提交长期雇佣2名以上员工、注册资本金500万日元以上的证明文件。为了证明"投资的可持续性"，申请人一般需要提交最近的财务报表等证明盈利情况的证明文件(如果投资项目连续几年亏损，则被取消在留资格的可能性很高)。

日本法务省入国管理局审批"经营在留资格"的申请时，主要注重两点：(1)是否具有经营管理经验、(2)是否达到高级经营者收入标准。具体来讲，申请人需提交从事经营管理工作满3年的证明文件，以及所在岗位收入不低于同岗位日本人收入的证明。

2.6.3 优秀人才引进计划

为促进优秀人才的引进，日本针对(1)高级学术研究活动，(2)高级专业、技术活动，(3)高级经营、管理活动，这三个领域的人才实行引进计划。该计划实行积分制，获得70分或以上的外国人被

1 在实务中，不少中国企业家通过获取投资经营签证，继而获取日本永久居留权。通过这一途径获得日本永久居留权的相关申请条件和准备事项的需要咨询专业的日本行政书士事务所。

视为优秀人才。积分事项主要有：(1)学历水平、(2)职业资格、(3)年收入证明、(4)年龄、(5)留学日本的经历等。

优秀人才在留资格分为1号和2号。首次申请获批的外国人获得高度人才1号在留资格，可以享受以下优惠：

➢ 5年在留期限(一般的工作在留的期限为1年或3年，省去了优秀人才在短期内多次申请在留续期的麻烦)；

➢ 放宽在居留时间方面对申请永住许可的要求(居留满4年半就可以申请永住许可的对象，持一般在留的外国人需要居留满7年才能成为申请对象)；

➢ 入境及居留手续的优先处理；

➢ 配偶的就业(持一般在留资格的人员的配偶原则上不得在日本从事有收入的活动。但当相关人员被认定为优秀人才后，配偶可以在日本从事有收入的活动。若配偶在日本居留期间从事每周28小时以下的兼职工作，则可以申请获得“资格外活动许可”，若从事每周28小时以上的全职工作，则可以申请变更为工作在留许可)；

➢ 在一定条件下可携带父母入境；

➢ 在一定条件下可携同保姆入境(家庭每年的收入超过1000万日元，且家中有不满7岁的小孩时)；

获得优先人才1号在留资格的外国人在日本居住满3年后，可以申请优秀人才2号在留资格。申请并获得批准的外国人除可以享受优秀人才1号在留资格的所有优惠之外，还可以享受无期限在留资格的优惠(一旦获得无期限在留资格，则无需担心在留期限届满问题，可以安心在日本工作)。但需要注意的是，获得优秀人才2号在留资格的外国人连续满6个月未从事高度人才引进计划的指定工作时，该在留资格将被取消。

2.6.4 申请在留资格认定证明所需的文件

■2.7 在留卡

针对在日本中长期(90天以上)居留的外国人，日本法务省入国管理局会向其颁发在留卡。在留卡上除了照片，还会记载身份事项以及居住地、在留资格等。在留卡本质上是在日外国人的身份证(日本本国公民没有身份证，只有户籍证明)，持有在留卡的外国人可以在日本居住，并享有和日本人同样的居民基本登记制度。凡是在需要身份的场合都需要提示在留卡，例如，在办理手机开通、银行账户开通等手续时都需要在留卡。因此，需要妥善保管在留卡，如果遗失需要及时补办，否则会给生活造成很大的不便。

■2.8 再入境许可

2.8.1 再入境许可的定义

在日本工作的中国人若需要回国探亲，或去往日本以外的第三国旅游，需要向日本法务省入国管理局申请再入境许可。如果不办理再入境许可手续就出境，视为放弃目前拥有的在留资格和居留期限，因此需极为注意。原则上，必须亲自前往其居住地所属的地方入境管理局办理相关手续。

2.8.2 再入境许可的种类

再入境许可有两种：一种是仅限一次再入境的“一次再入境许可”；第二种是可以反复多次出入境的“多次再入境许可”。在大多数情况下，在日外国人都会申请在在留期限内的“多次再入境许可”，从而免去多次往返法务省入国管理局的麻烦。另外，在紧急情况下，已经拥有“多次再入境许可”的人员可以直接出境，不会因为需要前往办理“一次再入境许可”而耽误重要行程。

2.8.3 视为再入境许可

2012年7月9日以后，日本导入了“视为再入境许可”制度。该制度规定，持有有效护照以及在留卡的外国人在离开日本时，若在1年以内再次回到日本，原则上无须事先办理再入境许可，只需要在出境时填写“视为再入境许可”的登记卡即可(在机场通过安检后，在离境手续办理柜台可以免费领取)。

■2.9 随行家属的签证和在留资格

随行家属(配偶或其子女)可以申请“家族居留”的在留资格，“家族居留”的在留资格认定证明和签证的申请，可以与就业外国人本人的申请同时办理，也可在就业外国人在日本正式取得工作资格以后再办理“家族居留”的申请手续。原则上随行家属不得从事有收入的活动，子女在日本上学则无相关限制。

■2.10 在留期限的更新

居留期限是在入境或变更在留资格时与在留资格同时决定的。工作在留资格的在留期限一般为1年、3年或5年。若超过在留期限仍未从日本出境，则构成非法滞留，会被日本法务省入国管理局遣送回国并留下非法滞留记录。日本法务省入国管理局通常从在留期限到期3个月前开始受理在留期限更新申请。原则上，只要工作单位不发生变更，在留资格申请类别不发生变更，是比较容易获得在留期限的延长批准。为确保业务的顺利进行而不中断，企业方和在日员工应当互相配合，确保在留期限的无缝连接。

3 日本的主要商会与行业团体的主页

日中友好团体(7家)

日中友好议员联盟(无主页)
日中友好协会(http://www.j-cfa.com/)
日中协会(http://jcs.or.jp/)
日中经济协会(http://www.jc-web.or.jp/)
日本国际贸易促进协会(http://www.japit.or.jp/)
日本中国文化交流协会(http://www.nicchubunka1956.jp/)
日中友好会馆(http://www.jcfc.or.jp/)

经济三团体(3家)

日本经济团体联合会(经团联)(http://www.keidanren.or.jp/)
经济同友会(http://www.doyukai.or.jp/)
日本商工会议所(日商)(http://www.jcci.or.jp/)

其他较大的团体(13家)

关西经济联合会(关经联)(http://www.kankeiren.or.jp/)
中部经济联合会(中经联)(http://www.chukeiren.or.jp/)
电气事业联合会(电事联)(http://www.fepc.or.jp/)
日本劳动组合总联合会(联合)(http://www.jtuc-rengo.or.jp/)
全国劳动组合总联合(全劳联)(http://www.zenroren.gr.jp/jp/)
全国劳动组合联络协议会(全劳协)(http://www.zenrokyo.org/)
农业协同组合(农协)(http://www.zennoh.or.jp/)
全日本自治团体劳动组合(自治劳)(http://www.jichiro.gr.jp/)
日本医疗法人协会(http://ajhc.or.jp/)
日本医疗机器产业联合会(http://www.jfmda.gr.jp/)
日本卫生材料工业联合会(http://www.jhpia.or.jp/)
日本产业协会(http://www.nissankyo.or.jp/)
日本在外企业协会(http://joea.or.jp/)

4 日本的主要机构驻华代表处的联络方式

■1、日本贸易振兴机构

广州事务所：中华人民共和国广东省广州市天河北路233号 中信广场2602室

Tel：86-20-8752-0060

Fax：86-20-8752-0077

上海事务所：中华人民共和国上海市延安西路2201号 上海国际贸易中心21楼

Tel：86-21-62700489

Fax：86-21-62700499

成都事务所：中华人民共和国四川省成都市武候区人民南路四段3号 来福士广场办公楼塔2栋20层3号

Tel：86-28-87796693

Fax：86-28-87633752

大连事务所：中华人民共和国大连市西岗区中山路147号 森茂大厦19楼

Tel：86-411-83609-418

Fax：86-411-83609-498

青岛事务所：中华人民共和国山东省青岛市香港中路61号 乙青岛远洋大厦A座12-D室

Tel：86-532-8387-8909

Fax：86-532-8387-8900

武汉事务所：中华人民共和国湖北省武汉市江岸区中山大道1628号 平安金融中心 507号室

Tel：+86-(0)27-5950-0707

Fax：+86-(0)27-5950-0712

北京事务所：中华人民共和国北京市朝阳区建国门外大街甲26号 长富宫办公楼7003号

Tel：86-10-6513-7077

Fax：86-10-6513-7079

香港事务所：Room4001, 40/F, Hopewell Centre, 183 Queen's Road East, Wan Chai, HONG KONG, CHINA

Tel：852-2526-4067

Fax：852-2868-1455

https://www.jetro.go.jp/

■2、日中经济协会

北京事务所：中国北京市朝阳区建国门外大街甲26号　长富宫办公楼401室

TEL：86-10-65139880 ~ 65139883

FAX：86-10-65139884

上海事务所：中国上海市长宁区延安西路2201号　上海国际贸易中心大厦1601室

TEL：86-21-62750088

FAX：86-21-62752211

沈阳事务所：中国辽宁省沈阳市沈河区北站路77-1号　光达大厦C座3单元1832室

TEL：86-24-22505758

FAX：86-24-22505759

成都事务所：中国四川省成都市青羊区人民南路一段86号　城市之心大厦18楼N座

TEL：86-28-86203380

FAX：86-28-86203393

http://www.jc-web.or.jp/

■3、日中经济贸易中心

北京事务所：中华人民共和国北京市朝阳区东三环北路 3 号幸福大厦 B 座1212号

TEL：86-10-6528-3826

FAX：86-10-6528-3827

上海事务所：上海市长宁区延安西路2299号　上海世贸商城5C24室

TEL：86-21-6236-8033

FAX：86-21-6236-8090

大连代表处：大连市西岗区黄河路219号 外经贸大厦1710室

TEL：86-411-8378-0886

FAX：86-411-8378-0885

青岛办事处：青岛市延安三路 121号中国国际贸易促进委员会青岛市分会日本投资事务处内

TEL：86-532-83897151

FAX：86-532-83897923

山西办事处：中国山西省太原市迎泽区新建路9号 中国山西国际经济技术合作公司内

TEL：86-351-4189269

FAX：86-351-4162051

http://www.japanchina.jp/

■4、日中协会

北京事务所：北京市朝阳区霞光里66号远洋新干线C座3A07室

TEL：010-8446-7506

FAX：010-8446-7372

Email：jcs.bj@tozaki.biz

广州事务所：广州市环市东路371-375号 世界贸易中心大厦南塔1809室

TEL：020-8761-1922

FAX：020-8730-3316

Email：jcs.gz@tozaki.biz

上海事务所：上海市闸北区恒通路360号一天下大厦21楼B区10室

TEL：021-6381-0830

FAX：021-6381-0820

Email：jcs.sh@tozaki.biz

http://jcs.or.jp/

■5、上海日本商工俱乐部

上海事务所：上海市延安西路2201号上海国际贸易中心大厦2702室

TEL：021-6275-2001 021-6278-0416

FAX：021-6270-1579

https://www.jpcic-sh.org/

■6、中国日本商会

北京事务所：北京市建国门外大街甲26号长富宫办公楼1层3001室

TEL：6513-0829 6513-0839

FAX：6513-9859

Email：cjcci@postbj.net

http://www.cjcci.biz/public_html/index.html

■7、全国商工会联合会

上海代表处：上海市长宁区延安西路2201号上海国际贸易中心1616室

TEL：021-6209-1166

FAX：021-6275-6500

http://www.shokokai.or.jp/

■8、国际观光振兴机构

上海事务所：上海市卢湾区茂民南路205号瑞金大厦1412室

TEL：021-5466-2808

FAX：021-5466-2818

http://www.jnto.go.jp/

■9、日本国际贸易促进协会

北京事务所：北京建国门外大街 国际大厦18-01A室

TEL：010-6500-3463，010-6500-4050

FAX：010-6512-6847

上海事务所：上海市茂名南路59号 锦江饭店西楼5324室

TEL：021-6472-1384，021-5456-0189

FAX：021-6472-1384

http://www.japit.or.jp/

■10、日中科学技术文化中心

北京事务所：北京市东城区朝阳门内大街288号院2、3号楼荷光三月商务会所A140室

TEL：86-10-6515-9541

FAX：86-10-5231-2495

http://www.jcst.or.jp/

■11、自治体国际化协会

北京事务所：中国北京市朝阳区建国门外大街甲26号长富宫办公楼5F

TEL：010-6513-8790

FAX：010-6513-8795

http://www.clair.org.cn/

■12、日本国际协力机构

中国事务所： 中华人民共和国北京市朝阳区东三环北路5号北京发展大厦400号室

TEL：86-10-6590-9250

FAX：86-10-6590-9260

http://www.jica.go.jp

■13、日本国际交流基金

地址：北京市朝阳区建国门外大街甲6号SK大厦3层

TEL：010-8567-9511(周一至五 9:00-17:30)

FAX：010-8567-9075

E-mail：jpfbj@jpfbj.cn

http://www.jpf.go.jp/j/

■14、日本学术振兴会

北京代表处：北京市海淀区西三环北路89号　中国外文大厦A座404室

Tel：+86-10-8882-4331

FAX：+86-10-8882-4332

E-mail：beijing@jsps.org.cn

www.jsps.org.cn

■15、海外技术者研究协会

北京事务所：北京发展大厦1502室

TEL：010-6590-8265~6

FAX：010-6590-8267

http://www.ovta.or.jp/

■16、日本铁钢联盟

北京事务所：中华人民共和国北京市朝阳区建国门外大街24号　京泰大厦901号室北京代表处

TEL：+86-10-6515-6678，6278

FAX：+86-10-6515-6694

http://www.jisf.or.jp/

■17、日中投资促进机构

北京事务所：北京市朝阳区建国门外大街甲26号　长富宫办公楼402号室

TEL：86-10-6513-9890-1

FAX：86-10-6513-9892

e-mail: jipopek@public2.bta.net.cn

http://jcipo.org/

■18、日本自动车工业会

北京事务所：北京市朝阳区建外大街1号中国国际贸易中心2楼1001B

TEL：010-6505-0030

FAX：010-6505-5856

http://www.jama.or.jp/

■19、日本海事协会

北京事务所：北京市东城区建国门外大街7号北京光华长安大厦1126号室

TEL：010-6517-1325/1326

FAX：010-6517-1327

http://www.classnk.or.jp/

■20、国际通信经济研究所

北京事务所：北京市朝阳区建国门外大街甲26号长富宫办公楼3002室

TEL：+86-10-6513-9227

Fax：+86-10-6513-9272

e-mail: info@fmmc.org.cn

http://www.fmmc.or.jp/

■21、海外电力调查会

北京事务所：中华人民共和国北京市朝阳区建国门外大街甲26号　长富宫办公楼401(日中经济协会内)

TEL：+86(10)6513-9885, 9886

FAX：+86(10)6513-9887

https://www.jepic.or.jp/

■22、大阪国际经济振兴中心

上海办事处：上海市延安西路2201号上海国际贸易中心407室

TEL：86+21-6275-1982

FAX：86+21-6275-1983

http://www.osaka-kokusai-keizai.jp/

后 记

后　记

编写本书的最初的提案来自黄绍军先生，应该是在2015年10月30日我们在出租车里聊天时提到的。当时就觉得灵光一现，立马决心要和绍军一起去做这件事情。当时我心里还偷偷想，我2014年12月1日就在东京登记了外国法事务律师，往返东京上海将近一年了，为什么就没有先想到去做这件有意义的事情呢。

行动的第一步就是联系出版社。通过好友聂明先生、何伟铭先生、程宏先生沟通了三家出版社，我几乎是毫不犹豫地决定立即接洽聂明先生介绍的译文出版社。11月18日，我们向上海译文出版社朱亚军副总编辑汇报了项目概要，朱总编当场就说这本书目前市场上还没有，值得去做。在确定2016年9月出版的计划后，出版社的报批流程顺利地开展起来了。

第二步是解决目录框架和书稿撰写参与人员问题。我们在法务、税务、商标等专业板块的基础上，增加了非专业读者比较容易接受的产业政策、房地产以及商务礼仪板块。至于撰写参与人员，都是已经彼此相互熟悉，建立了信赖关系的组织以及朋友。我们分头行动，拜会各位专业人士，开门见山就请求配合协助。虽然大家都日理万机，但认同本书出版的意义，并愿意积极配合的回复都是一致的。

第三步是执行，粗粗计算了一下，应该有90名左右的专家人士参与了撰稿、编写、翻译、审阅，或提供了各种宝贵意见。这个中日两国各界人士群策群力的过程，真的非常有意义。我们感恩大家对本书出版的支持和付出。当然，我作为编写人员联系出版社的窗口，特别感谢张弛编辑对本书能按计划出版做出的巨大努力。感谢日本驻上海总领事馆片山和之总领事和平山大典经济领事对本书出版意义的高度认同；同时，作为世泽律师事务所的代表成为2016年日本贸易振兴机构对日投资的签约专家顾问，特别感谢JETRO上海代表处小栗道明所长、饭田大介副所长、王志燕课长对本书的鼎力支持。我也非常感谢远见控股的程宏先生和韩卫兵先生以及其团队为本书提供的支持。另外，我在向上海外联发商务咨询有限公司刘旭先生以及张宇婕小姐介绍本书时，他们对本书的发行和对日投资的强烈关注以及作为国有企业的全球布局，也深深让我对未来的工作充满期待。

最后，这本书就像一个孩子一样呱呱落地，我们希望让这个“孩子”继续成长下去。如在内容上可以增加中国读者更加感兴趣的章节(比如：外国人在日本的就业)，形式上可以更加生动活泼一些(比如加入一些插图)。在不远的将来，您会发现《投资日本实务指南》会以一个全新的姿态再次出现在您的面前，敬请期待。

在此之前，请不要忘记扫描我们书上的二维码，持续关注“对日投资指南”公众微信号，让我们可以把为您准备的最新的日本信息及时推送给您。我们恭候您的尖锐评价以及宝贵意见。

陈铁凡

2017年7月

后　记

随着经济的高速发展，中国已经成为制造业大国，中国企业也积累了大量财富，但中国制造一直处于中低端水平，大而不强，缺乏先进的管理和技术。为此，中国政府提出了“中国制造2025”和“工业4.0”等战略，促使中国在今后的十年里实现从制造大国向制造强国转变。

日本作为发达经济体，在管理和技术方面有领先优势，特别是其独特的“匠人精神”引起了中国政府和企业的关注。

现在很多的中国企业都非常愿意到日本投资，通过与日本企业交流合作，学习“匠人精神”，购买先进技术设备来提高自身实力。然而中国企业在如何才能更有效率地对日投资上，却没有深刻的认知，市面上也没有专业的书籍可供参考。

本人在日本留学工作多年，回到中国后，为在中国的日资企业提供投资、并购、市场开拓等咨询服务，截止到2016年，已经为500多家日资企业提供过各类咨询服务。长期为日资企业提供服务，使得本人对日本市场有着深刻的了解和认知。

本人联合中日多位专家，编著了这本《日本投资指南》。希望本书一方面能够解决中国企业在对日投资方面的疑惑，另一方面起到抛砖引玉的作用，让更多的人关注对日投资领域。

黄绍军

2016年7月于上海

后记

近年来，在中国政府的“走出去”战略的鼓舞下，越来越多的中资企业走出了国门，在世界各地进行海外投资，其中对日本的投资也逐渐增多。虽然目前中国企业对日投资的规模还远低于日资企业对华投资的规模，但在中国对外投资快速增长的大环境下，中国企业对日投资也显示出巨大的发展潜力和广阔的成长空间。此次有幸受邀参加《投资日本实务指南》的编著，并执笔撰写了“日本的银行概要和实务”等相关章节，希望能借此为对日投资的中国企业提灯引路。由于篇幅和本人水平有限，若有错讹之处，敬请读者批评指正。

聂明

2016年7月于上海

后 记

改革开放三十多年以来，我国的经济发展模式正逐渐从“请进来”开始向“走出去”发展。即政府鼓励中国企业走出国门，前往其他国家投资。企业“走出去”更符合“一带一路”的战略规划。只有参与国际竞争，才能接受先进的经营理念，同时吸引国际化人才，提高技术和管理水平、提高员工素质、提高利润，从而将自身企业做大做强。

日本经济实力雄厚，科技发达。尤其是其制造业在世界上处于领先地位。众所周知，日本文化的根基源于中国，因此这对很多中国企业而言，去日本投资具有非常大的吸引力。然而由于我国投资者对日本的企业文化、地域经济、生活习惯等缺乏正确的了解，又苦于无法找到真实且实用的日本投资入门信息作为参考。

为此，本人有幸成为该书的编者之一，邀请了解和熟悉中国传统文化的日本文化礼仪专业老师来编写。

希望该书能成为已经或即将在日本工作和生活的中国朋友融入日本社会的入门工具和良师益友。

何伟铭

2016年7月

图书在版编目(CIP)数据

投资日本实务指南 / 陈铁凡等主编 .
—上海：上海译文出版社，2016. 9
ISBN 978-7-5327-7316-9

Ⅰ.①投… Ⅱ.①陈… Ⅲ.①投资环境—日本—指南 Ⅳ.①F131.3-62

中国版本图书馆 CIP 数据核字（2016）第 176427 号

投资日本实务指南

陈铁凡　黄绍军　聂明　何伟铭　主编
责任编辑 / 张弛　　装帧设计 / 胡枫

上海世纪出版股份有限公司
译文出版社出版
网址：www.yiwen.com.cn
上海世纪出版股份有限公司发行中心发行
200001　上海福建中路193号　www.ewen.co
上 海 信 老 印 刷 厂 印 刷

开本 890×1240　1/32　印张 12.5　插页 2　字数 321,000
2016年9月第1版　2016年9月第1次印刷
印数：0,001—4,000册

ISBN 978-7-5327-7316-9/F·214
定价：42.00元

本书中文简体字专有出版权归本社独家所有，非经本社同意不得连载、摘编或复制
如有质量问题，请与承印厂质量科联系。T: 021-39907745